普通高等教育物流管理专业规划教材

# 运输物流管理

徐丽群　编著

机械工业出版社

本书系统地阐述了运输物流管理的理论、方法和技术。本书主要内容包括：运输基础知识、运输系统构建、运输服务设计、运输网络设计、运输方式选择设计、运输线路选择与行程安排和运输管理信息化等内容。此外，在每一篇内容中，均配有实用案例、阅读资料和思考题，供教学使用和读者思考。

本书可作为高等院校物流管理专业本科和工商管理硕士（MBA）教材，也可作为企业管理人员的参考书。

**图书在版编目（CIP）数据**

运输物流管理/徐丽群编著. —北京：机械工业出版社，2007.1（2017.11 重印）

普通高等教育物流管理专业规划教材

ISBN 978-7-111-20192-2

Ⅰ. 运… Ⅱ. 徐… Ⅲ. 物流－货物运输－管理－高等学校－教材 Ⅳ. F252

中国版本图书馆 CIP 数据核字（2006）第 125165 号

机械工业出版社（北京市百万庄大街 22 号 邮政编码 100037）

策划编辑：曹俊玲 责任编辑：商红云 版式设计：霍永明

责任校对：张玉琴 封面设计：王伟光 责任印制：乔 宇

三河市国英印务有限公司印刷

2017 年 11 月第 1 版第 9 次印刷

184mm×260mm · 14 印张 · 323 千字

标准书号：ISBN 978-7-111-20192-2

定价：30.00 元

# 序

随着全球经济一体化发展的趋势，国与国之间的贸易壁垒逐步被打破，我国企业面临着来自国外强大竞争对手的挑战。此外，竞争促使了买方市场的形成，顾客对服务水平提出了更高的要求。如何抓住市场机遇，快速、有效地满足顾客的个性化需求，提高顾客的满意度水平，是我国企业面临的又一大挑战。我国企业要参与国内外市场的竞争，必须改变传统的以企业为中心的管理观念，树立现代供应链管理理念，加快采用先进的物流管理理念、技术和组织方式，不断提高现代物流管理的水平。

现代物流作为现代经济的重要组成部分，在国民经济和社会发展中发挥着重要作用。发展现代物流对于提高国民经济运行的质量和效益，优化资源配置，促进企业结构调整，具有十分重要的意义。20世纪90年代以来，随着经济建设的快速发展，物流在我国国民经济中的地位和作用日益突出，物流业发展首次被列入国家中长期(2006~2020年)科学和发展规划之中。各地方政府从战略高度去规划物流业的发展；国内第三方物流公司如雨后春笋般地遍布祖国各地，国外第三方物流公司也看好中国市场，纷纷进驻中国；企业日益重视物流的作用，纷纷整合与优化物流流程和网络；各高校为适应市场对物流人才的需要，设置了物流管理专业，在本科、硕士、博士等各个层面为物流事业培养高层次专门人才。与此同时，国内各种物流研讨会、物流论坛以及物流人才的培训也方兴未艾。

但是，我国物流业在快速发展的同时，还存在许多需要思考的问题。例如，如何用供应链思想优化整合物流的发展，如何考虑物流的全面协调及可持续发展等。与此同时，物流专业人才缺乏的问题也日益突出，成为我国物流管理发展的瓶颈。因此，现代物流的发展迫切需要物流专业教育的支撑。目前，我国物流学科体系正处于发展和完善过程中。近年来，我国的大专院校从不同领域介入物流管理专业教育，开始培养物流管理专业学生。物流管理专业的发展迫切需要一套全面的物流管理专业教材。

上海交通大学安泰管理学院组织编写的这套物流管理专业系列教材，体系结构合理，编者对系列教材的风格、内容都作了全面的精心策划，涉及供应链管理、现代物流导论、采购与供应管理、运输管理等现代物流管理学科的关键内容。这套系列教材汲取了物流管理学科发展的最新成果，结合我国物流管理的实际情况，极具特色，可以作为大专院校物流管理专业教材和企业培训教材，也非常适合物流管理实践者参考与借鉴。

我们期待着这套物流管理系列教材能够促进我国物流管理学科的完善和发展，期待着我国物流管理学科为我国现代物流的发展提供更多的支持和起到更大的推动作用，期望着我国的现代物流有更快的发展，期待着现代物流的发展给我国经济的发展带来新的契机！

季建华
上海交通大学安泰管理学院

# 前　言

运输是企业关键性的物流活动，企业物流成本的降低，在很大程度上取决于运输成本的降低。在企业供应链管理过程中，运输物流管理的成功与否决定了企业能否降低供应链系统成本、实现先进生产方式、满足客户要求和提高企业竞争力；在商业物流运营过程中，运输物流管理理论与方法是企业采取正确的运营策略和降低运营成本的一门不可缺少的管理理论和方法。

本书是为工商管理硕士（MBA）和企业管理专业本科生编写的教材，同时也可作为从事工商企业物流战略管理和第三方物流企业运营管理的管理人员的参考书。

本书主要内容包括：运输基础知识、运输系统构建、运输服务设计、运输网络设计、运输方式选择设计、运输线路选择与行程安排和运输管理信息化等内容。此外，在每一篇内容中，均配有实用案例和思考题。

本书在编写过程中，都俊平、李斌和陈剑辉三位硕士承担了部分资料的收集工作，在此表示感谢。此外，本书引用（或适当编辑）了部分作者发表的文章，由于无法一一与这些作者取得联系，稿酬邮寄遇到困难，请被引用文章的作者与我们联系，我们会将您应得的稿酬寄给您。感谢这些作者对本书的贡献！

在此感谢同仁们对本书的支持，同时也欢迎同仁们和读者提出宝贵意见。

徐丽群

# 目　录

序
前言

第一篇　运输物流概论 …… 1

第一章　运输基础知识 …… 3
第一节　运输物流在供应链中的地位与作用 …… 3
第二节　运输功能与原理 …… 7
第三节　运输成本与定价 …… 9
第四节　运输服务提供者 …… 15
思考题 …… 17
阅读资料 …… 17
第二章　综合货物运输基础 …… 19
第一节　铁路货物运输 …… 19
第二节　公路货物运输 …… 24
第三节　水路货物运输 …… 28
第四节　航空货物运输 …… 32
第五节　管道运输 …… 33
思考题 …… 35
阅读资料 …… 35
第三章　国际货物运输 …… 38
第一节　国际货物运输方式 …… 38
第二节　国际货物运输装运条款和单据 …… 40
第三节　国际货物运输代理 …… 42
思考题 …… 44
阅读资料 …… 44
案例　TNT运输的后勤保障服务 …… 46

第二篇　运输物流管理 …… 49

第四章　企业运输物流管理 …… 51
第一节　制造企业物流 …… 51
第二节　连锁零售企业物流 …… 54
第三节　运输业务外包决策 …… 57
思考题 …… 58

阅读资料 …… 59
第五章 物流企业运输管理 …… 62
第一节 第三方物流概述 …… 62
第二节 运输过程管理 …… 65
第三节 车辆利用管理 …… 67
第四节 行车安全管理 …… 73
思考题 …… 78
阅读资料 …… 78
第六章 承运商管理 …… 81
第一节 承运商选择 …… 81
第二节 承运商监控 …… 87
第三节 运输服务质量及评价指标 …… 89
思考题 …… 91
阅读资料 …… 93
案例 中远上海通用汽车有限公司运输全过程管理方案 …… 94
第三篇 运输决策 …… 99
第七章 运输决策基础 …… 101
第一节 运输决策概述 …… 101
第二节 运输决策的内容及方法 …… 105
第三节 运输决策效果评价 …… 106
思考题 …… 108
阅读资料 …… 108
第八章 干线运输的组织及决策 …… 112
第一节 企业运输网络设计 …… 112
第二节 运输线路类型 …… 115
第三节 运输方式选择 …… 117
第四节 最短路线选择 …… 121
第五节 最佳运输量确定 …… 123
思考题 …… 124
阅读资料 …… 124
第九章 城市配送运输的组织及决策 …… 128
第一节 配送运输 …… 128
第二节 配送网络设计 …… 130
第三节 配送路线优化设计 …… 132
第四节 动态运输调度 …… 138
思考题 …… 141
阅读资料 …… 143

案例 伊利的牛奶运输……145

第四篇 运输实务……149

第十章 提高运输效率的措施……151
第一节 货物运输组织形式……151
第二节 车辆调度方式……156
第三节 汽车货物运输行车组织……158
第四节 零担货物运输行车组织……159
第五节 运输合理化……162
思考题……166
阅读资料……167
第十一章 降低运输成本的技术……169
第一节 集中运输……169
第二节 共同配送……172
第三节 多点停留……174
第四节 越库技术……177
思考题……180
阅读资料……180
案例 上海通用公司的多点停留项目……181
第十二章 信息技术在运输物流管理中的应用……185
第一节 运输的信息化管理……185
第二节 运输管理中的信息技术……188
第三节 GPS/GIS 在运输中的应用……190
第四节 ITS 在运输中的应用……194
思考题……196
阅读资料……197
案例 安达尔公司的运输信息化管理……198
第十三章 运输物流系统设计要点……200
第一节 精益运输系统的设计要点……200
第二节 采购物流的运输系统设计要点……205
第三节 销售物流的运输系统设计要点……208
思考题……211
阅读资料……211
案例 沃尔沃：汽车物流的典范……213
参考文献……216

# 第一篇

## 运输物流概论

第一章　运输基础知识

第二章　综合货物运输基础

第三章　国际货物运输

# 第一章

# 运输基础知识

## 第一节 运输物流在供应链中的地位与作用

在供应链运作过程中，商流、物流、信息流和资金流这四大流贯穿供应链始末，决定企业供应链运作效率。从某种意义上看，物流也是一种供应链。货物流动形成的物流链将众多供应商和生产商集结在一起，共同完成客户需要的产品，其物流价值潜在在产品价值中，决定产品的市场竞争力。如果说物流是企业从战略高度运作的管理理念，那么在战术层面上运输和库存等业务就是物流的具体体现。

### 一、运输物流

#### （一）运输的概念

运输是人或物借用一定的运输工具实现的空间位置的移动。运输过程既是生产过程又是服务过程，一旦运输对象离开这个过程，运输生产过程即告结束。运输种类很多，按不同的划分标准，基本上可分为以下几种：

1. 按运送对象

按运送对象分为旅客运输和货物运输。传统的货物运输一般指运输企业借助运输工具使货物发生位移的过程，货物运输的主要任务是完成在社会经济活动中产生的各类物质的空间位移，这种位移表现在空间上的大跨度性与时间上的非连续性。

2. 按服务性质

按服务性质分为公共运输、自有运输和合同运输三种形式。旅客运输基本上采用公共运输和自有运输，货物运输可采用这三种运输服务形式。

3. 按服务区域

按服务区域分为城市运输和城间运输。城市内的运输属于短途运输，包括公共汽车运输、出租汽车运输和货物配送运输等，城市间运输一般距离较长，属于长途运输。

4. 按运输方式

按运输方式分为铁路运输、公路运输、水路运输、航空运输、管道运输和多式联运。这些运输方式都适合货物运输。

5. 按运输目的

按运输目的分为通勤运输、通学运输、公务运输、旅游运输、生活运输（购物、就医等）和商品运输。商品运输是货物运输的表现形式。

6. 按运输距离

按运输距离分为长途运输和短途运输。长途运输可采用各种运输方式，短途运输一般以汽车运输为主。

**（二）运输物流**

运输物流特指货物运输，包括社会货物运输、区域货物运输和企业货物运输等，本书重点研究企业供应链环境下的货物运输。

运输物流是企业生产经营的直接组成部分，没有运输物流，企业生产经营过程中的供产销各环节就无法联接，无法实现企业生产经营的连续性、稳定性和增长性。因此，企业在设计运输系统时，要多方面考虑，力图设计出一个适合自己企业发展的最优方案。适合企业发展的运输物流系统应具备下列条件：

1. 可靠的承运商

可靠的承运商能够带来运输的可靠性，在一定程度上更可靠的运输意味着企业会有更低的安全库存和更快的运送时间。企业在选择承运商时要根据货物的价值和存储成本、可靠性差异和运输价格差异进行决策。

2. 高服务水平

高服务水平意味着企业在任何时候、任何地点都能得到想要的正确的物品和正确的数量。因此，承运商的运输服务水平越高，越有利于企业战略目标的实现。

3. 低运输成本

企业选择的承运商如果能够提供较低的运输成本，将有利于企业减少供应链成本，使企业产品在激烈的市场竞争中占有优势，低运输成本无论对企业还是承运商都是重要的。

4. 保证运输一致性

运输过程中，平均运送时间或运送时间的变化情况，反映运输一致性程度，运输一致性是运输系统非常重要的服务指标。承运商能够保证运输一致性，意味着企业能够按照市场规律进行生产组织，不仅使企业生产得以连续，而且能够有效地降低企业库存。

5. 低货物灭失率

承运商在运输过程中如果出现货物损坏和丢失等情况，虽然保险公司会理赔，但企业还是要注意到货物灭失导致的某些严重后果，如销售市场缺货、客户服务水平下降、客户信息丢失、企业生产连续性不能保证等等，而且从长远来看，企业的市场竞争力会下降。因此，建立一个低货物灭失率的运输物流系统，对企业发展是至关重要的。

## 二、运输物流与供应链

任何一个企业的生产经营过程都是由供、产、销三大环节构成的。在这个过程中，由于企业原材料产地、产品销售地往往与生产地不在同一地点，使原材料采购、产成品销售都需要运输的支撑，运输是沟通原材料供应商、生产企业和消费者的桥梁，是企业供应链运作中不可缺少的重要因素。

1. 供应链管理思想

由于企业内部实行科学管理方法，企业内部降低成本的空间已经不大。众多企业认识到在供应链的两端，即零部件供应管理和产成品的流通配送环节，尚有很大的节约成本的潜力。此外，由于全部生产周期、上市周期的缩短取决于从产品开发周期、采购供应周期、加工制造周期直至流通配送周期全过程的缩短，这就有必要关注整个供应链上物流和信息流的快速流动。因此，企业迫切需要对原材料采购到产成品销售这一过程进行全盘考虑、有效集成。将供应商、生产企业和消费者作为一个系统进行总体计划和控制，这就是供应链管理( Supply Chain Management,SCM)思想。

供应链是由原材料零部件供应商、制造商、中间商和最终客户等一系列企业组成的链式系统，供应链管理就是要把整条“链”看作一个集成组织，利用计算机网络技术全面规划供应链中的商流、物流、信息流、资金流等，并进行计划、组织、协调与控制，最大限度地满足客户的服务要求，并有效地降低整个过程系统的成本。可以说，供应链管理就是利用先进的信息技术、网络技术和计算机技术，把供应商、生产商、客户联系在一起，以最快的时间、最准确的产品、最经济的价格把客户所需要的产品从起点运到目的地。

供应链管理使企业能够注重“核心能力”的提高，同时通过与供应链上其他企业的联盟，使之变为一种致力于提高效率和增加竞争能力的合作力量，形成竞争优势。

2. 物流与运输

在完成供应链的整个过程中，物流是构成供应链的重要部分，从这种意义上说，物流也是一种供应链。

1998 年，美国物流协会对物流作出如下定义，即“物流是供应链活动的一部分，是为满足顾客对商品、服务及相关信息从产地到消费地高效、低成本流动和储存而进行的规划、实施、控制的过程”。

物流的使命是使正确的商品或服务在正确的时间，以良好的状态到达正确的地点，同时对企业作出最大贡献。

物流系统中解决实物从供应地到需求地的移动问题，是由运输完成的，运输是物流活动的关键性业务。企业通过运输活动，使物流系统的各个环节有机地联系起来，系统的目标才得以实现。实践表明，在信息技术飞速发展的今天，供应链运作的基础依然是运输，而且运输成本是物流成本最大的组成部分。如何对运输进行管理，已是企业供应链成功与否的关键所在。

## 三、运输物流在供应链中的作用

物流是组成供应链不可缺少的部分，运输是物流的核心，运输对供应链的影响和作用表现在以下几个方面：

1. 运输方式影响货物库存量

不同的运输方式，其速度、运输可靠性、运送时间是不同的。运送时间短的运输方式能够减少货物存储时间，减少库存量；反之，运送时间长的运输方式，企业需要增加库存量。对运输可靠性高的运输方式，企业可采用合理的库存量；反之，企业必须增加库存量以应付供应商运输不及时带来的缺货问题。

2. 运输方式决定产品定价

不同运输方式的运输费用不同，决定产品中包含的内在物流价值不同。通常情况下，低运输费用的产品，其价格相对可以订得低一些，有利于市场竞争；反之，高运输费用使产品的定价处于较高水平。

3. 运输是供应链成本的重要组成部分

企业供应链运作过程中，物料和产成品的流动成本占整个供应链成本的很大一部分。企业采用的运输系统，设计的运输网络等在很大程度上决定企业供应链成本的大小。随着企业对运输业务的重视，运输效率将有所提高，企业运输成本会降低，供应链效益也会相应增加。

4. 供应链的成功与合适的运输系统使用密切相关

在激烈的产品竞争环境中，由于产品的过高运输成本，导致企业产品定价过高，不利于企业在竞争中取胜。但是，随着运输系统的改进，企业产品可以以较低的运输费用运到销售市场，使企业产品在价格上具有竞争优势。此外，合适的运输系统意味着运输可靠性强，运输及时，能够帮助企业减少供应链上的库存和及时反应市场需求。

5. 运输是企业实现全球化供应链的重要纽带

随着更多企业从本土经营转向全球经营，越来越多的跨国和跨地区采购与销售业务的增加，运输已成为实现这些业务的关键。没有运输，就没有企业的全球化经营。

## 四、运输物流发展趋势

在全球化经济的今天，无论企业购买原材料、零部件，还是产成品的销售都离不开运输物流业务，越来越多的企业关注运输给企业带来的效益，利用先进的运输技术和采用先进的运输管理理念是企业获得运输利润的必然选择。目前，全球运输的发展趋势有以下几方面：

1. 企业运输物流营运考虑动态交通环境

运输一致性是企业物流可靠性评价的重要指标，是决定企业运输质量的重要因素。然而，日益拥挤的交通运输环境，给企业货物运输带来极大的挑战。在城市道路网络中，原先只需1小时的运送时间，由于交通拥挤，可能延误1~2个小时，运输一致性难以保证，客户服务水平下降。从另一方面看，企业为了满足客户收货时间窗口的要求，不得不增加送货提前期，造成车辆在客户处等待现象，运输成本增加。因此，目前许多物流企业，尤其是城区配送、多式联运企业在运输调度中，考虑道路交通环境，进行动态运输调度。

2. 生产、销售与运输物流一体化

在一个生产企业中，处理好生产、销售和运输这三者关系非常重要。在企业系统中，运输是为生产和销售服务的，运输是生产稳定、销售连续的重要保证。如果在生产中，不考虑企业运输能力，就可能产生过量的库存；同理，产品在销售过程中，如果运输出现问题，就可能带来销售市场缺货，降低销售利润。因此，目前许多企业考虑建立根据市场的销售情况进行生产、采购、物流一体化的管理系统。

3. 关注安全

运输安全是运输可靠性的重要组成部分，决定企业运输方式选取和承运商的市场竞争力。运输过程中，货物损失、运输设备损坏和人员伤亡，历来是企业运输管理中非常重视的运输安全问题。近年来，由于交通拥挤，交通事故频发，运输过程中的风险增大，越来越多的企业认识到保证运输安全对经营的重要性，随着科学技术的发展和人们安全意识的提高，企业将有能力对运输安全进行控制。

4. 门到门运输(全程联运)

在五大运输方式中，只有公路运输能够实现门到门运输。然而，许多企业为了保证运输的快捷和提高服务水平，在多式联运中，采用全程联运、一票到底门到门运输。

5. 智能化运输迅速发展

随着科学技术的发展，利用先进技术为运输服务已成为当前运输发展的趋势。ID标签的使用使各种货物信息化，使企业能够实时跟踪货物的移动；智能运输系统(ITS)的使用使道路和汽车信息化，企业能够实时对车辆进行动态调度；全球定位系统(GPS)和地理信息系统(GIS)的使用，使企业能够实时掌握运行中车辆的位置，实时跟踪车辆的移动。这些先进技术的应用，极大地提高了货物运输效率。

6. 共同配送

企业为了运输能够形成规模效益，要在降低运输成本的同时，最大程度上满足客户需求。在这种观点支持下，由多个企业为了实现运输规模经济而联合组织实施的配送活动，就是共同配送。共同配送对货主来说，可以在配送成本不变的情况下，实现小批量、高频率的配送，提高客户服务水平；对运输承运人来说，通过集货，能够提高配送效率，降低运输成本；对社会来说，共同配送能够带来社会运力的节约，减少车辆出行，不仅缓解城区交通拥挤状况，而且保护了环境。

## 第二节　运输功能与原理

企业供应链运作中，物流成本降低的客观要求，使越来越多的制造企业探讨如何在物品运输过程中实现物流成本的降低。运输业作为一个古老而成熟的行业，有其自身的科学运作原理和发展规律，认识和利用运输组织的科学原理，将会给企业供应链管理带来利润上的突破。运输本身具有的功能和规模效益原理在企业供应链运作中越来越得到认识，并发挥其重要作用。

## 一、运输功能

运输是供应链运作必需的环节，是货物空间状态改变的惟一手段。在货物空间状态改变的过程中，运输工具成为货物暂时储存的流动仓库，货物信息也随之传递。货物位移、储存和信息传递是运输具有的基本功能。

1. 货物位移功能

企业生产经营过程中，原材料从产地到企业所在地的移动，企业产成品由企业到客户处的移动，都需要运输工具作为载体，将这些需位移的物料或产成品从始发地运到目的地。在这个过程中，运输使货物位移得到实现，同时也增加了货物的价值。

2. 货物存储功能

货物的运输方式有快慢之分，采用慢运输方式，一个是考虑运输成本低，另一个是考虑减轻企业库存压力，将货物的存储暂时由运输完成，这就是运输的存储功能。企业在仓库空间有限和货物运输没有特别时间要求的情况下，利用运输工具暂时存储货物也不失为一种可行的选择。

3. 信息传递功能

随着信息技术的发展，现代物流已是物流发展的必然趋势。货物标识(条形码或电子标签)的普及，使货物运输信息化已在众多企业中实现。信息传递功能主要指带有条形码或电子标签的货物，随着其位置的移动，相应的移动信息随之传递，这也是货物能够进行跟踪的基本原理。

## 二、运输原理

运输业同生产制造业一样，也遵循规模效益原理，即随着运输要素投入的增加，单位运输成本随之降低，形成运输规模效益。运输规模效益集中反映在规模经济、距离经济和时间经济三方面，是企业运输方式选择、运输网络设计、运输调度等决策的理论依据。

1. 规模经济原理

规模经济原理是指随着一次运输装运量的增加，每单位重量货物的固定运输成本逐步下降，运量越大，每单位重量货物分摊的成本越低，形成规模效益，例如，从零担运输到整车运输，运输费用下降。利用规模经济原理，企业在运输过程中可采用集中运输、共同配送、小车换大车、选择一次运输量大的运输方式等方法，使运输资源和货源能够产生集中效益，降低企业运输成本。

2. 距离经济原理

距离经济原理是指同一种运输方式每单位距离的运输成本随距离的增加而分摊的成本逐渐减少。这是因为货物在运输端点装卸所发生的固定费用要分摊到每单位距离上，而且随着距离的增加，可以使固定费用分摊给更多的公里数，导致每公里支付的总费用降低。因此，企业在运输方式选择时，要考虑距离经济问题，如铁路和水路运输在长距离运输中，距离经济效益表现比较显著。

3. 时间经济原理

物品运输时间经济的本质要求，是实现物品从生产领域向消费领域转移过程中的时间节约。通过运输时间的节约，使物品能够在其流通的极限时间内，以较快的速度进入消费领域，与客户见面，实现物品的价值。物品的极限时间可以用物品寿命周期、保质期、订货提前期、销售季节等表示。在选定的运输方式和事先确定的运送时间中，运输时间越短，运输效率越高，运输产生的效益也越大。

## 第三节　运输成本与定价

企业物流成本包括三部分，即运输成本、库存成本和管理成本，其中运输成本和库存成本在物流成本中占相当大的比重，在很大程度上决定企业物流成本的降低幅度。许多企业的物流成本居高不下，部分原因是对运输成本概念没有一个清晰的认识，企业在购买运输服务或合同运输价格谈判时，运输成本是考虑的一个重要因素。运输定价是一门策略性很强的技术，托运人与承运人对定价关心的角度不同，采取的定价策略也会不同，但基本的定价原则始终是双方双赢，利益共享。

### 一、运输成本

#### （一）运输成本的构成

运输成本是指为货物在两个地理位置间的位移所支付的费用以及与行政管理和维持运输中的存货有关的费用。运输成本包含的成本内容很多，如人工成本、燃油成本、维护成本、端点成本、线路成本和管理成本等。通常情况下，承运人在向托运人索要运费时必须要考虑的主要成本构成有以下几项：

1. 变动成本

变动成本是指随车辆行驶里程和运输量变化而变化的成本，如人工费用、燃料费用和维修保养费用等。人工成本是构成变动成本的重要因素，不同国家不同地区，人工成本差别很大，发达地区人工成本高，相对来说，发展中国家人工成本较低。燃料费用受全球燃料市场价格影响较大，往往企业无法自己控制。在一定的行驶里程范围内，变动成本随运输距离和运输量的增加而增加，但单位运输变动成本基本保持不变。

2. 固定成本

固定成本是指不随车辆行驶里程和运输量变化而变化的成本，如管理费用、端点站、通道、信息系统和运输工具使用等费用。在一定的行驶里程范围内，随着运输距离和运输量的增加，单位运输固定成本逐渐减少，这是运输规模经济性的表现。

3. 联合成本

联合成本是指决定提供某种特定的运输服务而产生的不可避免的费用。联合成本对运输收费有很大影响，因为承运人索要的运价中必须包括隐含的联合成本，它的确定要考虑托运人有无适当的回程货，或者这种回程运输由托运人支付的运费来弥补。在运输价格谈判中，不要忽略了这部分成本。

4. 公共成本

公共成本是承运人代表所有的托运人或某个分市场的托运人支付的费用，如端点站或管理部门等的费用，具有企业一般管理费用的特征，通常是按照运输活动的距离、载运量等分摊给托运人来承担。支付公共成本这部分费用，历来存在合理与不合理的探讨，企业自身无法对这部分成本进行控制，政府运输管理部门对这部分费用有着绝对的控制权。

### 铁路货物运输成本

铁路货物运输成本是指铁路运输企业完成每单位运输产品所支出的各类成本费用，铁路货物运输成本特性是指铁路货物运输成本的基本变化规律。铁路货物运输成本通常以统计期内企业所支出的全部费用与企业所完成的运输产量的比值表示，一般用在一定时期内的按单位周转量分摊的全部费用来确定，计量单位为元/tkm。

铁路货物运输是铁路运输企业通过利用机车、车辆以及各类基础设施，在点线面综合协调下使被运送对象的空间位置改变来实现，所以其成本特性必然与这些因素即机车、车辆等设施和设备的运用效率以及管理水平等紧密相关。对于铁路货物运输企业来说，被运送对象即货物空间位置的改变，通过机车在牵引交路上的一次次循环使车辆由重车到空车转换的不断循环实现。同时，为了实现货物运输还需要货物装卸、运输和行车组织、调度指挥以及其他管理等辅助性作业。这样，每单位货物运输产品所支出的费用将包括改变货物空间位置以及辅助作业等成本费用，即机车、车辆、线路、调车和装卸成本费用以及分摊费用。

从设备运用看，所有成本费用性支出的发生，都可以分为两部分，一部分与货物空间位置改变有关，一部分与相应的时间消耗有关；从部门方面看，所有成本费用性支出的发生又可以分为各生产部门的支出，这两方面交叉组合就构成了铁路货物运输成本费用性支出的基本框架结构。对于各部门，其发生的各项支出的直接对象并非是被运送的货物，而是本部门管理运用的运输设备或设施；同样，其各类统计数据记录的是本部门的各类设备和设施的运用状况，也就是说，各部门的工作成绩的计量不一定与铁路货物运输的最终产品的计量相一致。这样，在铁路货物运输成本中，可以直接归集到最终产品的部分比较少，而主要的是对各部门成本的分摊。

对于相同的设备在不同企业中的相同性质的部门运用时，如果运用效率等所有条件完全相同，其运输成本的差异不会很大。但在运输时，对于相同的货物，在不同的地区、不同的企业以及使用不同的运输设备、采用不同的组织方式等，其运输成本水平会有所不同，这主要是由于线路条件、设备运用效率等差异所致。

（摘自：徐刚，“铁路货物运输成本特性研究”，《铁道学报》，2002 年 12 月）

### （二）影响运输成本的因素

运输成本通常受七个因素的影响，尽管这些因素并不是运费表上的组成部分，但在承运人制定运输费率时，都必须对每一个因素加以考虑。这七个因素分别是距离、装载量、产品密度、积载能力、搬运、责任以及市场因素等。

1. 距离

距离是影响运输成本的主要因素，因为它直接对人工、燃料和维修保养等变动成本发生作用，距离越长变动成本越大，但单位固定成本随之下降。

2. 装载量

装载量是反映运输规模经济的重要指标。一次装载量越大，每单位重量的运输成本随装载量的增加而减少。但是，一次装载量受到运输工具最大尺寸的限制，因此，在道路交通条件允许下，企业应选择一次装载量大的运输工具。

3. 产品密度

通常情况下，运输收费是按重量或体积收费的，产品密度把重量和空间两方面的因素结合起来。在严查超载超限政策下，一辆运输卡车的装载能力不仅限制了货物的重量，而且限制了货物的体积。因此，产品密度低的货物，可能装满了车辆，但实际装载吨数却达不到车辆的额定载重量，车辆的吨位利用率低，以重量为计价标准时，运输成本高；同理，产品密度越高，车辆容积利用率越低，也会造成运输资源浪费现象。

4. 积载能力

积载能力是指产品具有的规格尺寸对运输工具空间的利用程度，受到产品形状和装运量的影响。一般说来，具有标准矩形的产品要比形状古怪的产品更容易积载，大批量的产品往往能够相互嵌套、便利积载，而小批量的产品则有可能难以积载。

5. 搬运成本

搬运与运输成对出现，没有搬运，就没有运输。搬运成本与产品的种类、包装和运输方式有关，影响运输成本。

6. 责任

责任与货物的特征有关，货物的易损坏性、易腐性、易被偷窃性、易自燃性或自爆性在运输过程中，都有可能发生货物损坏而导致索赔事故。因此，承运人必须通过向保险公司投保来预防可能发生的索赔，否则有可能要承担任何可能损坏的赔偿责任。托运人可以通过改善保护性包装，或通过减少货物灭失损坏的可能性，降低其风险，最终降低运输成本。

7. 市场因素

运输市场供求的波动性，在一定程度上影响货物运输价格。当某段时间或某个地区，运输需求大于运输供给能力时，运输成本会升高；反之，如果在一段时间里或在某个固定区域，运输能力过剩，运输成本会下降。因此，企业货物运输时，要考虑这些市场因素。

上述提到的对运输成本影响的七个因素，由于具体的运输货物的特征差异，使各个因素所产生的影响程度会有所变化。但是，对物流经理来说，有责任了解这些因素的影响程度，掌握产品和装运的特点，使运输费用降低到最低程度。

### （三）运输成本与运输决策

供应链中的运输决策必须考虑对库存成本和客户服务水平的影响。选择运输速度快的运输方式可降低库存成本，但运输成本会高，也同样会影响供应链成本；同样，提供给客户的服务水平越高，运输成本越高。因此，企业制定运输决策时要权衡库存成本与运输成本、客户服务水平与运输成本之间的相互关系。

1. 运输成本与库存成本

运输成本与库存成本间的权衡主要通过运输方式选择实现。运输成本低的运输方式，速度慢，运送时间长，一般装货量大，导致企业库存水平升高；快捷装载量小的运输方式可降低库存水平，但运输成本相对昂贵。因此，附加值高、周转快的货物以降低库存成本为重要物流目标，适合采用速度快的运输方式；附加值低的货物则适合采用速度慢的运输方式，以通过降低运输成本，减少货物物流成本。

2. 运输成本与客户服务水平

供应链中运输成本与客户服务水平密切相关。如果客户的生产方式采用 JIT 生产制，则运输也要实现 JIT 运输，这意味着只有小批量、高频率、多品种的运输才能满足客户需求。小批量意味着客户一次需求的运输量不能装满一辆车，为了满足客户的要求，企业可能采用零担运输，其运输成本升高。反之，如果企业通过采用集中运输，形成规模效益来降低运输成本，可能会降低客户服务水平。

企业在寻求运输成本降低时，一定要考虑客户要求。在满足客户要求的前提下，降低运输成本，并与库存成本进行权衡。

### 包装在运输活动中的效用

在运输活动中，包装能提高运输设备容积的利用率，与运输设备容积利用率有关的包装因素有两个：

（1）尺寸。商品运输包装的尺寸主要是指底面尺寸，如果它能与运输设备间的模数配合，就能大大提高设备容积利用率，采用标准模式化的集合包装，较易解决提高设备容积利用率的问题。

（2）结构和材料。运输包装件的结构和材料也能提高运输设备容积的利用率。一般有角柱或内部支撑件的运输包装件，就能堆得高些。

在运输活动中，运输包装能对内装货物提供保护。运输活动给货物造成损伤，往往是因为运输包装件在空间转移中受到冲击力和振动力的作用而造成的。一般来说，在铁路运输中，冲撞振动的机会较多，运输时间也长，损坏的可能性最大，汽车运输次之，航空运输损坏率最低。但铁路运输费用最低，汽车运输次之，航空运输最高。这样，合理运输对包装的采用就应权衡包装费用与运输方式之间的关系。

在运输活动中，运输包装件有利于缩短运输时间。例如运输包装上清晰的标志能准确地传达信息以及集合包装的采用，都有利于运输活动的有效管理，减少差错，大大缩短运输时间。

（摘自：蔡伟、李晓春，“商品运输包装的功能效用”，《包装工程》，2003 年 5 月）

## 二、运输定价策略

在明确了运输成本的构成要素和影响其高低的主要因素后，企业就可以制定运输价格。一般来说，定价需反映运输成本和服务价值。因此，运输定价往往可采用四种定价策略，即以成本为中心、以服务价值为中心、以竞争为中心和综合定价策略。

1. 以成本为中心的定价策略

以成本为中心的定价，是承运人考虑提供的运输服务要能抵消运输成本，在此基础上再考虑运输服务的利润。企业根据提供服务的运输成本加上一定的利润来确定运输价格，其成本定价公式为：运输价格＝运输成本(1＋成本加成率)。这种定价方法反映了企业提供运输服务的最低运价和在最低运价基础上的可获得的利润，代表了基本的或最低的运输收费。

2. 以服务价值为中心的定价策略

这种定价策略是依据托运人对运输服务价值的理解和需求强度来定价，而不是依据实际提供这种运输服务的成本来收取运费的。定价的关键因素是托运人对运输服务价值的理解水平，而不是承运人的实际运输成本。因此，定价时首先要估计和测定提供的运输服务在托运人心目中的价值水平，然后以此为依据制定运输价格。

3. 以竞争为中心的定价策略

这种策略主要考虑运输市场竞争对手的价格，依据竞争者的价格来定价，或与主要竞争者价格相同，或高于、低于竞争者的价格，要视运输服务种类和运输市场需求情况而定。

4. 组合定价策略

这种组合定价策略是组合以成本为中心和以服务价值为中心的定价策略，并适当考虑企业运输服务的竞争对手价格，在最低的服务成本与最大的服务价值之间来确定某种中间水平的运价。大多数承运人都使用这种中间值的运价进行报价，因此，物流经理必须了解运价浮动的范围和可供选择的策略，以便能够与承运商进行恰当的谈判，取得一个合理的运输价格。

## 三、运输服务费用计算

无论哪种定价策略的应用，都离不开运输服务费用的计算。运输服务费用计算应依据选择的运输服务内容进行，本书只介绍购买运输服务的费用、租赁货车的费用和企业自营运输费用的计算所包含的内容。

### (一) 购买运输服务的费用

购买运输服务的费用计算，主要考虑线路运输费用和其他运输费用，如铁路运输费用包括干线运价、电气化附加费、铁路建设基金费、保价费和保险费等。

1. 线路运输费用

线路运输费用是指在起运地和目的地端点之间发生的费用，取决于货物种类、运输距离和运输量。线路运费的计算公式为：

运费＝(每吨公里价格)×(货物重量)×(运输距离)

随着货物重量和运输距离的增加，线路总运输费用随之增加。但是，线路运费具有很强的规模经济性，即每公里费用随着运输量和运输距离的增加而降低，因此一次运输大批量货物，有利于企业降低运输成本。

线路运输费用的制定首先要将货物分类，我国汽车运输把货物分为普通货物和特种货物两大类。普通货物又分成三大类，即一等货物、二等货物和三等货物；特种货物分为长大笨重货物、大型物件、危险货物、贵重货物和鲜活货物五大类，在每一大类中又分为不同的等级。货物计费时，按照货物的类别和等级寻找其基本运价，然后再乘以货物的重量和运输里程，再加上所需花费的其他费用，就可算出货物的运输费用。

对货物运费的计费重量，我国铁路货物运输规定：整车货物以吨为单位，吨以下四舍五入；零担货物以10kg为单位，不足10kg进为10kg；集装箱货物以箱为单位。我国汽车货物运输规定：汽车货物运输计费重量单位，整批货物运输以吨为单位，尾数不足100kg时，四舍五入；零担货物运输以千克为单位，起码计费重量为1kg，尾数不足1kg时，四舍五入；轻泡货物每立方米折算重量333kg。

2. 其他运输费用

其他运输费用是伴随货物运输过程所发生的费用，如运输端点费用、延滞费、转运服务费用、变更卸货地和变更收货人费用、车辆通行费等。

我国规定的汽车货物运输其他费用包括：调车费、延滞费、装货落空损失费、排障费、车辆处置费、车辆检验费、装卸费、通行费、保管费等。

在铁路运输中，铁路杂费有29项，其中铁路货运营运杂费有14项，租、占用运输设备杂费有6项，延期使用运输设备、违约及委托服务杂费有9项。

在海运班轮运费中的附加费名目繁多，其中包括：超长附加费、超重附加费、选择卸货港附加费、变更卸货港附加费、燃油附加费、港口拥挤附加费、绕航附加费、转船附加费、直航附加费等。集装箱运输费用中，除上述海运运费外，还须包括有关的服务费和设备使用费。

### （二）租赁货车的费用

企业在租赁货车时，有两种基本的计费方式，即按货车吨位的大小和运输距离来决定运费的“按距离的计费方式”和根据租赁货车时间来计算费用的“按时间计费方式”。在这两种计费方式下，租赁货车的费用包括固定费用和变动费用，其中固定费用包括司机的人工费、车辆的折旧、保险费、税收等，变动费用包括燃油费、修理费和轮胎磨损费等。人工费是一笔变数较大的费用，随时间、地点、工作经验等变化。

### （三）企业自营运输费用

如果企业考虑自营运输，或拥有运输资源的物流企业，在运输费用计算中，主要考虑固定费用、运营费用和其他费用。车辆在运营过程中，其全部成本由三部分组成：①车辆的固定成本。②与出行时间和花费在客户处等待时间成正比的车辆运营成本。③在客户指定的服务时间窗口之外的早到等待的费用或延误处罚的费用。

不同于国内运输企业的以吨公里为单位的计算方法。荷兰把每次的运输成本分为三部分，即公里成本、计时成本和直接运输成本。这三部分的组成是：①公里成本包括运输过程中的燃料、折旧、轮胎和修理费用。②计时成本是指运输过程中每小时的固定车辆费用、司机费用和管理费用。③直接运输成本为每次运输中的过桥费、过路费和罚款等非预料的费用。

上述只是简单介绍了几种常用的运输费用计算包括的内容，实际上运输费用计算内容很繁杂，不但是各种运输服务之间的计费标准不同，就同一运输服务其计费标准也有所不同，如高速公路收费，有按车型收费，有按实际载重量收费。企业在购买运输服务时，尽量采用运输合同定价，有利于减少企业运输费用的支出。

# 第四节　运输服务提供者

运输服务多种多样，有的承运人只能提供单一运输服务，而同时其他许多承运人却能够提供综合运输服务。随着企业运输越来越要求“门到门”的运输服务，承运人发展综合运输服务，将会更有效地满足顾客的需要。从目前运输市场所提供的运输服务来看，基本上存在四大类运输服务提供者，即单一运输方式提供者、多式联运经营人、专门化运输承运人和非作业性质的中间商。

## 一、基本运输术语

1. 承运人

承运人是指使用运输工具从事货物运输并与托运人订立货物运输合同的经营者。在水路运输中，承运人可以是拥有船舶或经营船舶的船舶所有人，可以是用各种方式租用船舶的承租人(包括光船租船人、定期租船人和航次租船人)，也可以是从事货运代理的运输组织者或者是无船承运人。

2. 托运人

托运人是指与承运人订立货物运输合同的单位和个人。

3. 收货人

收货人是指货物运输合同中托运人指定提取货物的单位和个人。

4. 船舶代理人

接受委托人的授权，代表委托人办理在港船舶有关业务和服务，并进行与在港船舶有关的其他经济法律行为的法人和公民。

5. 货运代理人

货运代理人是指货运代理机构或个人接受货主或承运人的委托，在授权范围内，代表货主办理进出口货物的报关、交接、仓储、调拨、检验、包装、租船订舱等项业务，或代表承运人承揽货载的机构或个人。货运代理人的主要优势在于因大批量装载可以实现较低的费率，从中获取利润。

在航空货运中，货运代理人所承担的角色主要在于集中零散的货源、运输单证处理、预付航空运费并向货主收款、地面收货、货物暂时存储以及寻找合适的航空公司承运。

在海运中，货运代理人把来自各种用户手中的小批量货物装运整合成大批量装载，然后利用承运人进行运输，送达目的地后，货运代理人再把该批量装载拆分成原先较小的装运量，送往收货人。货运代理人属非作业中间商，因此被称为无船承运人。

6. 运输合约

托运人与承运人所订的契约，主要内容包括运送货物范围的界定、运送质量、运价的约定、货物遗失破损赔偿时间和金额，以及合约期限等事项。

## 二、运输服务提供者

1. 单一运输方式提供者

单一运输方式提供者只利用一种固定的运输方式提供运输服务，如公路运输企业只提供卡车货物运输、铁路运输企业只提供铁路运输业务等。单一运输方式提供者提供的运输服务，专业化程度高，处理货物的能力强，运输效率高，而且大批量货物能够带来运输成本的更大节约。

在实际运作中，单一运输方式服务往往会影响企业运输业务的拓展，如目前许多制造企业选择承运人时，既想实现“门到门”运输，也希望运输成本很低。航空、水路和铁路运输本身无法实现“门到门”运输，必须与卡车运输连接。虽然卡车运输本身能够实现“门到门”运输，但运输成本相比铁路和水路高许多，因此只有发展多式联运，才能更好地满足客户的要求。

2. 多式联运经营人

多式联运经营人使用多种运输方式，以期利用各自的内在经济，在最低的成本条件下提供综合性服务。目前多式联运经营人提供的运输服务包括：驼背式运输(公铁联运)、滚装运输(公水联运)、航空货运和卡车运输、河-海运输和国际多式联运等。多式联运经营人与托运人签订一个运输合同，实行全程运输、一次托运、一单到底、一次收费、统一理赔和全程负责。

提供国际多式联运服务的经营人是国际货物多式联运经营人，他们在与托运人签定多式联运合同后，再将部分或全部运输工作交由其他承运人完成，与承运人签订合同。承运人依照其与多式联运经营人签定的运输合同对其负责，与货主或原托运人之间没有任何直接的合同关系，货物全程运输的组织、安排和协调，全部由国际货物多式联运经营人负责。

3. 服务专门化承运人

运输市场竞争的激烈，加剧了市场的进一步细化。在这些细分化市场中，有些市场的运输需求具有专门化的特征，如体现在“快捷”和“方便”等方面的市区快递市场。这种运输服务有别于邮政快递业务，除了上门收件服务外，运输费用可以按月结算。通常情况下，在承运人分类中，将提供这种专门化服务的运输经营人称为专门化承运人。

专门化承运人在运输方式和递送方式上没有一个固定模式，但是运输服务的产品是专门化的，如日本大和运输公司主要从事宅急便和搬家等专门化物流服务。宅急便与原来“大和”的陆地运输不同，主要体现在面向家庭和小单位个别配送的物流服务上，具有针对性强和方便服务特点。

4. 非作业性质的中间商

对于一些运输批量小，又不希望运输成本太高的托运人，经常会寻找一个中间商帮忙处理运输业务。这些运输服务提供者是非作业性质的中间商，他们通常不拥有或经营运输设备，不是承运人，但他利用承运人的运输资源，向货主提供运输服务，并承担运输责任，如无船承运人。

中间商通常向托运人提供的费率在相应的装运批量上要低于公共承运人的费率。中间商的利润率是向托运人收取的费率与向承运人购买运输服务的成本之间的差额。货运代理人就是这类非作业性质的中间商。

## 思 考 题

1. 如何进行运输服务价格谈判？
2. 企业租车费用由哪几部分费用构成？各占比例是多少？
3. 如何看待运输市场状况与运输成本之间的关系？
4. 企业自有运输成本如何计算？

## 阅读资料

### 德国的“公铁联运”

1. 重载汽车运输合同的签订

德国铁路集装箱实现铁路专用线或货运作业点到顾客之间的运输，有靠铁路专用线或货运作业点本身拥有汽车运输的，也有行业内的子公司拥有汽车进行运输的多种方式。现在常用“公铁联运”，铁路专用线或货运作业点和汽车运输公司签订运输合同。运输合同的签订使专用线或货运作业点拥有重载汽车使用的优先权。专用线或货运作业点根据日常运输任务，决定需要的汽车数量。铁路专用线或货运作业点不需要保证汽车运输任务。如果某日下午没有集装箱运输任务，只要铁路专用线或货运作业点对重载汽车司机说下午没有运输任务，重载汽车才可以自己找其他的运输任务，但是重载汽车明天必须按要求到铁路专用线或货运作业点接受新的运输任务。

由于运输公司间的竞争加剧，导致各运输公司之间运输合同的内容也不相同，运输合同没有统一标准的格式。但在德国很早就制定了《德国承运商人通用标准》，就是运输合同的签定必须在这个框架范围内，一些基本的条件必须遵循，也可以补充其他附加内容。

2. 重载汽车运输的组织

办理集装箱运输的铁路专用线或货运作业点一般设有重载汽车编排部，负责重载汽车的任务分配和费用清算等，但重载汽车的日常维修与保养、运输服务质量、出现事故的处理费用等，都要通过合同由运输公司负责。重载汽车的运输半径一般为150km以内，也有运输半径超过200km以上的。

重载汽车运输任务的安排。德国铁路“门到门”运输的线路是由不同的运输公司组织安排的，虽然各运输公司都宣称自己可以代理德国境内甚至欧洲范围内的公铁集装箱“门到门”运输，但是由于各个公司经营线路的侧重点不同，所以存在着运输价格的差别（运输价格在德国是保密的）。组织集装箱运输的德铁子公司或组织集装箱运输的私营公司在收到客户订单后，根据客户在发、到站的取送集装箱时间要求，及时给发、到站发传真和电子邮件，告诉接、送集装箱的运输任务，由发、到站根据时间安排，提前1～2天在德铁货运软件应用程序上，制定“行车命令单”并打印。便于及早安排重载汽车的运输任务，每份德铁货物运输的行车命令单编号和相应的货物运单编号是同一编号。私营集装箱运输公司的运输程序和德铁很相似，只不过有价格差别。

重载汽车集装箱的装卸。集装箱在铁路专用线或货运作业点的装卸由铁路专用线或货运作业点负责，费用由货主出。在集装箱收、发货处，重载汽车只负责运输到指定地点，不负责装卸，如果集装箱收、发货人没有起重能力，可以申请由到站派汽车吊装卸，费用是另外收取的。

重载汽车运输费用的清算。重载汽车的清算单据是德铁“行车命令单”或私营集装箱运输公司的运输任务单据，按照运输最短径路的每公里费率进行清算，首先由德铁组织集装箱运输的公司（或私营集装箱运输公司）和集装箱货运人清算，然后由德铁组织集装箱运输的公司（或私营集装箱运输公司）和发、到站进行清算，发、到站再和重载汽车运输公司清算。由于公路运输最短径路可以查出，运输价率又有规定，所以在这一点上不存在运输费用的分歧。但存在一种情况，就是在最短径路堵车，如果绕路可能节省时间，但在计算费用时，重载汽车编排部是不考虑这些因素的，只能说明绕路之后，重载汽车司机利用节省时间可以多运输，可以多清算费用。

运输过程中涉及到装卸时间，一般规定，在指定集装箱发、收货人的装载时间为2小时以内不收费，如果超出2小时将另外收取费用。装载时间将在“行车命令单”或“运输任务单据”上体现，由装载司机和集装箱收、发货人共同确认。每次重载汽车司机运输完毕，将“行车命令单”或“运输任务单据”交到重载汽车编排部，一是确认上批任务已经完成，二是需要领取下批任务。

3. 重载汽车运输中其他情况的处理

如果在运输过程中，发生重载汽车司机服务不周到或不按照顾客要求将集装箱送到指定地点等方面的投诉，将由铁路重载汽车编排部和重载汽车运输合同单位交涉，由重载汽车运输公司采取措施，对司机进行经济处罚或开除等。在运输中发生撞车等事故，事故的处理由重载汽车编排部和汽车运输公司共同协商处理，费用由重载汽车运输公司和保险公司清算。由于货主或运输中出现的问题，发生了集装箱发、到站时间需要延迟现象，由德铁组织集装箱运输的公司（或私营集装箱运输公司）和收、发货人联系，重新制定发、到站的装卸时间和取、送集装箱时间。

（摘自：王德占、何世伟，“德国铁路集装箱‘门到门’运输中汽车与铁路的有效结合”，《物流技术》,2005年11月）

# 第二章

# 综合货物运输基础

## 第一节　铁路货物运输

铁路运输是指有固定的运行轨道，以铁路机车、客、货车辆为运输工具，承担旅客、货物运送任务的一种运输方式。铁路运输具有全天候、大批量、长距离、成本低、高效率的现代化运输特点，在我国综合运输体系中起骨干力量的重要运输方式。铁路运输经历了由蒸汽机车到内燃机车，再到电力机车的发展，铁路运输成本逐渐下降。我国铁路运输是由国家铁路、地方铁路、合资铁路和铁路专用线及专用铁道组成，主要承担大宗货物中长距离运输和中长途旅客运输。

铁路货物运输是使用铁路列车运送货物的一种运输方式，主要承担长距离、大数量、附加值较低的货物运输，在货物干线运输中起到非常重要的作用，是企业长距离货物运输的主要方式。

### 一、铁路运输的基本特点

1. 技术经济特点

铁路运输具有速度快、运输不大受自然条件限制、载运量大、运输成本较低等优点。但是铁路运输的灵活性差，只能在固定线路上实现运输，而且需要与其他运输手段配合和衔接。铁路运输经济里程从 20 世纪六七十年代的200km，已经提升到目前的800km左右。

2. 成本特点

铁路运输固定成本包括铁路维护和折旧、端点设施的折旧和管理费用；变动成本包括工资、燃油、润滑油和维护成本。

铁路运输的固定成本高、变动成本相对低，存在明显的规模经济和距离经济。运输数量越大、运输距离越长，单位运输成本越低。

## 二、铁路运输的构成要素

### （一）运输工具

铁路货物是由铁路机车和铁路车辆组成的货物列车进行运输的。铁路机车是铁路运输的动力，目前我国机车类型主要有蒸汽机车、内燃机车和电力机车；铁路车辆是用来装载货物的，主要有平车、敞车、棚车、罐车、漏斗车、保温及冷藏车和特种车等七大类。

根据编组地点、运行距离、运输种类和用途、编组方式和车组数目等可以对货物列车进行分类，在列车编组计划中，货物列车分类一般有以下几种：

1. 按编组地点和运行距离

（1）直达列车。在装(卸)车站或技术站编组，通过一个及其以上编组站不进行改编作业的列车，称为直达列车。其中包括始发直达列车、阶梯直达列车、基地直达列车、空车直达列车、循环直达列车、技术直达列车等。

（2）直通列车。在技术站编组并通过一个及其以上区段站不进行改编作业的列车称为直通列车。

（3）区段列车。在技术站编组并到达相邻技术站，在区段内不进行摘挂作业的列车称为区段列车。

（4）摘挂列车。在技术站编组并在邻接区段内的中间站进行摘挂作业的列车称为摘挂列车。只在指定几个中间站进行摘挂作业的列车称为重点摘挂列车，附挂有沿途零担车的摘挂列车称为沿零摘挂列车。

（5）小运转列车。在技术站和邻接区段规定范围内的几个车站间开行的列车称为区段小运转列车。在枢纽内各站间开行的列车称为枢纽小运转列车。二者统称为小运转列车。

在装车量较大的车站组织始发或阶梯直达列车；将未纳入始发或阶梯直达列车的车流向就近的技术站集中，然后按车流去向的远近分别编入不同列车，主要是技术直达列车、直通列车和区段列车，逐步装送到目的地；而在中间站到发的零星车流，一般编入摘挂列车。

2. 按运输种类和用途

（1）快运货物列车。快速运送鲜活、易腐及其他急运货物的列车称为快运货物列车。

（2）快运零担列车。以沿零车组成并按固定时刻定期运行的列车称为快运零担列车。

（3）定期运行的货物列车。有稳定车流保证，基本上每日固定车次开行的列车称为定期运行的货物列车。

（4）其他货物列车。

3. 按列车内的车组数目及其编组方式

（1）单组列车。单组列车由同一去向（到达同一卸车站或解体站）的车辆组成。列车内的车辆可以混编，也可以按某些特定要求选分车组，甚至指定车组编挂位置。单组列车的编组内容在到达解体站以前的运行途中不发生变化。

（2）分组列车。分组列车由两个及两个以上去向的车辆组成。列车内的车辆按去向选分车组，并在到达列车解体站前运行途中的有关技术站进行车组的换挂作业。

**（二）运输结点**

铁路运输的结点就是铁路车站，即从事铁路客、货运输业务和列车作业的场所。车站按作业性质分为客运站、货运站和客货功能兼备的客货运站三种，根据列车作业的性质可分为编组站、区段站和中间站三种。

1. 货运站

货运站是指专门办理货物运输的车站，其功能主要是从事货运业务，包括货物承运、装卸作业和货物列车的到发作业，根据需要设置若干到发线、编组线和货物库场、库房等设施。

2. 编组站

编组站是铁路网上的主要车站，以改变车流作业为主，直通车流作业为辅，专门从事列车的编组和解体，以及车辆与列车的其他技术性作业。配备有机务段和车辆段、到发线、调车线、牵出线和驼峰等设施。

3. 区段站

区段站是位于铁路牵引区段起讫点上的车站，主要从事列车技术检查、机车的换挂、区段零担摘挂列车和小运转列车的改编等作业，配备有机车段、车辆段，以及到发线、调车线和牵出线等设施。

4. 中间站

中间站是铁路车站中最普遍、数量最多的车站，主要从事单线铁路列车的会让和双线铁路的越行作业，配备有到发线、货物线和牵出线等主要设施。铁路车站发展趋势是作业集中化，设备、设施现代化和操作自动化。

**（三）运输线路**

铁路运输线路是由路基、桥隧建筑物（桥梁、涵洞、隧道等）和轨道（主要包括钢轨、联结零件、轨枕、道床、道岔等）组成的一个整体的工程结构。路基和桥隧建筑物都是轨道的基础，它们直接承受轨道的重量，承受轨道传来的机车车辆及其荷载的压力。

## 三、铁路运输服务

**（一）铁路运送的货物**

铁路运送的货物，可分为普通货物、按特殊条件运送的货物两类。

1. 普通货物

普通货物系指在铁路运送过程中，按一般条件办理的货物，如煤、粮食、木材、钢材、矿建材料等。

2. 按特殊条件运送的货物

按特殊条件办理的货物系指由于货物的性质、体积、状态等在运输过程中需要使用特别的车辆装运或需要采取特殊运输条件和措施，才能保证货物完整和行车安全的货物，如超长、集重、超限、危险和鲜活易腐等货物，具体分为以下三类：

（1）超长、集重和超限的货物。超长货物是指一件货物的长度，超过用以装运的平车的长度，需要使用游车或跨装而有不超限的货物；集重货物是指一件货物装车后，其重量不是均匀地分布在车辆的底板上，而是集中在底板的一小部分上的货物；超限货物是指一件货物装车后，车辆在平直的线路上停留时货物的高度和宽度有任何部分超过机车车辆限界的，或者货车行经半径为300m的铁路线路曲线时，货物的内侧或外侧的计算宽度超过机车车辆限界的，以及超过特定区段的装载限界的货物。

（2）危险货物。危险货物是指凡具有爆炸、易燃、毒害、腐蚀、放射性等特性，在运输、装卸和储存保管过程中，容易造成人身伤亡和财产毁损而需要采取制冷、加温、保温、通风、上水等特殊措施，以防止腐烂变质或病残死亡的货物。

（3）鲜活货物。鲜活货物分为易腐货物和活动物两大类；托运人托运的鲜活货物必须是品质新鲜、无疾残，有能保证货物运输安全的包装，使用的车辆和装载方法要适应货物性质，并根据需要采取预冷、加冰、上水、押运等措施，以保证货物的质量状态良好。

### （二）服务内容

铁路货物运输服务分为整车、零担和集装箱运输三种。

#### 1. 整车货物运输

整车货物运输是指托运人向铁路托运一批货物的重量、体积或形状需要以一辆及其以上货车运输的货物，为整车运输。

#### 2. 零担运输

零担运输是指托运人向铁路托运一批货物的重量、体积或形状不够整车运输的，为零担托运。按零担托运的货物，一件体积最小不得小于0.02$m^3$（一件重量在10kg以上的除外），每批不得超过300件。

#### 3. 集装箱运输

集装箱运输是指符合集装箱运输条件的，可以按集装箱托运。

集装箱是运输货物的一种容器，是一种综合性的运输工具。根据国家标准化组织的建议，凡具有下列条件的货物运输容器，都可称为集装箱：能长期反复使用，具有足够的强度；各种运输方式联运或中途中转时，中途不需进行倒装；可以进行机械装卸，并可从一种运输方式比较方便地直接换装到另一种运输方式（如从铁路运输转为公路或海运，河运）；便于货物的装卸作业和充分利用容积；内部几何容积在1$m^3$以上。

近年来，我国铁路货物运输组织开行快运货物列车、集装箱直达列车、“五定班列”和“行包快运列车”等运输服务，在快运货物组织方面取得了重要进展。其中，“五定班列”快速货物列车，实现了定点、定线、定车次、定时和定价，即装车站和卸车站固定、运输线固定、班列车次固定、货物发到时间固定和全程运输价格固定；在运输组织上实行“五优先”，即优先配车、优先装车、优先挂运、优先放行和优先卸车。

一直以来，铁路运输都是我国货物运输的主要方式，尤其是长距离运输和没有水运条件地区的货物运输。但是，不能忽视的是，我国铁路运输始终存在着运量与运能之间的突出矛盾，铁路运输能力的增加和运输质量的提高以及运输方法的改善，仍然赶不上国民经济不断发展和人民生活日益提高的客观需要。铁路运输至今仍相当程度地制约着国民经济的快速发展，铁路运输仍是国民经济发展中的一个薄弱环节。近几年，由于我国宏观经济的高速持续发展，铁路运力愈加紧张，运输供给能力远远低于运输需求，企业铁路运输请车满足率低下。据统计，2004 年全国铁路运输请车满足率仅为 35%。

## 班列优惠和租用试行办法

第一条　在同一发站、同一日期、同一车次的班列中，同一托运人运输的整车和集装箱货物(以装满车容为准)达到 5 车的，班列运输费用按以下比例优惠：

| 车数 | 5 ~ 9 | 10 ~ 14 | 15 ~ 19 | 20 ~ 24 | 25 ~ 29 | 30 ~ 34 | 35 ~ 39 | 40 ~ 44 | 45 ~ 49 | > =50 |
|---|---|---|---|---|---|---|---|---|---|---|
| 整车 | 0.2% | 0.4% | 0.6% | 0.8% | 1% | 1.2% | 1.4% | 1.6% | 1.8% | 2% |
| 集装箱 | 0.25% | 0.5% | 0.75% | 1% | 1.25% | 1.5% | 1.75% | 2% | 2.25% | 2.5% |

运输货物满一列车的(按该班列计长)，在上表的比例(全列为集装箱的适用集装箱的比例)上再加 0.2 个百分点。

第二条　托运人长期定时使用同一车次班列运输货物的，可以向车站提出租用申请。车站报请铁路局同意后，可分半年度或年度与托运人签订班列租用协议。

第三条　班列租用可租用车位或全列(简单租用车位)。班列租用车位不分货物品类，实施特定的租用费用率。在协议商定的租用辆数内，按班列租用费率和租用辆数计费；因托运人责任造成实际运输量少于租用辆数的，按租用辆数计费，其中实际运输辆数与租用辆数部分的租用费，使用货物运费杂费收据核收。

第四条　按通车次班列开行日期不间断租用的，自班列该组用车位开行日起的第 7 个月开始优惠 0.2%，第 13 个月开始优惠 0.4%。租用车位的同时执行第一条的优惠。

第五条　优惠费用的范围为：运费(含快运费、新路新价均摊运费、电气化附加费)、发站的装车费和货物运输服务杂费。其中货物运输服务杂费可在第一条规定的比例基础上，由车站决定再增加优惠的幅度。

第六条　凡优惠计费或租用车位运输的，车站应在货票和有关收据的记事栏内记明："××××次班列一次运输××辆，优惠×‰"，或"××××次列车租用车位运输××辆，优惠×‰"。

第七条　实行期间不明确的事项按铁道路解释执行。

(摘自:铁道部 1997 年 3 月 17 日铁运[1997]31 号，《"五定"班列货物运输暂行办法》)

# 第二节 公路货物运输

公路运输是指以汽车为主在公路上运送旅客和货物的一种运输方式，具有线路网密度大、分布广、运输中转环节少等特点，适合承担短途旅客、货物运输及铁路、公路、航空港、站的集散、接运任务。随着我国道路等级的提高和路网覆盖面的扩大，公路运输在运输物流中的作用越来越受到企业的重视。

## 一、公路运输的基本特点

公路运输是指装载到汽车的货物通过使用公路实现的运输方式。公路运输主要承担近距离、小批量的货物运输和其他三种运输方式（水运、铁路和航空）难以到达地区的长途、大批量货物运输，以及与这三种运输方式衔接的短途运输。

### （一）技术经济特点

1. 机动灵活，运输方便

由于我国公路网密度大，道路通车里程高，使汽车运输可以到达任何有路的地方。此外，由于汽车运输可随时调度、装车和起运，在运送时间上机动性非常强。

2. 适应性强

由于汽车载重吨位有大有小，因此可适应不同运输批量的货物。汽车可以单个车独立运输，也可组成车队同时运输。在运送较小批量货物或紧急货物方面，更具有很强的适应性。

3. “门到门”运输

汽车由于体积小，使其在运输过程中可实现将货物从仓库直接送到收货人门口的“门到门”运输，中间不需倒运，降低了货物损失的概率，而且节省了运输时间，这是其他运输方式所不能及的。

4. 运送时间短

由于汽车运输的“门到门”优势，使其不用借助于其他运输方式就能完成运输任务，节约了多次装卸时间和待运时间。

由于公路运输的特点，许多企业采用公路运输，使公路运输的经济距离一再升高，目前我国公路运输的经济距离已上升到800km左右。

### （二）成本特点

公路建设周期短，投资较低，易于因地制宜，对收到站设施要求不高，这些特点使公路运输的固定成本是所有运输方式中最低的。

由于公路运输一次装载量低（目前国家规定，车货总重量不超过40t），使其运输规模效益没有铁路和水运显著，运输成本高。公路运输过程中，花费在线路上的成本大约占到总成本的50%~60%，其中燃油成本和司机成本是最重要的两大成本，决定了公路运输的线路成本。

## 二、公路运输的构成要素

### （一）运输工具

公路运输工具包括汽车、挂车和汽车列车三大类。

1. 货车

汽车是指由动力驱动，具有四个或四个以上车轮的非轨道承载的车辆，主要用于载运人或货物和牵引载运人或货物的车辆，分为乘用车和商用车辆两大类。商用车辆分为客车、半挂牵引车和货车三大类。货车是一种主要为载运货物而设计和装备的商用车辆，包括普通货车、多用途货车、全挂牵引车和专用货车等。

（1）普通货车。普通货车是指一种在敞开（平板式）或封闭（厢式）载货空间内载运货物的货车。普通货车按载重量可分为轻型、中型和重型三大类型，其中轻型卡车一般指载货吨位在2t以下，中型在2～8t之间，重型在8t以上。厢式货车由于其具有可防止货物散落、被盗、防雨、防灰尘等特点，在城市运输中普遍使用。

（2）多用途货车。多用途货车是指在其设计和结构上主要用于载运货物，但在驾驶员座椅后带有固定或折叠式座椅，可运载3个以上乘客的货车。

（3）专用货车。专用货车是指在其设计和技术特性上用于运输特殊物品的货车，例如：罐式车、乘用车运输车、集装箱运输车等。

（4）全挂牵引车。一种牵引牵引杆式挂车的货车，它本身可在附属的载运平台上运载货物。

2. 挂车

挂车就其设计和技术特性需汽车牵引，才能正常使用的一种无动力的道路车辆，用于载运人员或货物，分为牵引杆挂车、半挂车和中置轴挂车三大类。与货物运输有关的挂车包括牵引杆货车挂车、通用牵引杆挂车、专用牵引杆挂车、通用货车半挂车和专用半挂车等。

（1）牵引杆货车挂车。牵引杆货车挂车是指在其设计和技术特性上用于载运货物的牵引杆挂车。

（2）通用牵引杆挂车 。通用牵引杆挂车是指一种在敞开（平板式）或封闭（厢式）载货空间内载运货物的牵引杆挂车。

（3）专用牵引杆挂车。专用牵引杆挂车是指一种牵引杆挂车，按其设计和技术特性用作需经特殊布置后才能载运货物。

（4）通用货车半挂车。通用货车半挂车是指一种在敞开（平板式）或封闭（厢式）载货空间内载运货物的半挂车。

（5）专用半挂车。专用半挂车是指一种半挂车，按其设计和技术特性用作需经特殊布置后才能载运货物。

3. 汽车列车

汽车列车中包含货车列车，即一辆货车与一辆或多辆挂车的组合。

**（二）运输结点**

公路货物运输结点是货运站（场），是指以场地设施为依托，为社会提供有偿服务的具有仓储、保管、配载、信息服务、装卸、理货等功能的综合货运站（场）、零担货运站、集装箱中转站、物流中心等经营场所。

货运站经营者应当按照规定的业务操作规程进行货物的搬运装卸。搬运装卸作业应当轻装、轻卸，堆放整齐，防止混杂、撒漏、破损，严禁有毒、易污染物品与食品混装。货运站经营者经营配载服务应当坚持自愿原则，提供的货源信息和运力信息应当真实、准确。

**（三）运输线路**

公路按行政等级可分为：国家公路、省公路、县公路和乡公路（简称为国、省、乡道）以及专用公路五个等级。一般把国道和省道称为干线，县道和乡道称为支线。

根据我国现行的《公路工程技术标准》（JTJ 001—1997），公路按使用任务、功能和适应的交通量分为高速公路、一级公路、二级公路、三级公路、四级公路五个等级。高速公路为专供汽车分向分车道行驶并应全部控制出入的多车道公路；一级公路为供汽车分向分车道行驶并可根据需要控制出入的多车道公路；二级公路为供汽车行驶的双车道公路；三级公路为主要供汽车行驶的双车道公路；四级公路为主要供汽车行驶的双车道或单车道公路。

## 三、汽车货物运输服务

**（一）汽车运送的货物**

汽车运送的货物品种繁多，根据运输、装卸等要求不同，常用的分类方法有：

1. 按运输条件分类

按运输条件分类，可分为普通货物和特种货物。

普通货物是指对车辆结构和运输组织无特殊要求的货物。特种货物是指在运输过程中需要特殊结构的车辆或需要采取特殊措施运送的货物，如长大笨重货物、危险货物以及采用驮背运输方式发送的商品等。

2. 按装卸条件分类

按装卸条件，可分为件装货物、散装货物和罐装货物。

件装货物是指按件重或体积装运的货物；散装货物，也叫堆积货物，采用输送、铲抓、倾卸等方法装卸，如煤炭、矿石、砂石等；罐装货物，一般是指无包装的液体货物。随着装卸技术的发展，许多粉末和小颗粒状的货物，如水泥、粮食等也采用罐装运输。

3. 按托运货物批量分类

按托运货物的批量，可分为整批和零担货物。

一批托运货物重量3t及以下为零担货物，其中，单件体积一般不小于$0.01m^3$，不大于$1.5m^3$；单件重量不超过200kg，货物长、宽、高分别不超过3.5m、1.5m和1.3m。托运货物3t以上，但按零担货物受理，也认定是零担货物。一批托运货物计费重量3t以上或虽然不足3t，但其性质、体积、形状需要一辆汽车运输的为整批货物。

4. 按货物的品名（种）分类

目前道路运输货物分为17类21种，即煤炭及制品；石油天然气及制品；金属矿石；钢铁；矿建材料；水泥；木材；非金属矿石；化肥及农药；盐；粮食；机械、设备和电器；化工原料及制品；有色金属；轻工、医药产品；农林牧渔业产品；其他货类等。

### （二）服务内容

（1）零担货物运输。托运人一次托运货物计费重量3t及以下的运输称为零担货物运输。

（2）整批货物运输。托运人一次托运货物计费重量3t以上或不足3t，但其性质、体积、形状需要一辆汽车运输的称为整批货物运输。

（3）大型特型笨重物件运输。因货物的体积、重量的要求，需要大型或专用汽车运输的称为大型特型笨重物件运输。

（4）集装箱汽车运输。采用集装箱为容器，使用汽车运输的称为集装箱汽车运输。

（5）特快件货物运输。应托运人要求，采取即托即运的运输称为特快件货物运输。

（6）快件货物运输。在规定的距离和时间内将货物运达目的地的运输称为快件货物运输。

（7）危险货物汽车运输。承运《危险货物品名表》列名的易燃、易爆、有毒、有腐蚀性、有放射性等危险货物和虽未列入《危险货物品名表》但具有危险货物性质的新产品的运输称为危险货物汽车运输。

（8）出租汽车货运。采用装有出租营业标志的小型货运汽车，供货主临时雇用，并按时间、里程和规定费率收取运输费用的运输称为出租汽车货运。

（9）搬家货物运输。为个人或单位搬迁提供运输和搬运装卸服务，并按规定收取费用的运输称为搬家货物运输。

目前，由于食品运输过程中保鲜问题越来越受到广泛关注和高质量要求，冷链运输服务面临很大挑战。运输需要保鲜货物不同于普通货物，必须建立起一套完整的恒温物流链系统，从包装到装车运输，必须严格点到点的温度控制，尤其是车厢内必须保证恒温，这需要有构造精良的专用冷藏运输设备。

随着铁路运输供求矛盾的逐渐加剧，公路运输在很大程度上取代了铁路运输，尤其在目前我国现状经济发展过程中，公路运输更是占据了重要地位。此外，其他各种运输方式的衔接和城市中的货物配送也必须由汽车运输来完成。汽车运输在中短距离、附加值较高货物的小批量、多品种、高运输频率运输中，将发挥积极作用。

#### 超限运输车辆定义及运行申请

第三条　本规定所称超限运输车辆是指在公路上行驶的、有下列情形之一的运输车辆：

（一）车货总高度从地面算起4m以上（集装箱车货总高度从地面算起4.2m以上）；

（二）车货总长18m以上；

（三）车货总宽度2.5m以上；

（四）单车、半挂列车、全挂列车车货总质量40000kg以上；集装箱半挂列车车货总质量46000kg以上；

（五）车辆轴载质量在下列规定值以上；

单轴（每侧单轮胎）载质量6000kg；

单轴(每侧双轮胎)载质量10000kg;

双联轴(每侧单轮胎)载质量10000kg;

双联轴(每侧各一单轮胎、双轮胎)载质量14000kg;

双联轴(每侧双轮胎)载质量18000kg;

三联轴(每侧单轮胎)载质量12000kg;

三联轴(每侧双轮胎)载质量22000kg;

第八条 超限运输车辆行驶公路前，其承运人应根据具体情况分别依照下列规定的期限提出申请:

(一) 对于车货总质量在40000kg以下，但其车货总高度、长度及宽度超过第三条(一)、(二)、(三)项规定的超限运输，承运人应在起运前15日提出书面申请;

(二) 对于车货总质量在40000kg以上(不含40000kg)、集装箱车货总质量在46000kg以上(含46000kg)，100000kg以下的超限运输，承运人应在起运前1个月提出书面申请;

(三) 对于车货总重在100000kg(不含100000kg)以上的超限运输，承运人应在起运前3个月提出书面申请。

(摘自:中华人民共和国交通部令2000年第2号,《超限运输车辆行驶公路管理规定》)

## 第三节 水路货物运输

水路运输是指利用船舶、排筏和其他浮运工具，在江、河、湖泊、水库、人工水道和海上运送旅客和货物的一种运输方式。水路运输是最古老的运输方式，远洋及江海水运干线具有成本低、运量大的特点，适合于大宗货物的运送。水路运输通常按其航行的区域，大体上可划分为远洋运输、沿海运输和内河运输三种类型。我国海洋运输主要是外贸运输，在内河及沿海，水运也常作为小型运输工具使用，担任补充及衔接大批量干线运输的任务。

### 一、水路运输的基本特点

1. 技术经济特点

水运是最廉价的大宗货物运输方式，运能大，能够运输数量巨大的货物，适合长距离、大批量运输。但是，水运速度慢，准时性差，受港口、水位、季节、气候影响较大，因而一年中中断运输的时间较长。而且，营运范围受限制，航行风险大，安全性略差。

2. 成本特点

在固定成本方面，水路运输排在铁路运输与公路运输之间。水运具有高端点费用(港口费、货物装卸、搬运费)和低线路费用的特点，单位运输成本随运距和运量的变化急剧下降，尤其在运输大宗货物或散装货物时，采用专用的船舶运输，可以取得更好的技术经济效果。

## 二、水路运输的构成要素

### （一）运输工具

水路运输工具包括船、驳、舟和筏。水路运输物流中使用的货船主要包括八大类，即散货船、集装箱船、油船、液化气船、滚装船、载驳船、冷藏船和运木船。其中，散货船、集装箱船和滚装船是目前大多数企业常用的货船类型。

1. 散货船

散装运输谷物、煤、矿砂、盐、水泥等大宗干散货物的船舶，都可以称为干散货船，或简称散货船。散装货物一般都是农产品和原材料，一次运量较大，且货种单一，不需要包装成捆、成包、成箱的装载运输，不怕挤压，便于装卸，所以都是单甲板船。

2. 集装箱船

集装箱船是专门运输集装箱货物的船舶。集装箱船可分为三种类型：全集装箱船是一种专门装运集装箱的船，不装运其他型式的货物；半集装箱船在船的中部区域作为集装箱的专用货舱，而船的两端货舱装载其他杂货；可变换的集装箱船是一种多用途船。这种船的货舱，根据需要可随时改变设施，既可装运集装箱，也可以装运其他普通杂货，以提高船舶的利用率。

3. 滚装船

滚装船：货物装卸不是从甲板上的货舱口垂直的吊进吊出，而是通过船舶首、尾或两舷的开口以及搭到码头上的跳板，用拖车或叉式装卸车把集装箱或货物连同带轮子的底盘，从船舱移至码头的一种船舶。滚装船的主要优点是：不需要起货设备，货物在港口不需要转载就可以直接拖运至收货地点，缩短货物周转的时间，减少货损。

### （二）运输结点

港口是位于江、河、湖、海沿岸，由陆域和水域组成的，具有一定设施和条件，用于船舶停靠、旅客和货物运输的固定场所。港口一般设有航道、港池、锚地、码头、仓库货场、后方运输设备、修理设备（包括修理船舶）和必要的管理、服务机构等等。

1. 按地理位置分类

按地理位置分类，运输结点主要分为河港和海港两种。

（1）河港。河港指沿江、河、湖泊、水库分布，且有河流水文特征的港口，如长江沿线的南京港、武汉港、重庆港等，可供内河运输船舶编解队，装卸作业，旅客上下和补给燃物料等。

（2）海港。海港指沿海岸线（包括岛屿海岸线）分布和位于江、河入海处受潮汐影响，在自然地理条件和水文气象方面具有海洋性质的港口，分为海岸港和河口港。海岸港位于有掩护的或平直的海岸上，如大连港、青岛港等；河口港位于入海河流河口段，或河流下游潮区界内，如上海港等。

2. 按性质和用途分类

按性质和用途分类，运输结点主要分为商港、工业港、渔港、军港和避风港等。

（1）商港。商港是指专门从事客货运业务的港口。商港一般自然条件优越，处在经济发达的地区。如上海港、中国香港、鹿特丹和汉堡等港口都是世界上著名的商港。此外，一些专门进行某一货物或以这种货物为主装卸的专业港口，如主要进行煤炭运输的舟山港、秦皇岛港，也属于商港。

(2) 工业港。工业港是指为临近江、河、湖、海的大型工矿企业直接运输原料、燃料和产品的港口，如宝山港等。

(3) 渔港。渔港是指专门从事渔业的港口，主要用于渔船的停泊、装运物资和各种鱼类的加工等。

(4) 军港。军港是指为军事目的而修建的，专供军舰用的港口，如大连旅顺港。

(5) 避风港。避风港是指专为船舶、木筏等在海洋、大潮、江河中航行、作业遇到突发性风暴时避风用的港口，一般只有一些简单的系靠设备。

除了上述港口分类外，还可按运输货物贸易方式和在水运系统地位上分类。

### (三) 运输线路

航线按自然地理环境可分为海运航线和内河航线。

1. 海运航线

(1) 按船舶营运方式分类。按船舶营运方式分为定期航线和不定期航线。定期航线，是指使用固定的船舶，按固定的船期和港口航行，并以相对固定的运价经营客货运输业务的航线；不定期航线，是临时根据货运的需要而选择的航线，其船舶、船期、挂靠港口均不固定，是以经营大宗、低价货物运输业务为主的航线。

(2) 按航程的远近分类。按航程的远近分为远洋航线、近洋航线和沿海航线。远洋航线，是指航程距离较远，船舶航行跨越大洋的运输航线；近洋航线，是指本国各港口至邻近国家港口间的海上运输航线的统称；沿海航线，是指本国沿海各港之间的海上运输航线。在我国众多的海港口中，北方沿海航区以上海、大连为中心，通航主要海港有秦皇岛、天津、烟台、青岛、连云港、宁波等；南方沿海航区以广州为中心，通航的主要港口有厦门、汕头、湛江、海口等。

(3) 按航行的范围分类。按航行的范围分为大西洋航线、太平洋航线、印度洋航线和环球航线。

我国远洋航线分为东行、西行、南行和北行四大航线。东行航线可到达日本，横渡太平洋可以到达美洲各国港口；西行航线可到达东南亚、南亚、西亚、非洲和欧洲各港口；南行航线可到达南亚、大洋洲各港口；北行航线可到达韩国以及俄罗斯远东沿海港口。

2. 内河航线

我国重要的内河航线包括三条，即长江航线、京杭运河航线和珠江航线。

## 三、水路货物运输服务

### (一) 水路运送的货物

利用水路运输的货物种类很多，可以按照不同的划分原则分为五大类。

1. 按货物性质分类

按货物性质分类，分为普通货物和特种货物两类。普通货物包括的种类繁多，如清洁货物、异味货物、易碎货物等；特种货物包括鲜活货物、危险货物、贵重货物、笨重、长大货物和涉外货物等。

2. 按货物形态分类

按货物形态分类，分为干货和液体货物。

3. 按包装形式分类

按包装形式分类，分为散装货物和件货，件货又分为包装货物和裸装货物。

4. 按积载位置分类

按积载位置分类，分为舱内货物和舱面货物。

5. 按批量大小分类

按批量大小分类，分为大宗货物和零担货物。

**（二）服务内容**

1. 按运输工具分类

海上运输按照运输工具分类，主要有集装箱运输和散货船运输。

（1）集装箱运输。集装箱运输是指将一定数量的单件货物装进集装箱内进行的运输。普通集装箱的尺寸有两种：20ft 和 40ft，20ft 的容积为 $33m^3$，限重 21t；40ft[㊀] 的容积为 $67m^3$，限重 26t。由发货人负责装箱、计数、积载并加铅封的货运，称为整箱运输；相对来说，由承运人分别揽货并在集装箱货运站或内陆站集中，而后将两票或两票以上的货物拼装在一个集装箱内的运输称为拼箱运输。不足整箱的，按拼箱走，承运人要负担装箱与拆箱作业，装拆箱费用由托运人支付。

（2）散货船运输。散货船运输是指将货物直接装到船舱中进行的运输，一般适用于载运粉状、粒状、块状等散体货物。但要注意货物的轻重搭配，防潮和防湿。

2. 按运营方式分类

按照运营方式分类，当前国际上普遍采用的远洋船舶的运营方式可分为两大类，即班轮运输和租船运输。

（1）班轮运输。班轮运输又称定期船运输，是指船舶按事先制定的船期表（时间表）在特定的航线上，以既定的挂靠港口顺序，经常地从事航线上各港间的船舶运输。班轮运输又分为正规班轮运输与非正规班轮运输，正规班轮运输是以固定的船舶，按照以运行周期为依据编制的船期表日期组织运行，即定期定港班轮运输；非正规班轮运输是不定期、不定港、不定船的定线班轮运输，除固定的几个港口外，其余港口视货源情况而定是否停靠，事先不能编制一定期间的船期表。

班轮运输适合于货流稳定、货种多、批量小的杂货运输，其运输费率也相对固定。

（2）租船运输。租船运输又称不定期船运输，没有预制定的船期表，没有固定的航线，停靠港口也不固定，无固定费率的一种船舶营运方式。船舶的营运是根据船舶所有人与需要船舶运输的货主双方事先签订的租船合同来安排的，常用于大宗货物，特别是干散货和液体散货，如谷物、煤炭、矿石、石油等的运输。对于批量小、港口分散、货流和货源不稳定的货物，航运公司则需根据货物流量和流向、发送港和日期等编制月度运输配船计划和运输安排。

---

㊀ 1ft = 0.3048m。

水路的低运输成本优势，使之仍是目前企业首选的运输方式，如汽车商的零部件海外采购基本上都采用水路运输方式，水运将在远距离、大运量、不要求快速抵达的货物运输中发挥重要作用。

## 第四节 航空货物运输

航空运输是指利用飞机和空中航线运送旅客和货邮的一种运输方式，具有速度快和不受地形限制的特点。航空货物运输成本高、运量小，适合对时间要求高的货物进行运输，主要适合运载的货物有两类，一类是价值高、运费承担能力很强的货物，如贵重设备的零部件、高档产品等；另一类是紧急需要的物资，如救灾抢险物资等。近几年，我国航空货物运输业务有了很大的发展，但是由于航空运输的高成本，使其在运输量上仍不能与其他运输方式相比。

### 一、航空运输的基本特点

1. 技术经济特点

由于空中飞行较少受自然地理条件限制，航线一般取两点间的最短距离，使航空运输具有所有运输方式中最快的运送速度。但是，受气候条件的限制，在一定程度上影响了运输可靠性，而且需要航空港设施和其他运输方式配合。

2. 成本特点

航空运输需要投入大量的资金购买飞机，飞机维护费用高。在运营中，需要购买机场服务，且运输能力小，使之成为最贵的运输方式。但是，随着端点费用和其他固定开支分摊在更大的运量上，单位成本会有所降低。如果长距离运营，单位成本还会下降。

### 二、航空运输的构成要素

1. 运输工具

航空器主要是指飞机，常见的飞机有螺旋桨式飞机、喷气式飞机和超音速飞机。

按照用途的不同，飞机也可分为客机、全货机和客货混合机，这三种机型都可以运送货物。客机主要运送旅客，一般行李装在飞机的深舱，每次运送的货物数量十分有限；全货机运量大，可以弥补客机的不足，但经营成本高，只限在某些货源充足的航线使用；客货混合机可以同时在主甲板运送旅客和货物，并根据需要调整运输安排，是最具灵活性的一种机型。

2. 运输结点

航空港为航空运输的经停点，又称航空站或机场，是供飞机起飞、降落和停放及组织、保障飞机活动的场所。

航空港按照所处的位置分干线航空港和支线航空港；按业务范围分国际航空港和国内航空港。其中国际航空港需经政府核准，可以用来供国际航线的航空器起降营运，空港内配有海关、移民、检疫和卫生机构。而国内航空港仅供国内航线的航空器使用，除特殊情况外不对外国航空器开放。

3. 运输线路

根据各大航空公司开辟的运输线路为准，运输线路可分为干线运输和支线运输。

## 三、航空货物运输服务

### （一）航空运送的货物

航空货物种类繁多，主要是高附加值、深加工、技术密集型、适时生产的产品和鲜活食品，同时也运送一些危险品和特种物品。

### （二）服务内容

1. 班机运输

班机是指具有固定开航时间、航线和停靠航站的飞机。班机运输一般适合两种情形：一是使用客货混合型飞机，即搭载旅客，又运送小批量的货物，货舱容量较小，运价较贵，但由于航期固定，有利于客户安排鲜活商品或急需商品的运送；二是使用全货机运输的定期货运航班。

2. 包机运输

包机运输包括整架包机和部分包机。整架包机即包租整架飞机，是指航空公司或包机代理公司，按照与租机人事先约定的条件和费率，将整架飞机租给租机人，从一个或几个航空站装运货物至指定的目的地的运输方式；部分包机是指由几家航空货运代理公司(或发货人)联合包租一架飞机，或者是由航空公司把一架飞机的舱位分别卖给几家航空货运代理公司装载货物。

包机运输适合于大宗货物运输，费率低于班机，但运送时间则比班机要长些。

3. 集中托运方式

集中托运方式是指航空货运代理公司把若干批单独发运的货物组成一整批货物，集中向航空公司托运，填写一份总运单发运到同一到达站，由航空货运代理公司委托到达站的当地代理人负责收货、报关并分拨给各实际收货人的运输方式。

4. 联合运输方式

联合运输方式主要是指陆空联运，即指包括空运在内的两种以上运输方式的紧密结合方式。

5. 航空快递业务

航空快递业务又称快件、快运或速递业务。它是由专门经营该项业务的航空货运公司与航空公司合作，派专人用最快的速度，在货主、机场、用户之间传送急件的运输服务业务。

随着全球经济的发展，航空运输已成为国际运输的重要工具。通过航空运输的货物仅需几个小时，如用其他运输方式承运则需要几天的时间，在企业货物库存有严格限制的物流管理中，航空货运具有一定的优势。

# 第五节　管 道 运 输

利用管道输送气体、液体和粉状固体货物的运输，称为管道运输。管道运输是靠物体在管道内顺着压力方向顺序移动实现的，和其他运输方式的重要区别在于管道设备是静止不动的。目前，全球的管道运输主要承担气体、液体或浆状产品的运输。

## 一、管道运输的基本特点

1. 技术经济特点

管道运输是一种连续工程，适合于自动化管理，运输效率高；管道运输耗能少、运量大，而且不存在必须回程运输问题。此外，货物利用管道运输安全可靠，运行稳定，不会受恶劣多变的气候条件影响，货物损失率低。但是，管道运输只能在固定的管道上运输有限的几类货物，运送速度较慢，而且仅提供单向服务。

2. 成本特点

管道的固定成本与总成本的比例是所有运输方式中最高的，其高额的固定费用产生于建设运输管道、泵站和气泵设备等。可变成本主要包括运送产品的动力和与泵站经营相关的成本，变动成本很低。而且随着运量的增加，大管道的单位成本随之降低。

## 二、管道运输系统的构成要素

管道运输的构成要素主要包括运输管道、泵站和气泵设备。管道既是运输工具，又是运输通道，驱动方式是用机泵给货物以压能，使货物本身连续不断地被运送。

1. 管道

管道线路是用管子、管件、阀门等连接管道起点站、中间站和终点站，构成管道运输线路的。管道按货物性能可分为固体管道(固体粉碎后加水成浆状)、气体管道、液体管道；按货物种类可分为原油管道、成品油管道、天然气管道、二氧化碳气管道、液化气管道、煤浆和其他矿浆管道等。管道的直径以毫米为单位。有不同的管径，管径是决定输送能力的重要因素之一。管道在使用过程中，需要进行防腐处理，防腐的通用方法是涂层防腐加阴极保护。

2. 管道站

管道站又叫输油站或输气站，是对沿管道干线为输送油品或气体而建立的各种作业站或作业场的总称，包括起点站、中间站、终点站，主要设备有驱动和监控货物运行的各种泵站和装置。

管道运输由于其不灵活，运输商品的范围受到限制，目前主要担负单向、定点、量大的流体状货物运输。管道运输是石油、天然气运输采用的主要方式，目前我国近70%的原油，100%的天然气是通过管道来进行运输的。

铁路运输、公路运输、水路运输、航空运输和管道运输，这五大运输方式构成货物综合运输的基本方式。任何运输，无论国内运输还是国外运输，城市运输还是城际运输，都离不开这五种基本运输方式。在承运人提供的各种各样的运输服务中，始终以这五种运输方式为基础进行运输服务设计。

理论上讲，在四大运输方式(不包括管道)中，任何两种或两种以上运输方式组合起来都能够形成多式联运运输方式，如铁路运输与公路运输、铁路运输与水运、铁路运输与航空运输、公路运输与航空运输、公路运输与水路运输、水路运输与航空运输等。然而，这些组合并不是都实用，而其中有些可行的组合也未被采用。对于每一种多式联运的组合，其目的都是要综合各种运输方式的优点，以实现最优化的绩效。汽车运输在多式联运中扮演了重要角色，它提供的灵活、快捷的运输服务，使多式联运方式更有效率，尤其在长途运输与短拨相接的运输中，汽车运输更是不可缺少的运输方式。

## 思考题

1. 简述各种运输方式的优缺点，说明其适用的范围是什么？
2. 在铁路、航空和水路运输过程中，其短拨距离如何实现？
3. 在汽车运输中，道路是汽车运输系统的构成要素，不同的道路等级是如何对汽车运输进行影响的？
4. 汽车运输中，国家超载超限规定对汽车运输有哪些影响？

## 阅读资料

### 美国依法管理港口与航运

按照三权分立的基本原则，美国的立法权由国会及各州议会行使。政府各部门对法律制定享有建议权，并有权在法律层次下制定相应的规章。在过去的几十年中，美国联邦议会陆续制定了一系列有关航运和港口管理的法令，主要包括《1936 年商船法》、《1978 年受控承运人法》、《1984 年航运法》、《2002 年海运安全法》等。港口立法方面，联邦制定的法令包括《1974 年深水港口法》、《1922 年河流与港口法》等。上述法律一般不涉及港口具体运作，主要规范航道疏浚、港口安全等。

各州议会也有各自的港口立法，如加利福尼亚州的《1920 年滩涂法》、《1970 年岸线法》。州法律对岸线有具体的规定，即只能在特定的地点修建码头。港务局据此作出规划，一般不会无限制地发展码头。

美国在港口与航运方面的法律主要包括以下几项：

1. 市场准入

美国的外贸货物运输领域总体上是开放的，但根据《1998 年远洋运输改革法》，航运中介(包括货代、无船承运人)市场实行许可制度。

2. 海运辅助服务

美国法律没有限制外资进入的专门规定，但不允许外国拖船在美国海域拖带美国船，外国救捞船也被禁止在美国海域从事救捞作业。

3. 港口服务及税收

基于国家安全目的，美国港口服务设施对某些国家的船舶加以限制。美国对于从北美或部分南美港口驶入美国的船舶征收差别船舶吨税，并按照互惠原则免征某些国家船舶的灯塔费与特定吨税。同时，根据互惠原则或双边税收协定的规定，就船舶经营国际贸易运输的收入，对40多个国家的船舶所有人免征所得税。

4. 雇佣与自然人流动

美国限制受雇于海运业的外国人数量，主要采取两项措施：①授权符合条件的船舶经营美国国内贸易运输或者得享受美国政府某些形式的补贴。②雇佣的外国船员不得超过船员总数的25%，并且有任职资格证书要求的船员岗位必须由美国公民担任。

5. 船舶更新制度

美国没有船舶强制报废制度，只要船检合格，船舶就可以继续营运。效益低下的高龄船舶主要通过市场竞争自然淘汰。

6. 国内沿海运输

美国的“国内商业水运”是“民用或军用船舶在美国领海、大湖、内河等水域从事的商业性货物运输”，不包括国防部军事物资的船舶运输。只有美国人才有权单独从事美国内商业性水上运输；在与外资合资的情况下，美国人必须控制75%以上的股份；国内水运公司的经理或其他高级管理人员、董事长必须由美国人担任，外国人在董事会中不得超过法定少数限额。此外，国内水运公司的船舶必须在美国建造，船员必须是美国人。

7. 反垄断豁免

满足《1984年航运法》要求而生效的协议享有豁免权，不受美国《反垄断法》(《谢尔曼-克林顿法》)的调整。班轮公会的豁免是反垄断豁免中的核心内容。欧洲对公会实行的是一般性豁免，美国实行单独豁免。

8. 运价报备

美国最早在《1916年航运法》中提出承运人报备运价的规定，《1998年改革法》取消了运价报备系统，代之以电子运费自动公开系统。

9. 船舶登记

美国按照登记条件将船舶所有人分为三种类型，其所拥有的船舶也将相应地享受不同的待遇。这三类船舶所有人分别是：①普通注册登记类公民：被外国人全资控股的美国公司可以成为此类公民，有权经营美国与外国之间的运输。②具有控制利益的公民：由此类公民占所有权多数的船舶，有权享有美国《1996年海运安全船队法案》所提供的优惠。③有权从事沿海运输的公民：只有他们拥有或经营的船舶才有权从事美国沿海运输。

10. 油污及环保

美国负责水域环保工作的部门是环境保护署和海岸警备队，但两者又有分工。大湖区、密西西比河等区域的溢油事故由美国环境保护署负责处理，美国海岸警备队负责大西洋、太平洋、北阿拉斯加海域以及内河等水域的油污事故处理。为了应对油污(包括危险化学品)事故，美国环境保护署将具体工作分成两个阶段，一是预防、准备阶段，二是反应阶段。

预防、准备阶段包含两项重要的计划：①地区溢油计划。环境保护署将美国分成10个大地区，制定相应地区溢油计划。②设施应急反应计划。相关储油设施和运输设备都要制定各自的设施应急反应计划，包括采油作业、运油作业等。

反应阶段。这是油污事故或化学品事故发生后，美国联邦政府和州政府各职能部门、事故所在地的管理部门以及事故当事人如何在最短时间内启动应急计划，对溢油事故作出快速反应的责任分工和运作机制。事故发生后，各部门都能快速反应，共同协作，有效控制油污扩大，消除油污的影响和危害。

（摘自：张晋元，“美国港口与航运管理体制”，《水运管理》，2005 年 7 月）

# 第三章

# 国际货物运输

## 第一节　国际货物运输方式

国际货物运输是指货物在国家与国家、国家与地区之间的运输，主要指以国际贸易为主的运输方式，又被称为国际贸易运输。我国国际货物运输的进出口货物，大部分是通过海运完成的，也有少部分通过铁路、公路运输和航空运输完成。

### 一、运输方式

1. 大陆桥运输

大陆桥运输是以集装箱为主要运输工具，以贯穿大陆上的铁路运输为中间桥梁，连接两段海运的陆地运输，主要包括国际铁路运输和海洋运输。目前我国境内的大陆桥运输线共有三条，它们是亚欧大陆桥的重要组成部分。

2. 海洋运输

海洋运输是指使用船舶通过海上航道在不同国家和地区港口之间运送货物的一种方式，具有一次装载能力大、运费较低等优点，但是要受天气影响。目前，远洋运输主要采用两种运营形式，即班轮运输和租船运输。

海洋运输是当前国际贸易中最重要的运输方式，世界上国际贸易的货物有三分之二以上是通过海洋运输的，如我国汽车零部件、铁矿石等原材料的进口均采用海洋运输方式。

3. 铁路运输

铁路运输不但是国内运输的主要方式，而且在国际货物运输中发挥重要作用。铁路运输具有的准确性和连续性强，运输速度较快，运输量较大，安全可靠，成本较低等优点，使其成为国际货物运输采用的一种方式。我国对外贸易的铁路运输包括对香港地区的铁路运输和国际铁路联运两个部分。

4. 航空运输

航空运输由于其具有交货速度快、时间短、安全性能高和货物破损率小等优势，国内许多高价值的货物，如手机、计算机零配件等在国际运输中仍旧选用航空运输；此外，一些易腐商品、鲜活商品和季节性强的商品的国际运输，也使用航空运输。国际航空运输的主要运营方式有班机运输、包机运输、集中托运和航空快递等四种。

5. 国际多式联运

也称为国际一贯化运输，是国际间多种运输方式的联合运输，指根据多式联运合同，由多式联运经营人全程负责，采用两种或两种以上运输方式，通过有效衔接和密切配合的一体化运输，把货物从一国境内发货地点安全、快捷、经济地运至另一国境内指定的交货地点。

## 二、国际多式联运

国际多式联运采用一次托运、一次付费、一单到底，统一理赔、全程负责的运输业务办法，由一个承运人负责，使用一份国际多式联运合同，组织多种运输手段进行跨国联合运输。

1. 适用的运输方式

国际多式联运至少使用两种以上不同的运输方式，水路、公路、铁路和航空这四种运输方式都适用于在国际多式联运中的组合。在国际贸易中，由于85%~90%的货物是通过海运完成的，故海运在国际多式联运中占据主导地位。常用的运输方式组合有海陆联运、陆桥运输和海空联运。

2. 集装箱国际多式联运

在国际多式联运中，既可适用集装箱装运，又可适用成组托盘装运，也适用于一般散杂货运输。其中采用集装箱装运的效果最好，所以国际多式联运的货物，大多数采用集装箱运输。以集装箱为运输单元，使各种运输方式达到最佳的组合和衔接，不但缩短了货物运输时间，而且降低了货损货差，提高了货运可靠性。集装箱货物的交接方式按照整箱装和拼箱装的顺序排列有四种交接方式：整箱接，整箱交（FCL/FCL）；拼箱交接（LCL/LCL）；整箱接，拼箱交（FCL/LCL）；拼箱接，整箱交（LCL/FCL）。

3. 大陆桥运输

与传统的国际运输方式相比，大陆桥运输的优势体现在：由于大陆桥横穿大陆，节省了绕道海路的距离，使之运输距离有所缩短；由于使用铁路集装箱专用直达到车，中间环节少，运行速度快，运输时间减少；大陆桥运输是多式联运的一种，具有多式联运的优点，手续简便，责任明确；采用集装箱为运输单元，货物货损、货差减少，具有运行质量高、效益好的特点。

在大陆桥运输中，西伯利亚大陆桥(Siberian Landbridge Traffic，SLB)是目前世界上最长的一条陆桥运输线，往返欧亚之间有三条线路。

## 第二节 国际货物运输装运条款和单据

国际货物运输中，运输方式及其相应的装运条款和单据是从事国际贸易的企业和提供国际货物运输的承运人或代理人必须了解和掌握的内容。为了顺利地进行国际货物运输，装运条款的内容和要求要在合同中明确提出，运输单据的内容要正确、清楚和完整。

### 一、装运条款

在国际货物运输时，买卖双方必须就交货时间、装运地和目的地、能否分批装运和转船、转运等问题进行协商，并在合同中具体明确其各项装运条款。

#### (一) 装运期

装运期(Time of Shipment)是卖方根据贸易合同将货物装上运输工具或交给承运人的时间，又称装运时间，是买卖合同的主要条件。装运日期的提前和推迟，在法律上都构成违约。

在装运期中，装运日期规定有：规定具体的装运时间、规定某月装运、规定最迟期限装运、规定一段时间装运和规定收到信用证后若干天内装运。

#### (二) 装运港和目的港

装运港(Port of Shipment)是指货物起始装运的港口，目的港(Port of Destination)是指最终卸货的港口。在进出口交易中，对于装运港或装运地、目的港或目的地的规定方法有三种：规定一个装运港(地)和目的港(地)；规定两个或两个以上装运港(地)和目的港(地)；规定某一航运的港口为装运港(地)或目的港(地)。

#### (三) 分批装运和转船

分批装运(Partial Shipment)是指一定成交数量较大的货物先后分若干批次装运。在大宗货物交易中，买卖双方根据交货数量、运输条件和市场销售需要等因素，可在合同中规定分批装运条款。分批装运条款包括只规定“允许分批装运”，不加任何限制；规定分若干批次装运，但不规定每批装运数量；规定每批装运的时间和数量，即定量分批装运。

转船(Transshipment)是指海洋货物装运后允许在中途港口转换其他船只，然后再驶往目的港。转船需要加收转船附加费，同时运输时间还要延长，需要转船的交易应在合同中订立“允许转船”的条款。

#### (四) 装运通知

装运通知(Shipping Advice)是卖方向买方发出的货物已经装运的通知，是合同中加以约定的条款。它的主要作用是便于买方接卸货物和办理保险，便于明确买卖双方的责任，共同做好船货衔接工作。

#### (五) 装卸时间、装卸率和滞期、速遣费条款

1. 装卸时间

装卸时间是指允许完成装卸任务所约定的时间，它一般以天数或小时数来表示。

2. 装卸率

装卸率是指每日装卸货物的数量，一般按照正常装卸速度，具体规定装卸率。

3. 滞期费和速遣费

在约定的允许装卸时间内未能将货物装卸完，致使船舶在港内停泊时间延长。延迟期间的损失，应按约定每天若干金额补偿给船方，这项补偿金叫滞期费。反之，如按约定的装卸时间和装卸率，提前完成装卸任务，使船方节省了船舶在港的费用开支，船方将其获取的利益的一部分给租船人作为奖励，叫速谴费。按惯例，速遣费一般为滞期费的一半。滞期费和速遣费通常约定为每天若干金额，不足一天，按比例计算。

## 二、运输单据

国际货物运输单据是承运人收到承运货物后，签发给托运人的证明文件，是交接货物、处理索赔与理赔以及向银行结算货款或进行议付的重要单据，单据中具体说明了国际货物运输中有关当事人的责任、权利和义务。国际货物运输单据主要有海运提单、航空运单、铁路运单、邮政包裹收据以及国际多式联运单据等。

1. 海运提单

海运提单(Ocean Bill of Lading B/L)是货物承运人或其代理人收到货物后签发给托运人的货物收据，是承运人与托运人之间的运输契约的证明，证明货物已装运或已被承运人或其代理人接管。在提单条款中，具体规定了承运人与托运人之间的权利与义务，责任与豁免，一旦发生异议可以作为解决争议的法律依据。收货人在目的港提取货物时，必须提交正本提单。提单可以转让给他人或向银行作抵押。

海运提单的种类繁多，按照不同的形式进行分类，主要有：根据货物是否已经装船，分为已装船提单和待运提单；根据提单对货物外表状况批注，分为清洁提单和不清洁提单；根据提单收货人抬头的不同，划分为记名提单、不记名提单和指示提单；根据货物运输过程，划分为直达提单、转船提单和联运提单；根据提单内容的简繁，划分为全式提单和略式提单；按船舶的营运方式不同，划分为班轮提单和租船提单；根据提单使用效力，划分为正本提单和副本提单。

2. 铁路运输单据

铁路运输单据(Railway B/L)是铁路承运人收到货物后所签发的，是收、发货人与铁路部门之间的运输契约。铁路运输可分为国际铁路联运和国内铁路运输两种方式，前者使用国际铁路联运运单，后者使用承运货物收据。

3. 航空运单

航空运单(Airway Bill)是承运人或其代理人与托运人之间签订的运输契约，也是承运人或其代理人签发的货物收据。航空运单还可作为核收运费的依据和海关查验放行的基本单据，但航空运单不是代表货物所有权的物权凭证，不可转让。在航空运单的收货人栏内，必须详细填写收货人的全称和地址，而不能做成指示性抬头。

航空运单依签发人的不同可分为主运单和分运单。

4. 邮包收据

邮包收据(Parcel Post Receipt)是邮政部门或国际信使专递公司收到由其负责邮递的信函、样品或包裹等邮件后向寄件人出示的注有寄发日期的货物收据，是邮包运输的主要单据。邮包收据既是收件人凭以提取邮件的凭证，也是当邮包发生损坏或丢失时，作为索赔和理赔的依据。

5. 多式联运单据

多式联运单据(Combined Transport Documents,C. T. D.)是各当事人之间进行国际多式联运业务活动的凭证，是多式联运的合同证明。多式联运单据所记载的内容，通常由货物托运人填写，或由多式联运经营人或其代表根据托运人提供的相关托运文件制成。

多式联运单据的内容主要包括：货物种类及主要标志、货物外表状况、多式运输经营的名称和主要营业所、发货人名称、收货人名称(经发货人指定)、多式运输经营人接管货物的地方和日期、交货地点、交货日期或期间、表明该多式运输单据为可转让或不可转让的声明、单据签发日期和地点、多式运输经营人或其授权人的签字和运费的支付等。

## 第三节 国际货物运输代理

国际货物运输代理业务在国际贸易、运输中占有重要地位，是国际货物运输的重要组成部分。国际货物运输代理是介于货主与承运人之间的中间人，是接受货主或承运人委托，在授权范围内办理国际货物运输业务的企业。国际货物运输代理企业除拥有为代理业务所必须的仓库及小型车队外，一般不经营运输工具，也不经营进出口商品。

### 一、国际货物代理业务

1. 货运代理人

货运代理人是非作业性质的中间商，其货运代理行为是企业行为。在国际货物运输中，货运代理人是指接受进出口货物收货人和发货人的委托，以委托人的名义或者以自己的名义，为委托人办理国际货物运输及相关业务并收取服务报酬的企业。

国际货物运输过程是一个非常复杂的过程，涉及诸多环节，许多进出口企业自己没有精力进行这方面的业务，一般情况下，交由货运代理运作。为了使货物能够准确及时并以最经济的价格进行运输，要求货运代理人必须具备许多领域知识(如外贸、运输、法律等)，不仅与各种运输方式的承运人建立紧密合作关系，而且能够设计合理的运输方案，以降低运输费用。

2. 应具备的条件

(1) 具有独立的法人资格，具有民事行为能力，能够独立承担民事责任。

(2) 有与其从事的国际货物运输代理业务相适应的专业人员。

(3) 有固定的营业场所和健全的组织机构和设施。

(4) 有稳定的进出口货源市场。

(5) 与承办业务相适应的资金。国际货物运输代理企业的注册资本最低限额应当符合下列要求：①经营海上国际货物运输代理业务的，注册资本最低限额为500 万元人民币。②经营航空国际货物运输代理业务的，注册资本最低限额为300万元人民币。③经营陆路国际货物运输代理业务或者国际快递业务的，注册资本最低限额为200万元人民币。经营前款两项以上业务的，注册资本最低限额为其中最高一项的限额。国际货物运输代理企业每设立一个从事国际货物运输代理业务的分支机构，应当增加注册资本50万元。

3. 业务范围

（1）可接受货主委托择优选择承运人、运输方式和运输路线，争取优惠运价，并为货主办理进出口货物的托运、报关、报检、报验、保险、监装、监卸、装箱、拆箱、分拨、包机、快件运输、编制有关运输单证，并提供货运信息、资料及咨询服务等。

（2）可接受承运人委托代其揽货、收货、拼装箱、发运、拆箱、交货以及垫付和结算运杂费等。

（3）可接受国外货物运输代理人的委托，办理集运、托运、拼箱、装拆箱、存仓分拨、转运、门对门运输、快件运输，以及咨询服务等。

（4）办理国际多式联运业务。

（5）办理其他国际货物运输代理业务。

## 二、国际货物代理业务流程

国际货物代理业务流程可分为出口货物代理业务流程和进口货物代理业务流程。

1. 出口货物代理业务流程

不同的国际货物运输方式具有不同的出口货物代理业务流程，但大致包含以下步骤：

（1）接受委托。代理人对托运人进行报价，托运人接收报价并下委托；托运人填写货运托运书，详细说明业务的相关内容，如托运人、收货人、始发站、目的地、保险金额等；代理人和托运人一起审核各种单证。

（2）运输方案制定。代理人汇总所接受的委托和托运人的预报，选择运输路线，方式和适当承运人；安排货物包装，储存，计重和计量；与选定的承运人缔结运输合同；安排货物报关、报检、报验；将货物运至出发地仓库，交给承运人，完成交接发运工作。

（3）运输过程监控。运输整个过程中的货物跟踪和信息传递，通知收货人及发货人货物动态。

（4）费用结算。支付运费、关税及其他费用；收取已签发的正本提单，并转交给发货人。

2. 进口货物代理业务流程

（1）安排货物报关、报检、报验。接收国外代理预报；交接相关单证和货物；理货与存储；报关、报检、报验。

（2）付费和发货。

（3）送货与安排内陆运输和仓储。

（4）向收货人交付货物。

## 思考题

1. 集装箱运输在国际多式联运中的作用和其优缺点是什么？
2. 如何开展国际货物运输业务？
3. 国际货运代理的重要意义和作用是什么？
4. 如何设计汽车零部件进口业务流程？

## 阅读资料

### 国际货物运输中的包装问题

近年来，国际货物贸易竞争的日益加剧，竞争已经从价格不断地扩展到其他方方面面，包装也成为非直接竞争手段之一。包装功能已经不再仅仅是保护商品、方便储运、促进销售，正确的包装还可以节省成本，还是提高对用户的服务水平的重要手段，包装已经是提升产品竞争力的重要方面。在当今国际货物贸易竞争日趋剧烈的大背景下，各个供应商之间或者各个供应链之间的竞争，已经不仅直接明显地反映在价格上的竞争了。如果把国际货物贸易交易中的价格、交换期、质量标准看成是核心条款，其他条款如付款方式、包装、检验等看成是非核心条款的话，随着国际货物贸易竞争的加剧，竞争已经从核心条款扩展到非核心条款上来了。

1. 正确的包装可以提高服务水平

浙江 Y 公司和欧洲 P 公司就出口产品 A 达成了协议。Y 公司采用了 25kg 塑料桶装；8 个桶打一个托盘。订单数量是 5600kg。P 公司明确要求货物一定要打托盘并用集装箱运输。

Y 公司经过测算，一个 20ft 集装箱能装打托盘后的货物 5250kg，5600kg 正好是分一个 20ft 整箱货，加上 350kg 的拼箱货。如果用一个 40ft 集装箱，运费要比一个 20ft 集装箱加上 350kg 拼箱货的方案贵上千美元。Y 公司认为按一个 20ft 集装箱加上 350kg 拼箱货的方法，货物全部托盘成组，也符合贸易合同和信用证规定的包装要求，于是在信用证规定的最迟装运日前装船和发运。

结果国外买主收到货物后，对 Y 公司的服务并不满意。因为，虽然整批货是按贸易合同准时发运了，但是，由于部分整箱货，部分拼箱货，买主不能同时收到整批货物。拼箱货到目的港后，由于需要拆箱等操作，货主收到全部货物的时间比整箱货推迟了约一周，还需支付昂贵的拆箱费用。

国外买主的抱怨，引起了 Y 公司的高度重视。为了提高服务质量，Y 公司认真改进了桶装方法和打托方式，由单层打托改为双层打托，使整批货能作为一个20ft集装箱的整箱货发运，缩短了客户提到全部货物的时间。由于改进及时，方法得当，依靠正确的包装提高了对客户的服务水平，使买卖双方的联系更为牢固，业务不断发展。

2. 正确的包装关系到能否开拓新市场

意识到把包装提高到能否开拓新的市场的高度，是有沉痛教训的。江苏H染料生产厂，产品质量和价格有一定的竞争力，苦于外销渠道不畅通。经过寄送小样、大样数年的时间，法国客户终于开始商业订货，贸易合同注明是50kg袋装，批量订购16000kg该染料。出口方用一个20ft集装箱发运，当集装箱到达法国，客户准备开箱卸货时，却出现了一件令法国客户没有想到的事情。当他们打开集装箱门一看，只见一袋一袋的染料堆满了整个集装箱，原本开着叉车卸货的工人，不知道如何操作了。该法国客户原先的供应商是印度。法国客户认为，来自印度的货物都有打托盘，来自中国的货物想当然也应该会把货物成组化，因为货物成组化，一个操作人员几分钟就能完成整个集装箱的卸货工作。

由于缺乏国际货物贸易的经验，H染料厂按国内销售的习惯做法，没有用托盘将货物成组。这可害苦了法国买主，因为无法进行机械卸货，不得不进行人工卸货，而当地人工卸货费用十分昂贵，远远地超过机械操作的费用。为了维系来之不易的贸易机会，该染料生产厂不得不承担了全部的额外费用。

对中方的诚意，法国客户又提供了一次机会，第二次的试订单还是16000kg，染料厂吸取了上次的教训，委托起运港某货运代理公司打了托盘。但是起运港该货运代理公司打托时，按集装箱高度把每个托盘的高度打到近两米。在起运港装入集装箱时，这么高成组化的货物并没有暴露出什么问题。但是，当集装箱到达法国目的地时，法国买主再次为集装箱内的货物包装情况感到十分失望。因为高度太高的成组化托盘，经过漫长的海运运输和内陆运输的颠簸，托盘上面的袋装货物已经东倒西歪，有的托盘都已经散架了，还是无法用机械设备把货物从集装箱中卸出来。

经过两次试订单之后，因为包装问题引发了最终用户对该染料厂失去了建立业务关系的信心。道理看似简单：当其他供应商能提供价格、质量相当的产品的情况下，为什么还要承受新供应商种种意想不到的风险呢，教训是深刻的，数年的产品和贸易开发投入，因包装不良导致了失败，工厂因此失去了一次很好的发展机会。

3. 正确的包装可以促进销售

河北J化工公司，核心产品只有一个，但已经是该产品国际上的主要供应商了。该公司的成功有许多因素，如不断提高的产品质量，强化过程优化等，但还有一点是不断地满足不同客户对产品的包装的不同要求。在开拓国际市场初期，产品包装只有一种规格。该公司通过市场调研，发现如果根据不同用户的投料批量，设计不同的单位包装数量，可以使不同用户在使用时避免二次称量。于是，该公司根据不同客户，设计了不同的单位包装重量。

多种产品包装规格，给公司内部管理带来了相当多的困难，但是却方便了用户。这种想客户所想的包装方法，受到各个客户的赞赏，公司出口销售不断发展，从最终用户仅在欧洲，扩展到了美洲、亚洲和非洲。周到的服务，从单位包装数量上得到体现，反过来，多种单位包装数量也成为该公司的强有力的竞争手段，巩固了公司和诸多最终用户的合作，促进了公司销售量、销售市场的发展。据了解，至今还没有其他竞争者意识到多规格包装也成了J化工公司的重要竞争优势。

4. 正确的包装可以节省成本

山东某化工公司，已经向欧洲供应了多年的医药中间体。常年出口的医药中间体D，包装采用25kg桶装。2004年上半年，主要采购商提出购买医药中间体的前道化工品A，在化工品A的样品确认质量合格后，双方开始履行商业采购和供应。开始，山东公司采用了和医药中间体D相同的包装，即用25kg桶装。由于产品利润空间太小，买卖双方共同探讨如何降低成本，包括如何充分利用集装箱，提高集装箱装箱量，以降低单位产品运输费用。

最近，双方把目光投射到产品包装上。根据前道化工品A的性能稳定的特点，能不能改用袋装呢？能不能采用一般化工原料经常采用的大袋子包装呢？买卖双方的这一设想在得到最终用户的认可后，山东公司对包装车间略作改造并付诸实现。25kg包装桶的价格是每个桶7.22美元，折合每公斤0.29美元/桶的费用；700kg大袋的价格是每个12美元，折合每公斤0.017美元的费用，仅更改包装方式，每吨产品可以节省包装成本273美元。而且，最终用户还更加喜欢使用大袋的包装方式，大袋包装减少了最终用户对废弃的包装材料的处理量。改进的包装方式使供应商、进口商和最终用户都受益。

（摘自：杨奕宽、李玉玲，“不容忽视包装在国际货物贸易中的重要作用”，《对外经贸实务》，2004年12月）

## 案　例

### TNT运输的后勤保障服务

像物流服务于其他行业一样，运输也需要后勤保障服务。运输后勤服务对运输经营的重要支持，体现在提高运输系统功能和降低运输成本等方面。TNT澳大利亚公司厂属的各个从事货物运输的公司一般都不拥有自己的车辆，所使用的运输车辆和主要设备都是采用租用方式获得的。运输公司（货运站）使用的运输车辆可以是转包合同司机的车辆，也可以是租TNT车辆管理公司的车辆，如小轿车运输的车架等。专用设备也是从TNT车辆管理公司租用的，货运站装卸搬运各种型号的叉车是从TNT叉车公司租用的。货物运输用的平托盘、箱式托盘、笼式托盘等专用运输装置是从TNT搬运器具公司（Material Handling）租用的。TNT澳大利亚公司的车辆管理公司的主要职责是：负责购买和处置所有道路运输设备；在标准费用条件下，为所有车辆进行维护。TNT车辆管理经理负责认可所有维护作业，以确保服务质量。公司有统一的车辆使用要求，并确保车辆使用的全部时间中保持良好的公司形象。

1. 车辆管理服务

TNT澳大利亚公司车辆管理由TNT车辆管理公司负责（TNT Fleet Management）。该公司始建于1963年6月，主要为TNT和ANSETT(道路运输部分)提供车辆、设备管理服务。1991年在澳有270多名雇员和专家，组成了不同领域的车辆管理实体，可以帮助和指导用户解决有关汽车运输车辆、设备的各种问题。

(1) 车辆购买与处理。该公司集中负责车辆购买，根据所掌握的车辆技术性能、经济性、适用性等信息资料，进行车辆选型；根据所掌握的市场行情商谈车辆的购置与处理业务。

(2) 车辆运用工程(车辆综合管理)。一般称设备综合管理(学)，即用系统学的思想进行设备管理，不但要管设备的后半生还要管设备的前半生。根据用户(TNT或其他部门)的需要，在对用户特殊经营条件进行深入调查研究的基础上，提供道路运输设备和设计特种设备(该公司设计的一些设备模型已经被制造厂家作为标准设备采纳)。车辆设备的综合管理使企业能以最低的车辆寿命周期成本实现企业的经营目标。

(3) 车辆维护和修理服务。在澳大利亚本土建立十多个维修服务中心并形成了服务网络。维修中心的设备一天可工作18小时，提供野外作业车辆运行中的维修服务，这些设备可用于长途牵引车、大型货车和轻型商业车，从标准设备到特殊牵引设备、起重设备、液压设备的维护修理。

(4) 车辆出租。车辆出租是该公司的一项主要业务，能以非常有竞争力的价格向用户提供车辆短期和长期出租。它作为澳洲第一个在车辆管理中应用计算机的组织，不断地适时更新，以适应用户需求的变化，以计算机联网连接遍及澳大利亚各地的车辆管理服务中心，从而能实现以最低成本进行最有效的车辆运用与管理。

(5) 车辆的零配件管理。该公司业务覆盖在零件制造、铸模等方面，以确保为最小停工损失的总成互换和经济修理等方式提供服务。由于具有一定规模，拥有最完备的库存能力，是澳洲最大的机动车辆零件购买者，可以以非常具有竞争力的价格得到所需配件，并能提供零件、喷漆、润滑等服务。

(6) 机动车辆辅助服务。例如，提供从轿车、商业车到维修中心车辆的清洗，并可以完成达到零售标准的详细服务。

2. 叉车购买、出租、维修及零配件销售服务

叉车是运输过程中平托盘、箱式托盘、笼式托盘、集装箱装卸、搬运必不可少的设备，是集装化运输的重要设备，在货运站、港口、机场、仓库等处使用叉车的数量很大。和车辆管理相似，叉车的集中经营管理也有诸多优点，在经营中处于优势地位。TNT叉车公司从事最大范围内的材料搬运车辆的购买、出租、维护、修理和零配件销售。

(1) 经营范围。包括手动托盘叉车，汽油、柴油、液化气、电瓶等为动力的叉车，操作吨位从1~30t。

(2) 叉车出租服务。叉车的出租可分为天、周、月租用。以短期出租为例，清晨只需用户的一个电话，就可以使用户以最高效率使用叉车完成当天的经营业务。叉车出租服务减少了不经常使用叉车的用户自己购买叉车利用率低的损失，同时没有专业维修和万一设备损坏时的误工损失等。

(3) 叉车系列服务。TNT叉车公司在全国各地有自己的库存系统，形成了叉车零配件采购、库存、零售及修理的一套系统。叉车主要来自日本、英国、德国等国家，全部库

存采用计算网络管理。由于进口订货到货物进库一般需 3 个月，利用计算机进行库存控制，可以以最低库存费用确保维修、销售零配件的需要。例如，20000 个零配件品种，可以在 24 小时之内送到澳大利亚任何地方。

3. TNT 车辆(包括叉车)管理取得的主要成就

车辆费用在运输成本中占很大的部分，在加强相关的后勤管理的思想、方法和业务等方面都有许多值得借鉴的地方：

(1) 持续不断地完善计算机记录，可提供全部的车辆技术和历史档案。

(2) 能与授权修理者就车辆的服务、修理和零部件价格进行特别协商而确定。

(3) 通过澳大利亚最大卡车服务中心提供商用车辆服务和修理。

(4) 与供应商就保证条款进行谈判。

(5) 车辆修理前的审批，消除不必要的服务、无效的修理程序。

(6) 计算机每月报告系统提供每一辆车运行的所有方面的详细分析结果，和运行中非正常成本的例外报告。

(7) 专家有效管理用户的车辆，提供修理工和驾驶员的信息。

(8) 持续地关注特殊车辆的使用，了解制造商的政策、车辆管理技术的发展和变化，提高车辆管理的专业化水平。

案例来源：慧聪网http://info.news.hc360.com/html/001/002/008/016/58662.htm

# 第二篇

## 运输物流管理

第四章　企业运输物流管理

第五章　物流企业运输管理

第六章　承运商管理

# 第四章

# 企业运输物流管理

## 第一节　制造企业物流

企业从最初原材料采购到产品和服务送到最终客户手中的整个供应链过程，都离不开运输业务的支持。有效的运输策略不仅能够帮助企业降低供应链成本，而且有助于企业战略目标的实现。在全球经济一体化的今天，企业没有良好的运输作业基础，很难在市场竞争中取胜。

### 一、企业物流概述

1. 概念

企业物流是指在生产经营过程和采购过程中的原材料物流、生产加工过程中的物料移动、销售过程中的产成品物流，以及在整个生产经营过程中的废弃物回收物流的总称。企业物流是一个集商流、信息流、资金流、实物流为一体的企业内部供应链，在一定程度上决定了企业的盈利能力。

企业物流作为生产过程中的一个重要组成部分，是直接为产品的生产服务的，其内容包括原材料、在制品、半成品和成品的运输。企业的生产特性决定了运输的运作组织方式，如运输的批量、运输的空间、运输的时间要求、送达的地点及路线等均不同于流通领域、城市配送、快递等物流服务。

2. 组成要素

企业物流是由采购物流(供应物流)、生产物流、销售物流和回收物流四部分组成。采购物流或供应物流，是企业根据自己的生产计划安排，向供应商提出采购请求，供应商将物料运输到企业，对整个过程的规划、实施和控制；生产物流局限在企业内部，主要指物料在车间、工位、仓库之间移动和储存进行的规划和实施过程；销售物流是企业对产成品推向市场过程中的流动和存储进行的规划、实施和控制过程；回收物流包括退货物流和废弃物物流两部分，是企业对废弃物或质量存在缺陷产品的回收过程，以及产品的返回和退货过程进行的规划和实施。

汽车零件供应物流就是一个典型的企业物流。目前全球许多整车生产厂为了实现零库存，采用 JIT 管理制，要求零配件生产供应商按其生产节奏和生产需求量进行供货，由供应商或整车生产厂的供应部门实施“直送工位”的 JIT 配送。JIT 配送要求汽车行业由长期合同承运人代替商业承运人作为运输的重要模式，重点在许多零件的小批量多频率的配送，而不是几个零件的大批量配送，而且要求对运输设备进行改进。

3. 运输子系统与其他系统的相互关系

在企业系统中，运输系统的业务与采购系统、销售系统、财务系统和库存系统密切相关，如图 4-1 所示。采购系统需要运输系统完成采购任务，其中采购数量与运输批量影响采购成本和运输成本；产品销售需要运输系统来完成，运输系统设计的质量决定市场产品的销售价格和市场占有率，也会影响到客户的满意度；运输系统与库存系统历来都是关系十分密切的系统，运输方式决定库存量和库存周期，反之库存的变化同样要求运输系统的快速响应；运输过程中发生的运输费用，需要通过财务系统得到认可。在企业物流系统构建时，需要综合考虑这些系统之间的相互影响和相互作用关系。

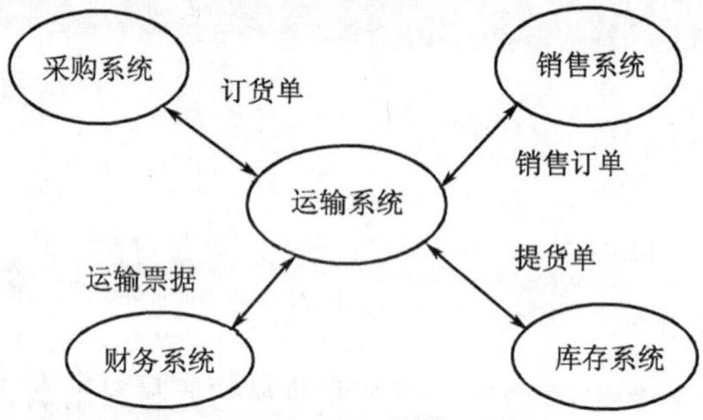


图 4-1 运输系统与其他系统的关系

## 二、企业物流运作方式

1. 基本物流业务流程

企业的实际物流过程，是从市场需求开始到市场销售为止的。在这个过程中包含了众多企业管理内容，如采购、生产、销售和物流等，如何有效地衔接这些管理环节，提高整个过程的运作效率是企业管理关注的焦点。图 4-2 是企业物流的基本流程，市场需求决定生产计划，生产计划决定物料采购计划，物流业务贯穿物料采购到产品销售的整个过程。这个流程可结合企业管理信息系统，如 SAP 等进行实施。

2. 运作方式

从目前的国内外生产制造企业物流来看，基本上分为两大运作方式：一种是自营运

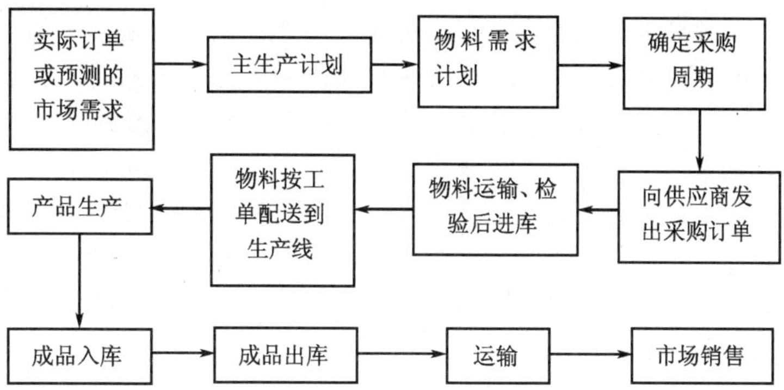


图 4-2 企业物流的基本流程

输，如海尔、中石油等；另一种运作方式是委托给第三方物流，如通用、大众等众多汽车生产厂商。企业自营运输体现了组织的总体物流战略，便于控制，但是实施低成本、高效率的自行运输需要企业内部各部门之间广泛的合作和沟通。

委托运输减轻了企业压力，可以使企业集中精力于新产品开发和产品生产。但是，另一方面，委托运输需要处理与企业外部承运商之间的关系，增加了交易成本，也增加了对运输控制的难度。

对自营物流的生产制造企业，如何开展第三方物流业务是其降低物流成本的关键；对物流业务外包企业，承运商选择、管理和监控是其工作的重点。

除了企业物流外，根据不同行业产品特性的不同，对运输和仓储要求的不同，也称为行业运输物流，如汽车物流、粮食物流、商业连锁店物流、家电行业物流、食品饮料行业物流等。

### 海尔物流推进本部

本部下设三个事业部，即采购事业部、配送事业部和储运事业部。采购事业部负责全球化采购，将原来分散于各个事业部的分散采购行为全部集中在一个事业部，形成规模化经营和全球化采购。

配送事业部就是把采购事业部采购回来的所有物资进行保管，配送到生产线。现在生产厂基本上遍布全球，所使用的零部件都是统一由采购事业部来采购，统一由配送事业部来配送。配送事业部要做的就是库存管理实行 JIT 管理。现在产品生产主要是多批次、少批量、个性化越来越强，在这种情况下，对于采购、配送的难度越来越大。在实际操作时，对所有的库存物资进行 ABC 分类，在分类的基础上，实施配送需求计划，并且利用先进的资源管理系统实施企业内外部物资统一配送战略。

储运事业部的概念就是把从生产线生产下来的成品统一仓储、统一配送到全国各地，甚至配送到用户手中。成品配送以往的方式是找一些运输单位，竞价、报信、发送。这种方式成本较高，质量也得不到保证，不能及时送到用户手中。储运事业部把各个事业部的小车队整合起来，按照物流一体化的策略进行构建。

> 储运事业部运作效果比较明显。原来都是各个事业部各自送各自的东西，有可能你送电脑、彩电放在车里的高度就不够，像冰箱放一层上面空间还有，放两层就超高了。整合起来以后，就可以把各种产品搭配，在一车允许的范围内，能够比较合理的、保证质量的搭配起来，这也是一个降低成本的方面。举一个很明显的例子：原来我们的广告事业部一年委托中铁快运发送广告品，一年的费用就是1200万。现在事业部建立起来以后，现在的广告品随着运成品的车搭配出去就行了，也不需要找中铁快运了。中铁快运的降价就很厉害，原来是6元一件，现在提出是3元一件，3元一件我们也不做，我们自己很简单就做了。所以这1200万一下子就省下来了。储运事业部主要是为零距离销售提供物流配送的保证。
>
> 实际上就是，物流推进本部基本上涵盖了海尔物流供应链的全过程。从采购开始，一直到成品配送到用户手中甚至不合格品的返回、废品回收物流，整个过程基本上是供应链的全过程。
>
> （摘自：周行，"海尔物流与创新"，《商品储运与养护》，2000年8月）

## 第二节　连锁零售企业物流

连锁零售业是把产品和服务提供给消费者使用的经济组织，在从制造商到消费者的流通渠道中，是连接生产与销售的重要环节。零售业经营不是靠自己创造利润，而是通过降低成本实现利润的增加。降低成本和低价格的实现依赖于两个方面，一是价格能够分摊到规模采购和销售中，另一个是靠物流的低成本来保证低价格吸引消费者。

### 一、连锁零售业物流概述

#### （一）零售业的分类

零售业的营业形态简称"业态"。不同的业态是零售业对目标市场进行细分和选择的结果。国家标准《零售业态分类》按照零售店铺的结构特点，根据其经营方式、商品结构、服务功能，以及选址、商圈、规模、店堂设施、目标顾客和有无固定营业场所等因素将零售业分为食杂店、便利店、折扣店、超市、大型超市、仓储会员店、百货店、专业店、专卖店、家居建材店、购物中心、厂家直销中心、电视购物、邮购、网上商店、自动售货亭、电话购物等17种业态。

在这17种业态中，物流活动承担了商品从生产者或批发者到消费者的转移功能。其中，有些零售业态（如便利店、超市等）具有连锁经营特点，物流管理一直是这些企业管理的重点。目前，许多连锁零售企业的配送中心能够带来利润，主要是配送中心根据各店铺的要货量来确定进货量，并按照商品性质、销售峰谷分时段及时配送，保证商店要货需求的同时，实现商品的低库存运作。

#### （二）连锁零售企业物流特点

连锁零售企业物流与企业物流不同，其特点如下：

1. 物流是连锁企业的核心业务

连锁零售企业的经营活动主要包括两大部分，一是物流活动，即商品的采购、组织与配送；二是商品销售。物流配送是指企业通过配送中心向各个连锁店的配送（如连锁超市），同时也包括企业向最终客户的配送（如家电连锁店）。物流配送体现连锁零售企业的核心竞争能力，高度专业化、网络化的物流配送体系有助于企业实现低成本、低价格的竞争战略。

2. 集中分拣和配送

对连锁零售业来讲，采购的商品多为可以直接销售的最终成品，企业为了获得一个比较低的物流成本和控制运输质量，对大部分商品的供应商，一般不会要求他们直接将货物送至各个零售店，而会让供应商将货物送到配送中心，然后再由配送中心将货物分送到每一个零售店。货物通过配送中心进行集中分拣和配送，有利于形成规模运输效益，降低运输成本。当销售形成规模时，全球大部分连锁零售商基本上都建有自己的配送中心。

3. 小批量高频率配送

供应商将产品送到配送中心后，配送中心将产品进行分拣和储存。一般情况下，连锁店会根据当天销售情况要求配送中心进行补货，一次补货量很少，并有时间规定，如有些小型便利店甚至要求一天送货二次。当连锁零售的店铺多、分布零散时，频繁少量的补货对配送中心的配送成本降低造成很大压力。

## 二、连锁零售业物流运作模式

### （一）连锁零售业的物流业务流程

连锁零售企业物流的基本业务流程是采购—运输—存储—配送—销售—配送，如图4-3所示。在这个流程中，存在供应商、零售企业和消费者三个主体，既有正向物流，又包含消费者退货的逆向物流，使物流管理和规划变得非常复杂。随着信息技术的发展和应用，物流管理效率将大幅度提高。

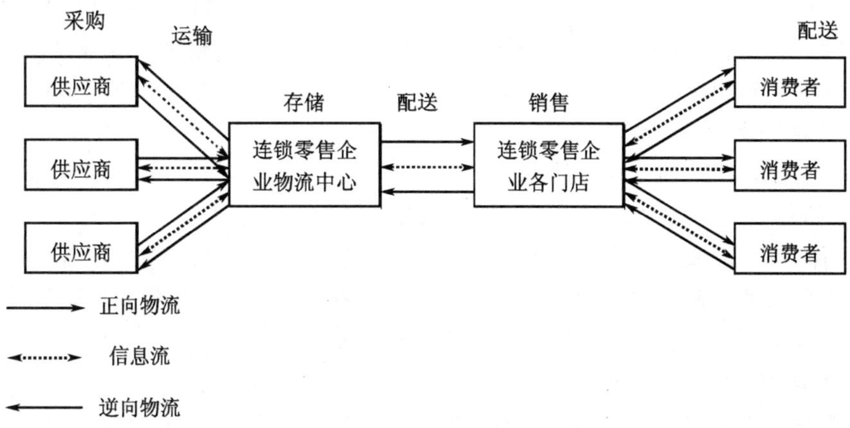


图4-3　连锁零售企业物流的基本业务流程

## 零售业的逆向物流

供应链上的正向物流是货物从生产到消费的实际方向上的物流。正向物流的方向与供应链的方向是一致的，是从供应商经由生产制造商、分销商、零售商，一直到客户所形成的流向。而逆向物流则是通过渠道成员将产品从消费点返回原产地的过程，使产品重新获得价值。对于零售商来说，逆向物流方式有四种：

1. 由门店返回虽滞销但可以二次销售的商品到配送中心，由配送中心根据不同门店的需求，进行二次配送商品；

2. 由门店返回不可销售的商品，然后判断商品的可退换属性，决定是返给供应商还是在配送中心就地销毁；

3. 由门店直接将商品返给供应商，主要是一些供应商直接配送到门店的商品，例如生鲜蔬菜、瓷器等；

4. 门店之间的商品调拨行为，因某些门店紧缺某种商品而从其他门店调入。

消费者对不满意产品的退货，对不合格的材料和残次品的退回，包装品的回收复用，废弃物的处理以及某些强制性因素造成的产品召回，如产品的有效期到期、法律禁止的具有某些危害的产品所形成的产品回收等，都会引起逆向物流。

（摘自：蒙玉玲、杨炜红、刘兴泉，“零售业的逆向物流”，《经营与管理》，2006年4月）

### （二）运作模式

物流是连锁零售业的核心业务，关系到企业生存发展和战略目标的实现，因此许多连锁企业都非常重视物流的建设，打造自己的物流系统。但是由于企业规模不同，其物流系统的建立也有所不同。一般情况下，企业在打造配送模式时，要综合考虑自身规模、资金、市场分布情况、管理水平和未来的发展状况。

1. 小型连锁企业的运作模式

对小型连锁企业，建议联合起来，与多个厂商（供应商）共同出资建立配送中心，由配送中心统一负责各连锁店的配送业务。这种模式是配送中心根据各企业各店铺的需要，统一进行线路规划和设计，合理安排车辆和人力进行配送，同样会形成规模效益。

2. 中型连锁企业的运作模式

一些中型连锁企业拥有自己的运输工具和配送中心，为了更好地体现规模效益和减少物流成本（如车辆空驶成本），建议这些企业之间将配送商品的数量、地点、时间、要求等信息进行共享，形成一个虚拟的信息平台。在信息平台上，统一对企业各自拥有的运输工具进行优化调度，形成优化的配送方案，即运输资源共享。这种模式能够提高运输工具利用效率，取得更加优化的运输线路，从而节约物流成本。

3. 大型连锁企业的运作模式

对大型连锁企业来说，基本上都拥有比较完善的配送系统，如何提高配送系统效率是其物流管理的重点，建议精简配送中心数目，形成更加集中的规模效益；建议发展社会物流，提高运输工具利用效率；建议采取供应商管理库存的方法，提高配送中心利用效率。

在配送环节方面，各种类型企业均可考虑自营配送或第三方物流配送这两种模式。

# 第三节 运输业务外包决策

从企业未来的发展看，全球一体化和信息网络化发展一方面刺激了物流需求，另一方面对物流管理提出了严峻挑战。运输是物流的重要组成部分，运输物流不仅支撑着企业全球化发展，而且在一定程度上会制约企业发展，越来越多的企业认识到运输对企业发展的重要性。然而，在供应链中运输是一个由多方共同参与的过程，如供应运输包括企业、供应商和承运人三方，企业难于控制运输质量，不可避免地会影响企业供应链绩效。供应链中的运输不确定性给生产企业物流管理增加了难度，企业应慎重考虑企业物流是自营还是外包。

## 一、外包概念

外包理论于 20 世纪 80 年代中期提出。该理论认为企业应该从总成本的角度考察企业的经营效果，而不是片面地追求诸如人事、行政、生产、后勤等业务的优化。企业要把资源用于企业核心竞争力上，而一些辅助性的业务，如物流等应该外包给更有优势的企业。实现最佳业务绩效。企业有效地运用外包策略，不仅可避免组织无限膨胀，更能达到精简、专注核心业务的目的，目前欧美发达国家的生产企业大约有 70% 以上企业的物流业务采用第三方物流，我国最近几年物流业务外包已成一种发展趋势，然而，大多数企业的物流外包业务只局限在传统的运输和仓储上。外包给企业带来的竞争优势可从以下几方面体现：

1. 降低企业运营成本

当企业把非核心业务外包给更好的专业企业时，专业企业的技术和知识能够给企业带来成本的降低。此外，由于非核心业务外包后，企业避免了在这些业务中的设备、技术、研究开发上投入的资源，而把有限的资金和人才用于培植核心竞争力上，从而保持产品在市场上的竞争优势。

2. 提升企业核心能力

把企业的非核心业务外包，使企业能够把有限的资源集中在最有价值的核心业务上，使核心竞争力得到不断巩固和提升。

3. 降低运作风险

市场不确定因素的难于控制，使企业投资于不是自己核心竞争优势的业务存在着巨大的风险。把这些业务外包，与外包商建立战略伙伴关系，利益共享、风险共担，在一定程度上降低了企业自己经营带来的风险。

## 二、运输外包决策

在市场竞争的巨大压力下，企业开始将目光转向物流，希望通过高效的物流管理来提高整个供应链绩效。虽然国外生产制造企业物流外包已成趋势，但是国内生产企业在学习和借鉴国外物流管理经验的同时，必须针对国内的宏观环境、结合自身的经营现状和特点来决定企业物流管理模式。

考虑使用自营运输，外包运输或二者兼而有之，应基于运输对企业战略目标实现的重要性、企业运输管理能力和外包是否能够提高企业物流经济效益。当运量较小、运输不是企业成功的关键因素时，由于自营运输物流成本太高，可以将运输外包给第三方承担，节约成本，降低风险；然而当运量很大，客户服务水平要求高，运输对企业发展战略的成功影响非常大时，企业应考虑自营运输。根据运输对企业运作成功的重要程度和企业处理运输的能力，企业可以采取四种策略发展运输物流业务，如图 4-4 所示。

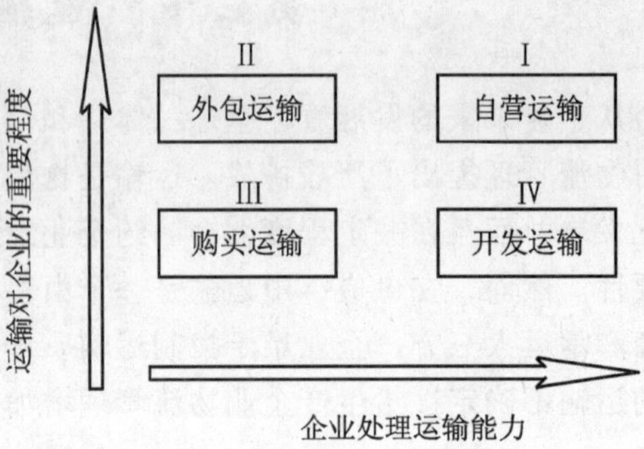


图 4-4　企业运输实现的四种策略

（1）策略Ⅰ：物流对企业成功具有重大的作用，且企业具有很高的物流处理能力，企业适合采用自营运输物流，并可以在此基础上拓展物流业务。

（2）策略Ⅱ：物流对企业成功具有重大的影响作用，但是企业处理物流的能力较低，企业适合采用寻找物流伙伴，将运输物流业务外包，即采用合同运输。

（3）策略Ⅲ：物流对企业成功影响作用不大，同时企业具有较低的物流处理能力，企业适合采用购买物流服务，即采用公共运输。

（4）策略Ⅳ：物流对企业成功影响作用不大，但是企业处理物流的能力强，企业适合采用投资开发物流业务。

在上述提到的影响企业运输外包决策的三个因素中，企业战略目标是企业业务活动的根本性指导方针，对企业运输物流是否外包具有决定性的影响；企业运输管理能力是企业能否成功运作运输物流的基础，是关系到物流能否对企业生产与销售起到积极促进作用、能否满足客户需求的关键因素，对外包策略的制定具有重要影响；物流经济效益取决于自营与外包效益的差值，选择合适的承运商，并对承运商进行有效控制，外包能够带来企业物流经济效益的提高。

## 思考题

1. 制造企业物流包括哪些内容？其基本的物流业务流程是什么？
2. 零售业的逆向物流如何解决？解决问题的难点在哪儿？
3. 如何确定企业物流业务是否外包？考虑的因素包括哪些内容？
4. 比较分析自营物流与外包物流的优缺点。

## 阅读资料

### 海尔与安泰达的物流模式对比

海尔物流是海尔集团顺应市场需求作出的一项重大决策。广州安泰达物流有限公司是由中远物流、广州科龙、无锡小天鹅三家企业共同出资组建的一家第三方物流公司，专注于为家电及消费电子类客户提供综合物流服务。其中中远物流占60%股份，其他两家家电企业各占20%股份。

#### 一、公司定位

海尔物流的定位是“立足海尔，放眼社会”。安泰达物流的定位是“社会化的第三方物流，确保为客户提供一流的服务”。通过对二者的定位对比，我们可以看出，虽然科龙公司与小天鹅公司参股安泰达物流公司，但在安泰达物流公司成立之初，就已确立了社会化的第三方物流的地位，使其在社会化运作方面较海尔物流具有得天独厚的优势。

#### 二、公司组成

海尔物流是以海尔集团为主体成立的一家物流企业。其经营、决策人员是从原企业的销售、仓储、运输等部门抽调的。从建立之初，人员的专业化水平就受到一定的限制。事实证明，由于对社会化物流不了解，使海尔物流在社会化运作方面没有建树。同时由于海尔集团独家掌控海尔物流，业内企业不敢与其合作，导致海尔物流的资源得不到有效的利用。安泰达物流的主体是三家企业，中远物流是大股东，在经营管理方面起决定性的作用，它不仅拥有专业化人才，社会化物流的经验也较丰富。科龙和小天鹅的加盟，使内部资源得到有效地利用。这就使安泰达物流在家电物流方面驾轻就熟。

#### 三、公司规模

海尔物流在全国建立了12个配送中心，1550个专卖店和9000多个网点。成品分拨物流体系、备件配送体系与返回物流体系相当完备。但是除经营自身业务外，至今只是操作一些食品行业的物流，对于其他家电企业物流基本没有涉足。安泰达物流在全国近40城市设有分公司、办事处，管理运作着全国各地55个城市，70多个中转仓/配送中心(RDC)，已与科龙、小天鹅、惠而浦、夏普、伊莱克斯、海信、万和等多家知名企业建立了良好的合作关系，业务涉及从生产基地本部成品仓库管理、装卸搬运、干线运输(公路、铁路、航空、海运)、全国各地中转仓/配送中心的仓库管理业务、各地配送管理的全过程。

#### 四、服务手段

基础设施：海尔物流与安泰达物流都是由知名企业投资建立的，基础设施非常完备，尤其是在信息系统方面，都基本实现了全程跟踪和可视化，条形码等信息化管理手段也非常完备。在基础设施，如车辆、大型仓储等方面，则一般采取外包的方式。

信息平台：海尔物流的信息化系统是基本镶嵌在企业ERP功能块上，使得海尔产品从销售订单到生产排单、成品出库单、运单都实现了同步的功能，所以在安排车辆、集约产品方面达到了非常精细的地步。安泰达物流直接启用的是中远物流信息事业部的5156信息系统，这是一套完全社会化物流企业的信息软件，通过物流网站实现对信息进行实时传递和处理，可以满足多物流服务商、多服务网点、多物流客户网点的协同工作，实现对物流业务全程的控制和管理。同时这套系统还可以与物流服务需求客户实现对接，具有很强的扩展性。通过对于信息运作的比较，我们也能够得出海尔物流注重的是企业内部物流，而安泰达物流则更重视社会物流。

## 五、整体运作

以海尔企业内部物流一体化的运作实例说明其特点。某日某百货公司通过海尔网站的电子商务平台下达了55台商用空调的定单。海尔物流计算机系统上显示出商用空调事业部缺料的情况。采购部门向空压机供应商发布网上订单；配送部门4小时送料到工位。海尔5日内完成订单的生产，并在当天配送给用户。我们可以从中看出海尔物流对提高内部物流(销售物流、生产物流)水平具有巨大的贡献。引以为豪的是设在青岛的自动化物流中心和采用了现代化物流模式(供应链的概念)取得的降低销售采购费用近7亿元人民币的业绩。虽然海尔物流也面对市场进行成品物流业务招标，但是其优势还是在产品下线之前的物流操作，所以我认为海尔物流虽然挂着物流的牌子，其操作基本上是供应链模式的延伸，近期工作的重点还是在企业内部。安泰达物流从建立之初就定位在现代化第三方物流企业，它的着眼点基本上是面对社会进行物流操作，据悉安泰达物流在2002年的销售额已经达到2.5亿元。

## 六、依靠资源

不论是海尔物流还是安泰达物流，在建立之初都是利用现有的销售资源，尤其是在物流区域规划、线路规划方面更是与销售区域的规划达到了一致。而仓储资源基本上是沿用了以前租用的仓储或者是自有仓储，分公司的建立更是将当地销售分公司或者是办事处直接改成物流公司的分公司，所以二者真正投入在物流资源建设上面的费用不是很高。海尔物流除兴建大型自动化物流中心投资较大以外，其他的建设费用很少，这充分证明家电物流和家电销售具有很大的关联性，这对于后期的回收物流也具有很大的帮助作用。

## 七、实务操作

在物流实务操作方面，海尔物流与安泰达物流具有一定的相同性，二者都非常重视信息平台的建设，操作平台基本上采取外包整合的运作模式；二者真正的优势均在操作的监控、管理和协调上；外包整合基本上是仓储系统和运输系统的整合。海尔物流每年都要对其运输系统进行招标。按照公开、公平、公正的原则，对于运输服务供应商进行筛选、评估，保证每年都有优秀承运商进入。随着物流服务的相对稳定，其物流供应商也基本稳定。而安泰达物流的主体是中远物流，其最大的整合主要是对科龙、小天鹅原有仓储系统的整合和对运输系统的梳理。对于物流、信息流、资金流的整合是二者共同的重视点。

（摘自：白光利，“家电物流模式的探讨——海尔物流与安泰达物流的对比”，《家电科技》，2005 年 2 月）

# 第五章

# 物流企业运输管理

## 第一节　第三方物流概述

第三方物流随着企业物流业务外包脚步的加快，逐渐发展起来，并已成为全球物流市场的主力军。界定一个物流企业是否是第三方物流，关键看它能提供的物流服务的内容是什么。一般来讲，严格意义上的第三方物流需要具有提供企业供应链设计服务的能力。

### 一、第三方物流概念

第三方物流(Third Party Logistics)是指生产经营企业为集中精力搞好主业，把原来属于自己处理的物流活动，以合同方式委托给专业物流服务企业，同时通过信息系统与物流服务企业保持密切联系，以达到对物流全程的管理和控制的一种物流运作与管理方式。提供专业物流服务的企业，称为第三方物流企业，与生产企业之间的物流业务主要靠签订合同进行。

第三方物流企业不仅从事传统的运输和仓储业务，而且可在生产企业的委托下，进行物流活动的组织、协调和管理，设计并建议最优物流方案，物流全程的信息搜集、管理，物流供应链的设计等，通过提供增值服务来帮助客户更好地管理其核心能力。

第三方物流企业提供用户的增值服务，表现在可使企业物流总成本下降，如企业内部与物流有关的人力成本、管理成本和运营成本都会下降，而且第三方物流企业进行的科学运输规划，也能为企业降低物流成本。

第三方物流产生的原因主要有以下几点：

1. 企业追求核心竞争力，将一些辅助业务外包

外包的目的是通过与企业发展中的各个环节活动的协调，寻求社会化分工协作带来企业效率和效益的最大化，从而增强企业的市场竞争力。专业化分工的结果导致许多非核心业务从企业生产经营活动中分离出来，其中包括物流业务。将物流业务委托给第三方专业物流公司负责，可降低物流成本，完善物流活动的服务功能，有利于获得企业的“第三利润”。

2. 企业追求“零库存”，改变原有生产方式

日本丰田汽车公司在20世纪70年代所独创的“丰田生产系统”，即JIT生产管理方式，极大地改变了生产企业的传统生产方式，企业积极追求“零库存”。从丰田公司的成功经验可以总结出，JIT生产方式的实现，必然要有JIT物流保证。JIT物流(Just-In-Time Logistics)要求准时、快速、准确、低成本、高效，并要求系统集成和信息化管理，企业物流面临严峻考验。第三方物流的思想正是为满足这些需求而产生的。它实现了进出物流的整合，提高了物流服务质量，加强了对供应链的全面控制和协调，促进供应链达到整体最佳性。

3. 企业追求供应链整体效益，生产经营理念由注重企业内部管理转向供应链管理

供应链不仅存在于公司价值链的各个环节，而且延伸到供应商和经销商的价值链。在企业产品全球化竞争激烈的环境下，实现价值链的真正增值，不能仅从制造企业内部的增值考虑，而应从企业产品的整个供应链考虑。应用第三方物流等技术能够带来供应链物流效率的提高和物流成本的降低，使价值链真正增值。

## 二、第三方物流企业类型

第三方物流在中国市场上大约可分为五大类型，即传统的国有大型运输企业改制形成的物流服务商，国外市场成功运营多年的大型跨国物流供应商，大型企业内部的原物流运输部门改建成的物流服务商，中外合作合资的物流服务商，民营物流供应商。

1. 传统的国有大型运输企业改制形成的物流服务商

由国家投资的传统运输公司经过多年的行业垄断经营和建设，使得这些企业在国内或专属行业拥有别人难以比拟的网络优势和规模。利用这些优势，国有大型运输企业快速发展成第三方物流企业，但是这些企业仍在一定程度上存在现代物流理念不强，服务内容单一，服务意识和全球网络缺乏，信息技术和人才贫乏等问题。

2. 国外市场成功运营多年的大型跨国物流供应商

这些物流商依赖于他们先进的物流管理理念、完善的服务体系、丰富的运输资源和强大的信息支撑系统活跃在中国的物流市场上，加剧了中国物流市场的竞争。然而，这些跨国物流商虽然在全球经营上具有比较明显的优势，但是在中国市场仍缺乏完善的国内网络和支线配送运输能力。因此，许多大型跨国物流供应商在进入中国市场初期，积极寻找中

国本土化物流企业进行合作。

3. 大型企业内部的原物流运输部门改建成的物流服务商

由原内部运输部门改建成物流服务商的企业，大多数都是资金雄厚，物流对企业战略发展具有重要影响的企业。这些企业开始创建物流公司时，主要业务就是企业本身的物流业务。随着企业物流服务要求的不断提高和运输业务量的限制，物流成本难以控制，企业也会逐渐允许承担一部分社会物流运输业务。而企业本身的物流供应商，也将发展成社会物流供应商，进入熟悉的物流领域。

4. 中外合作合资的物流服务商

合资物流企业多数是外资和国内物流企业为了长短优势互补，达成一个共同的商业目的，开拓一个细分的物流市场而建立的。这些合资企业在经营理念、服务水平和运输资源提供上都具有一定的竞争力。

5. 民营物流供应商

这几年在中国物流市场上，民营物流企业发展迅猛，这些企业以其灵活的运作机制成为物流行业不可忽视的重要力量。但是，这些企业仍要从战略高度上规划企业的发展。

上述五大物流供应商各有各的竞争优势，但是对一些中国本土化的物流供应商来讲，运输规模较小，服务单一，管理水平低下，仍是目前面临的主要问题。物流服务运作是一个系统工程，一个资源有限和服务单一的企业是不能实现物流服务整体的有效控制与管理的。如果能把这些本土化物流供应商的优势进行互补，企业之间结成战略联盟，利用伙伴企业的优势资源完善各自的服务体系、增加物流产品的服务品种、扩大物流网络的覆盖面，那么中国本土化的物流供应商也会在激烈的市场竞争中取胜。

### 物流成本是客户的第一选择

客户在选择第三方物流服务的时候，成本控制是第一位考量——这是当前全球第三方物流服务发展的新动向。也就是说，任何一家企业或者第三方物流服务用户，要想在激烈竞争的市场生存和发展，要严格控制和尽量降低供应链成本。

据DHL去年年底推出的一份有关北美、西欧、亚太、拉丁美洲、南非和中东地区供应链经营管理的调查报告称，最近几年物流服务发展速度最快的亚太地区的3PL使用率2004年为84%，2005年为83%。以往选择用3PL的关键标准是成本和质量两个因素，但2005年出现的最大转变是，运输服务的价格因素，尤其是其产生的物流服务成本，在一定程度上超过了服务本身的意义。这是因为亚太地区的经济贸易受到从未有过的降低物流服务成本的巨大压力。有71%的亚太地区托运人公开承认，他们在决定选择第三方物流服务的时候，已经把成本放在第一位，而把供应链管理质量的提高以及信息技术的应用放在其次。换句话说，如果第三方物流服务质量再好，其信息技术应用再尖端现代化，而成本偏高，仍然可能落选，这是当前全球第三方物流服务发展的新动向。

> 不可否认，3PL 用户仍然一如既往地以合伙人或者协作者的身份改善其使用的 3PL 运营业。与以往不同的是，现在的 3PL 用户似乎在选用 3PL 供应商的时候更加斤斤计较其物流价格，物流价格已成为其选择 3PL 最重要的选择标准。
>
> 增值物流服务已经受到强大的市场压力，3PL 供应商已经不能仅仅满足于货物的“门到门”、“零库存”和“一站式”服务，还要确保物流成本的一低再低。现在的 3PL 再吹嘘自己的资格多老，规模多大，信息技术多么发达，服务质量多高，甚至在某一方面排行榜冠军等都必须让位于运价，即服务价位是否比其竞争者更加优惠。假如偏高，用户有可能考虑采用价位更加优惠的其他 3PL，这种情况尤其是在进口贸易运输以及仓储服务方面更加突出。
>
> 这一切表明，3PL 服务供应方必须通过资产重组、债务重组，进一步提高货物运输服务全过程的核心质量，严格控制和降低成本，让客户在 3PL 服务成本方面得到实惠。
>
> （摘自：张荣忠，“第三方物流面临成本控制的严格考量”，《中外物流》，2006 年 5 月）

## 第二节　运输过程管理

无论是自营运输的企业，还是提供运输服务的物流企业，只要从事运输服务活动，其基本的运输过程是一样的。从运输过程开始到结束，运输对象的基本属性没有改变，改变的只是其空间位置，而且在运输过程中运输生产与消费同时进行，因此如何加强运输过程中每一个工作环节的管理工作，提高运作效率，这是所有提供运输服务的机构所面临的问题。

### 一、基本的运输术语

货物采用不同运输方式运输时，其涉及到的基本运输术语大致是一样的，这些术语包括：

1. 运次

完成一个包括准备、装载、运送及卸载这四个主要工作环节在内的一次运输过程的完整循环，即称为运次。

在企业供应链运输组织过程中，一般都包含若干个运次。

2. 货运周转量

每一运次运输过程的完成，货物都被移动一定的距离，即完成一定的运输工作，其数值等于所运货物的重量与运输距离的乘积，称为货运周转量，以吨公里计。

3. 货运量

每完成一次运输过程所运货物的重量，称为货运量，以吨计。

4. 运输量

通常在统计工作中以及在习惯上，将运输完成的运量及周转量统称为运输量，亦称为产量。

5. 运输一致性

运输的一致性是指承运人对一特定的运送任务，经过多次重复运送，每次运送所需时间的差异程度，是反映运输质量的重要指标。

6. 运输批量

运输批量是指一次运输的货物重量。

7. 运输频率

运输频率是指单位时间内，重复运输的次数。运输频率与库存密切相关。二者成反比关系，运输频率越高，库存就越少。

8. 整车运输

整车运输(Truckload,TL)是指货物装载完后，达到规定的重量，无需其他货物的填充，按车辆的载重量收费。

9. 零担货运

零担货运(Less-Than-Truckload, LTL)是指货物重量低于适用整车运送的重量，运输收费按所载货物的件数及每件重量计算。不同运输方式在其运输规则中，均明确规定零担运输的重量和体积。

## 二、运输过程管理

当承运人与托运人达成运输协议，签定运输合约后，运输管理的重点就放在运输组织方面。运输物流中，货物由起运地运送到目的地的移动过程就是运输过程。在运输过程中，不仅需要货物、车辆、人员的匹配，而且需要考虑装卸工具、仓储设施、运输线路的合理安排。

### (一) 汽车运输过程

1. 工作环节

任何一个运输过程都是由准备、装载、运送和卸载这四个工作环节组成，如图 5-1 所示。

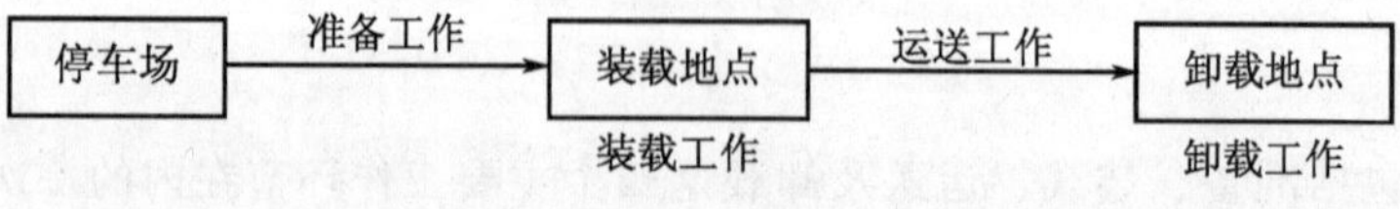


图 5-1　基本的运输过程

(1) 准备工作：从停车场向起运地点提供与要运输货物匹配的运输车辆，包括车辆型号、数量和相应的驾驶员等。

(2) 装载工作：在起运地点按照订单要求装货，起运地点可以是企业生产仓库、配送中心、码头、火车站、汽车站等。

(3) 运送工作：在事先规划好的路线上运送货物。

(4) 卸载工作：在目的地点卸货。

2. 管理内容

在运输过程中，每一个工作环节都涉及到一些管理工作。这些管理工作包括：在准备工作环节中，除涉及到车辆安排外，还需要对车辆进行配载，做到轻重结合，提高运输工具吨位利用率；在装载工作环节中，要事先确定运送顺序，按照“先装后卸”的原则进行货物的装载，合理安排货物装载空间，提高运输工具容积利用率；在运送工作环节中，要事先确定运送区域，合理选择运输方式和配送路线，安排好运输行程，必要时可采用集中运输方式运送，降低运输成本；在卸载工作环节中，要根据货物的特性合理选用卸载工具，目前正在推广的托盘化运输，有利于货物的装卸，不仅提高了卸载效率，而且能够降低货物损坏率，但是在运输过程中，托盘会占用一定的运输工具空间。

**（二）铁路运输过程**

铁路运输具有线长、点多、部门分工细、影响因素多、变化大、时间性强等特点，运输过程涉及众多环节，十分复杂，其中铁路集装箱运输过程更为复杂、管理内容繁多。

1. 工作环节

铁路货物在运送过程中，必须进行装车站的发送作业及卸车站的终到作业，在途中除去运行以外，还要在技术站进行无调中转作业或有调中转作业，即主要包含四个工作环节：货物集配及中转作业、铁路场站作业、铁路运输作业和送达作业。铁路集装箱运输是一个综合的运输系统工程，其作业过程包括货物的集配、场地作业、货物检验、货运代理、货物装卸、在途运输和到达场站作业、拆箱与送达作业等多个环节，各环节之间需要紧密配合，其中货物集配和场站作业滞留时间变化很大，是影响全程运输服务质量的关键。

2. 管理内容

铁路货物运输过程涉及到众多管理内容，主要包括：①货流与货量的确定。根据客户对运输的需求，确定某一发站运往某一到站的货运量，即货流和货量。②列车编组计划。根据货流与货量，确定车流，并将车流编成列车输送到目的地。通过列车编组计划，合理地组织车流输送，加速货物送达，充分利用铁路通过能力。③列车运行图。由于铁路线上运行的列车很多，速度和要求也不尽相同，为了使列车的运行相互配合，确保行车安全，以及合理利用铁路通过能力，必须规定各次列车占用区间的程序，规定各次列车在区间内运行以及在车站到发或通过的时刻，即编制列车运行图。

**铁路货物送达速度**

通过调查在构成货物送达时间的各环节中，在技术站中转停时占27.1%，在货物作业站耗时占38.3%，两项合计占65.9%，而在途中旅行时间仅占34.1%。显然实际货物送达速度低，除货物列车旅行速度长期以来偏低外，主要是货物在货物作业站和技术站停留时间所占比重过大造成的。因此，对于铁路货物运输来说，实现货物列车提速虽然也可以提高货物送达速度，但实际效果将远不如旅客列车提速。而提高货物送达速度的潜力将主要来自压缩货物在货物作业站和技术站的停留时间。

（摘自：许培英，“我国铁路货物运输服务质量的研究及分析”，《中国铁路》，2005年2月）

## 第三节　车辆利用管理

运输企业运营中，其运输工具的利用程度客观上反映了企业经营状况的好坏。为了评价、分析和计划运输生产活动，企业可采用一系列指标对运输工具的利用程度进行衡量，据此研究运输工具各方面的利用程度，以降低运输成本，提高运输生产率。以汽车运输为例，车辆利用程度指标体系主要从车辆在时间、速度、行程、载重量和动力这五大方面的利用程度进行评价，其评价指标体系如图 5-2 所示。

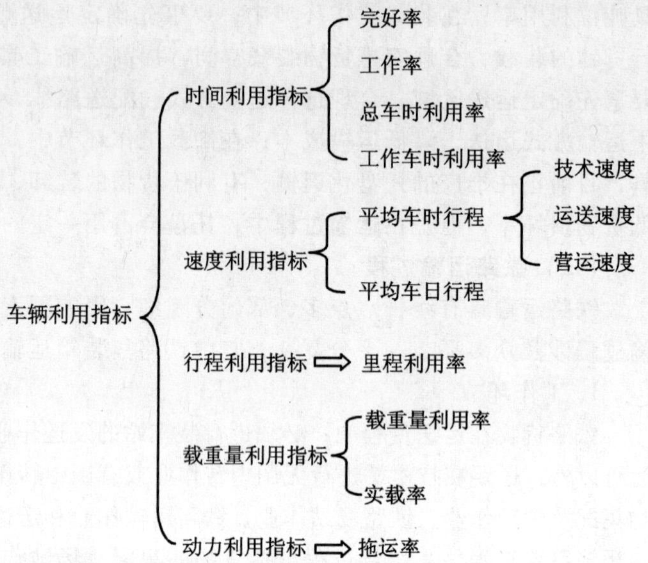


图 5-2　车辆利用程度评价指标体系图

## 一、车辆时间利用指标

汽车运输中，表示车辆时间利用程度的指标很多，企业主要用工作率、完好率、总车时利用率及工作车时利用率等指标来表示。在计算这些指标时，涉及到车日和车时两个基本概念。

### （一）车日和车时

1. 车日的相关概念

车日，是指营运车辆在企业的保有日数，包括下列各类：

总车日($U$)：在统计期内，企业所有营运车辆的车日总数。其计算方法为：

$$U = \sum_{i=1}^{m} A_i D_i \quad (i = 1,2,\cdots,m; i > 0) \tag{5-1}$$

式中，$m$ 为按相同保有日数划分的车辆组别；$A_i$ 为保有日数相同的第 $i$ 组营运车辆数；$D_i$ 为第 $i$ 组营运车辆中每车在企业保有的日历日数。

总车日按车辆技术状况可分为(技术)完好车日($U_a$)和非完好车日($U_n$)，即：

$$U = U_a + U_n \tag{5-2}$$

完好车日，是指技术状况良好，具备运行条件的营运车辆的车日数。它又包括：工作车日($U_d$)与待运车日($U_w$)，即：

$$U_a = U_d + U_w \tag{5-3}$$

其中，工作车日为在完好车日中，实际进行营运工作的车日数；待运车日为在完好车日中，由于营运组织及气候、道路条件变化等原因而整日未进行工作的车日数。

非完好车日，是指车辆技术状况不好，不具备运行条件的车日数。包括保修车日($U_{m0}$)及待废车日($U_t$)，即：

$$U_n = U_{m0} + U_t \tag{5-4}$$

其中，保修车日为车辆因进行保养、修理或待保待修，而整日未参加营运工作的车日数；待废车日为尚未经主管机关批准的待报废而不能参加营运工作的车日。

这些表示车日的指标之间的相互关系如图 5-3 所示。

2. 车时的相关概念

车时，即车辆小时，是指营运车辆在企业的保有小时数。企业反映车时的指标很多，各指标之间都有一定的相互关系，其相互关系如图 5-4 所示。

- 总车日
  - 完好车日
    - 工作车日
    - 待运车日
  - 非完好车日
    - 保修车日
    - 待废车日

图 5-3　车日指标之间的相互关系

- 总车时
  - 工作车时
    - 行驶车时
      - 重车行驶车时
      - 空车行驶车时
    - 停歇车时
      - 装载停歇车时
      - 卸载停歇车时
      - 车辆技术故障停歇车时
      - 由于组织原因造成的停歇车时
  - 在车库（场）的停驶车时
    - 技术保养车时
    - 修理车时
    - 待运车时
    - 待废车时

图 5-4　车时指标之间的相互关系

营运车时($H$)：是指企业所有营运车辆的车时总数，又称总车时。它包括车辆在路线上的工作车时($H_d$)与在车库(场)的停驶车时($H_p$)，即：

$$H = H_d + H_p \tag{5-5}$$

工作车时($H_d$)：是指车辆在路线上的工作时间，包括行驶车时($H_r$)与停歇车时($H_s$)，即：

$$H_d = H_r + H_s \tag{5-6}$$

其中，行驶车时又包括重车行驶车时($H_{rl}$)和空车行驶车时($H_{rv}$)；停歇车时又包括装载停歇车时($H_l$)、卸载停歇车时($H_u$)、车辆技术故障停歇车时($H_{sm}$)和由于组织原因造成的停歇车时($H_{s0}$)。

车辆在车库(场)的停驶车时($H_p$)包括：技术保养车时 $H_m$、修理车时($H_0$)、待运车时($H_w$)和待废车时($H_t$)。

**（二）时间利用指标**

1. 完好率

完好率($a_a$)是指统计期内完好车日与总车日之比。用以表示总车日可以用于运输工作的最大可能性，又称完好车率。以百分比表示，其不足之百分数值为车辆的非完好率($a_n$)。即：

$$a_a = \frac{U_a}{U} \times 100\% = \frac{U - U_n}{U} \times 100\% \tag{5-7}$$

$$a_n = 1 - a_a \tag{5-8}$$

完好率也是一个车辆技术管理指标，用以表示企业营运车辆的技术完好状况和保修工作水平。提高完好率的主要途径包括：合理组织车辆保修工作，提高保修技术水平与保修质量，合理选择车辆，提高驾驶技术以及适时处理应报废车辆等。

2. 工作率

工作率($a_d$)，是指统计期内工作车日与总车日之比。用以表示企业总车日的实际利用程度，又称工作车率。以百分比表示，其不足之百分数值为停驶率($a_p$)。即：

$$a_d = \frac{U_d}{U} \times 100\% = \frac{U - U_n - U_w}{U} \times 100\% \tag{5-9}$$

$$a_p = 1 - a_d \tag{5-10}$$

3. 总车时利用率

总车时利用率($\rho$)指统计期工作车日内车辆在路线上的工作车时($H_d$)与总车时之比。用以表示平均一个工作车日的24小时中，有多少时间用于出车工作，又称昼夜时间利用系数。即：

$$\rho = \frac{H_d}{24U_d} \times 100\% \tag{5-11}$$

提高总车时利用率($\rho$)的主要途径是采用适宜的运输组织形式，如采用多班制等。

4. 工作车时利用率

工作车时利用率($\delta$)是指统计期内车辆在路线上的运行车时($H_r$)与路线工作车时之比。用以表示车辆在路线上工作车时内有多少车时用于运行。即：

$$\delta = \frac{H_r}{H_d} \times 100\% = \frac{H_d - H_s}{H_d} \times 100\% \tag{5-12}$$

提高工作车时利用率的主要途径是最大限度减少车辆在路线上的停歇时间，包括：因货物装卸车及有关辅助停歇时间，车辆因技术故障和组织工作不善造成的停歇时间等。

## 二、车辆速度利用指标

车辆速度，指平均每单位时间内的行驶里程，可分为平均车时行程和平均车日行程。

### (一) 平均车时行程

平均车时行程，按车时种类的不同，又可分为平均行驶车时行程、平均运送车时行程和平均路线工作车时行程，并将其分别称为技术速度、运送速度和营运速度。

1. 技术速度

技术速度($V_T$)，指车辆在行驶时间内的平均速度，用以表示车辆行驶的快慢，又称行驶速度，其计算公式见式(5-13)。

$$V_T = \frac{L}{T_T} \tag{5-13}$$

式中，$L$为车辆在行驶时间内的总行程；$T_T$为车辆行驶时间，包括与交通管制有关的短暂停歇时间。

技术速度的主要影响因素有：驾驶技术水平，车辆结构及动力性能，道路及交通情况，运输距离以及气候条件等。确定实际技术速度的大小应综合考虑实现车辆最高生产率、保证行车安全及运行经济性的要求等。

2. 运送速度

运送速度($V_c$)，指车辆在货物运送时间内的平均速度，用以表示货物运送的快慢，其计算公式为：

$$V_c = \frac{L}{T_c} \tag{5-14}$$

式中，$T_c$ 为自起运至到达目的地的货物运送时间，包括运送途中的全部停歇时间。

对运送速度的主要影响因素除技术速度而外还有：企业的营运组织工作水平，行车人员工作水平以及货物装卸技术水平等。

3. 营运速度

营运速度($V_D$)，指车辆在路线上工作时间内的平均速度，用以表示车辆在工作时间内有效运转的快慢。

$$V_D = \frac{L}{T_d} = \frac{L}{T_T + T_S} \tag{5-15}$$

式中，$T_d$ 为车辆在路线上的工作时间；$T_S$ 为车辆在时间 $T_d$ 内的停歇时间。

营运速度的大小取决于技术速度、运送速度、运输过程的组织、行车人员工作制度、装卸站及停车场地平面布置以及办理行车文件手续的简便程度等。

### (二) 平均车日行程

平均车日行程($\overline{L}_D$)，指车辆在统计期工作车日内的平均速度，用以表示车辆在统计期工作车日内有效运转的快慢。即：

$$\overline{L}_D = \frac{L}{U_d} \tag{5-16}$$

式中，$L$ 为车辆在统计期工作车日($U_d$)内的总行程(km)。

由于在一个工作车日内：

$$L_D = T_d V_D = T_d \delta V_T \tag{5-17}$$

式中，$L_D$ 为车日行程(km)。

因此，平均车日行程既是一个以“车日”为时间计算单位的速度利用指标，同时也是一个车辆的速度和时间综合利用的评价指标。平均车日行程的大小主要取决于车辆的营运速度、车辆的工作制度及调度形式等。

## 三、车辆行程利用指标

车辆行程利用指标，可用里程利用率($\beta$)表示，指统计期内车辆的载重行程与总行程之比，用以表示车辆总行程的有效利用程度，又称行程利用系数，其计算公式见式(5-18)。

$$\beta = \frac{L_l}{L} \times 100\% = \frac{L_l}{L_l + L_v} \times 100\% \tag{5-18}$$

式中，$L$ 为统计期内车辆总行程(km)；$L_l$ 为统计期内车辆的载重行程(km)；$L_v$ 为统计期内车辆的空车行程(km)。空车行程，即车辆的非载重行程，包括空载行程和调空行程。空载行程，指车辆由卸载地点空驶至下一个装载地点的行程；空调行程，指由车场(库)供应空车至装载地点，或由最后一个卸载地点空驶回场(库)以及空车开往加油站、保修地点进行加油、保养、小修的行程。

提高里程利用率，即提高载重行程所占比重，是提高车辆运输工作生产率和降低运输成本的有效措施。

对里程利用率有影响的因素主要有：运输任务的分布及运输工作量在一定时间内所占

比重，运输过程的组织，起运地点与到达地点的分布以及所用车辆对不同运输对象的适应能力等。

## 四、车辆载重量利用指标

车辆载重量利用指标，是用以表示车辆载重能力有效利用程度的指标，包括载重量利用率及实载率两类指标。

### （一）载重量利用率

载重量利用率($r$)，是指车辆实际完成的周转量与额定周转量之比，其计算方法为：

1. 单个车辆

$$r=\frac{P}{P_0}\times 100\% =\frac{\sum qL_l}{\sum q_0 L_l}\times 100\% =\frac{\sum qL_l}{q_0 \sum L_l}\times 100\% \tag{5-19}$$

式中，$P$ 为统计期内车辆实际完成的货物周转量(t·km)；$P_0$ 为统计期内车辆的额定周转量，即在载重量充分利用的情况下，所能完成的货物周转量(t·km)；$q$ 为车辆实际载重量(t)；$q_0$ 为车辆额定载重量(t)；$\sum qL_l$ 为统计期内车辆的各运次实际周转量之和(t·km)；$\sum q_0 L_l$ 为统计期内车辆的各运次额定周转量之和(t·km)。

2. 一组车辆

$$r=\frac{\sum p}{\sum p_0}\times 100\% \tag{5-20}$$

式中，$\sum p$ 为统计期内各车辆实际完成的周转量之和(t·km)；$\sum p_0$ 为统计期内各车辆额定周转量之和(t·km)。

对载重量利用率有影响的主要因素有：货流特性，运输距离，车辆容量性能，对所运货物的适应程度，装车与理货技术以及运输组织工作水平等。

### （二）实载率

实载率($\varepsilon$)，是指车辆实际完成的货物周转量与全行程周转量之比，用以表示车辆在总行程中载重能力的有效利用程度，又称吨位公里利用率。

1. 单个车辆

$$\varepsilon=\frac{p}{p_e}\times 100\% =\frac{\sum qL_l}{\sum q_0 L}\times 100\% =\frac{\sum qL_l}{q_0 \sum L}\times 100\%$$

$$=\frac{\sum qL_l}{q_0\dfrac{\sum L_l}{\beta}}\times 100\% =r\beta \tag{5-21}$$

式中，$p_e$ 为全行程周转量，即车辆在统计期内总行程中载重量充分利用时所能完成的周转量，又称总车吨位公里，以吨位公里为计算单位；$\sum L$ 为单个车辆在统计期内完成的总行程(km)。

2. 一组车辆

$$\varepsilon=\frac{\sum p}{\sum p_e}\times 100\% =\frac{\sum qL_l}{\sum q_0 L}\times 100\% \tag{5-22}$$

式中，$\sum p_e$ 为统计期内各车辆全行程周转量之和(t·km)。

## 五、车辆动力利用指标

动力利用指标，即拖运率($\theta$)，指挂车所完成的周转量与主车、挂车合计完成的周转量之比，用以评价车辆动力的利用程度。计算公式为：

$$\theta=\frac{\sum P_t}{\sum P_m+\sum P_t}\times 100\% \tag{5-23}$$

式中，$\sum P_t$ 为统计期内挂车完成的周转量之和(t · km)；$\sum P_m$ 为统计期内主车完成的周转量之和(t · km)。

由于汽车在正常运行条件下，尚有部分功率没有被利用，因此，合理采用拖挂运输，就是在不增加驾驶员和主车的情况下，充分利用这部分功率，是提高车辆运输生产率、降低运输成本的有效措施。

# 第四节　行车安全管理

运输安全历来都是各级政府部门和企业十分关注的问题，2005 年 4 月 1 日起施行的《铁路运输安全保护条例》，交通部出台的《交通汽车运输企业安全管理办法》和《道路危险货物管理规定》等一系列规范性文件，公安部负责起草的《道路交通安全法》等，在宏观层面上，对运输安全管理进行了规范。运输车辆在行车过程中的安全管理是运输可靠性保证和企业运输成本降低的重要环节，行车安全管理与国家各项政策法规密切相关。

## 一、铁路运输行车安全管理

### (一) 铁路线路安全管理

1. 设立安全保护区

铁路线路安全保护区的范围，从铁路线路路堤坡脚、路堑坡顶或者铁路桥梁外侧起向外的距离分别为：城市市区，不少于 8m；城市郊区居民居住区，不少于 10m；村镇居民居住区，不少于 12m；其他地区，不少于 15m。

在铁路线路安全保护区内，除必要的铁路施工、作业、抢险活动外，任何单位和个人不得建造建筑物、构筑物；取土、挖砂、挖沟；采空作业；堆放、悬挂物品；烧荒、放养牲畜、种植影响铁路线路安全和行车瞭望的树木等植物；排污、排水，倾倒垃圾及其他有害物质。

2. 设立立体交叉通道

列车行驶速度达到国家规定标准时，新建、改建的铁路与道路交叉的，应当设置立体交叉；道路交通流量、列车行驶速度达到国家规定标准时，新建、改建的道路与铁路交叉的，应当设置立体交叉；既有的一级公路、二级公路、城市道路与铁路交叉的平交道口，应当逐步改造为立体交叉。

设置铁路立体交叉和平交道口，应当符合国家规定的安全技术标准。船舶通过铁路桥梁时，应当符合桥梁的通航净空高度并严格遵守航行规则；机动车通过下穿铁路桥梁、涵洞的道路时，应当遵守限高、限宽规定，不得冲击限高防护架。

### （二）铁路营运安全管理

1. 设立驾驶员上岗要求

铁路机车车辆和自轮运转车辆的驾驶人员应当经国务院铁路主管部门考试合格后，方可上岗。

2. 设立运输器具技术规范

用于铁路运输的安全防护设施、设备、集装箱和集装化用具等运输器具，篷布、装载加固材料或者装置，运输包装及货物装载加固，应当符合国家有关技术标准和规范。

3. 设立承运人承运条件

办理危险货物铁路运输的承运人，应当具备的条件为：有按国家规定标准检测、检验合格的专用设施、设备；有符合国家规定条件的驾驶人员、技术管理人员、装卸人员；有健全的安全管理制度；有事故处理应急预案。

办理超限、超长、超重、集重货物运输的承运人，应当具备的条件为：装载加固、运输工具及其他设施、设备符合国家有关技术标准和安全要求；有符合国家规定条件的专业技术人员、管理人员和作业人员；有健全的安全管理制度；有事故处理应急预案。

## 二、公路运输行车安全管理

### （一）公路线路安全管理

1. 设立交通信号

交通信号灯、交通标志、交通标线的设置应当符合道路交通安全、畅通的要求和国家标准，并保持清晰、醒目、准确、完好；根据通行需要，应当及时增设、调换、更新道路交通信号，同时提前向社会公告，广泛进行宣传；任何单位和个人不得擅自设置、移动、占用、损毁交通信号灯、交通标志和交通标线。

2. 规定行车车道

机动车在道路划分的机动车道上行驶，没有划分机动车道的，机动车在道路中间通行；在道路划设专用车道的，在专用车道内，只准许规定的车辆通行，其他车辆不得进入专用车道内行驶。

3. 规定行车车速

机动车上道路行驶，不得超过限速标志标明的最高时速，在没有限速标志的路段，应当保持安全车速；夜间行驶或者在容易发生危险的路段行驶，以及遇有沙尘、冰雹、雨、雪、雾、结冰等气象条件时，应当降低行驶速度；同车道行驶的机动车，后车应当与前车保持足以采取紧急制动措施的安全距离。

4. 规范货物载运

机动车载物应当符合核定的载重量，严禁超载；载物的长、宽、高不得违反装载要求，不得遗洒、飘散载运物；机动车运载超限的不可解体的物品，影响交通安全的，应当按照公安机关交通管理部门指定的时间、路线、速度行驶，悬挂明显标志；机动车载运爆炸物品、易燃易爆化学物品以及剧毒、放射性等危险物品，应当经公安机关批准后，按指定的时间、路线、速度行驶，悬挂警示标志并采取必要的安全措施。

**（二）公路营运安全管理**

1. 加强驾驶员管理

运输企业必须加强对驾驶员的管理，抓好驾驶员的资质审查和培训、考核、教育及其驾驶证、上岗证的管理工作，以及必要的身体素质检查；教育驾驶员遵章守纪，服从管理，自觉执行安全管理的各项规章制度。

机动车驾驶人应当遵守道路交通安全法律、法规的规定，按照操作规范安全驾驶、文明驾驶，驾驶机动车上道路行驶前，应当对机动车的安全技术性能进行认真检查，不得驾驶安全设施不全或者机件不符合技术标准等具有安全隐患的机动车；饮酒、服用国家管制的精神药品或者麻醉药品，或者患有妨碍安全驾驶机动车的疾病，或者过度疲劳影响安全驾驶的，不得驾驶机动车。

2. 加强车辆管理

运输企业要加强车辆管理，建立车辆技术管理制度，严格车辆维修、检测，并建立健全车辆技术档案。要强化车辆风险保障能力的管理，凡国家规定实行强制保险的险种，所有营运车辆(含租赁、挂靠车)必须按要求投保，不得漏保、脱保。

## 三、水路运输行船安全管理

**（一）水路线路安全管理**

1. 设立航道标志

航道和航道设施受国家保护，任何单位和个人不得侵占、破坏。内河通航水域的航道、航标和其他标志的规划、建设、设置、维护，应当符合国家规定的通航安全要求；航道发生变迁，水深、宽度发生变化，或者航标发生位移、损坏、灭失，影响通航安全的，航道、航标主管部门必须及时采取措施，使航道、航标保持正常状态；通航水域内可能影响航行安全的沉没物、漂流物、搁浅物，其所有人和经营人，必须按照国家有关规定设置标志，向海事管理机构报告，并在海事管理机构限定的时间内打捞清除。

2. 规定航速

船舶在内河航行，应当保持瞭望，注意观察，并采用安全航速航行。船舶安全航速应当根据能见度、通航密度、船舶操纵性能和风、浪、水流、航路状况以及周围环境等主要因素决定。船舶在限制航速的区域和汛期高水位期间，应当按照海事管理机构规定的航速航行。

3. 规定行道

船舶在内河航行时，上行船舶应当沿缓流或者航路一侧航行，下行船舶应当沿主流或者航路中间航行；在潮流河段、湖泊、水库、平流区域，应当尽可能沿本船右舷一侧航路航行。

船舶在内河航行时，应当谨慎驾驶，保障安全；对来船动态不明、声号不统一或者遇有紧迫情况时，应当减速、停车或者倒车，防止碰撞；船舶相遇，各方应当注意避让。按照船舶航行规则应当让路的船舶，必须主动避让被让路船舶；被让路船舶应当注意让路船舶的行动，并适时采取措施，协助避让。

4. 规范货物载运

从事货物或者旅客运输的船舶，必须符合船舶强度、稳性、吃水、消防和救生等安全技术要求和国务院交通主管部门规定的载货或者载客条件，任何船舶不得超载运输货物或者旅客；船舶在内河通航水域载运或者拖带超重、超长、超高、超宽、半潜的物体，必须在装船或者拖带前24小时报海事管理机构核定拟航行的航路、时间，并采取必要的安全措施，保障船舶载运或者拖带安全。船舶需要护航的，应当向海事管理机构申请护航。

### （二）水路营运安全管理

1. 设立驾驶人员上岗要求

在船舶上任职的船员，必须按国家和省有关规定接受安全、专业等培训考试，并取得相应的有效适任证书后持证上岗；船长除取得相应的适任证书外，还必须具备较强的安全责任意识和管理、指挥、操纵船舶的能力，以及丰富的水上航行经验，此外，船长必须严格遵守有关运输安全的规定和制度，全面掌握船舶技术状况及船员业务素质，检查落实船舶运输安全岗位职责，有效指挥船舶安全航行作业及船舶遇险救助，并对船舶的管理和安全驾驶负直接责任。

2. 设立承运人行为规范

水路运输经营者必须按照核定的船舶、航线、班次、停靠港（站、点）从事旅客、旅游及集装箱班轮运输，不得擅自取消、变更或者增加、减少航线、班次和停靠港（站、点）。确须取消、变更或者增加、减少的，应提前30日向原批准机关提出申请，经批准后至少提前7日公告。因不可抗力等因素临时取消客运班次的，应当及时公告，并办理乘客全额退票。

从事海上旅客运输、客滚船运输的，必须按照《国际船舶安全营运和防止污染管理规则》建立安全管理体系，明确内部岗位职责权限，制定安全生产管理制度、管理程序、应急预案以及环境保护目标。

船舶航行、停泊、作业时，不得实施超客、超载、超拖、超航区、超抗风等级航行；非载客船舶载客；不符合夜航条件的船舶夜航；危害其他船舶运输安全和水上设施、堤防安全；违法装运易燃、易爆、有毒、有害物品；其他危害水路运输安全的行为。

船舶、浮动设施的所有人或者经营人，应当加强对船舶、浮动设施的安全管理，建立、健全相应的交通安全管理制度，并对船舶、浮动设施的交通安全负责；不得聘用无适任证书或者其他适任证件的人员担任船员；不得指使、强令船员违章操作。

## 四、航空运输飞行安全管理

### （一）航空线路安全管理

1. 设立空中交通管制灯光信号

机场管制塔台发给航空器的灯光或信号弹信号，根据指向航空器的灯光信号的颜色和型式，对于地面上航空器和对于飞行中航空器，具有不同的含义，如绿色定光，对于地面上航空器的含义是可以起飞，对于飞行中航空器的含义是允许着陆。

2. 规定航空器速度

除经局方批准并得到空中交通管制的同意外，航空器驾驶员不得在修正海平面气压高度3km(10000ft)以下以大于460km/h(250n mile[⊖]/h)的指示空速运行航空器；除经空中交通管制批准外，在距机场中心7.5km(4n mile[⊖])范围内，离地高度750m(2500ft)以下不得以大于370km/h(200n mile[⊖]/h)的指示空速运行航空器；如果航空器的最小安全空速大于本条规定的最大速度，该航空器可以按最小安全空速运行。

3. 规定最低安全高度

在任何地方应当保持一个合适的高度，在这个高度上，当航空器动力装置失效应急着陆时，不会对地面人员或财产造成危害；在人口稠密区、集镇或居住区的上空或者任何露天公众集会上空，航空器的高度不得低于在其600m(2000ft)水平半径范围内的最高障碍物以上300m(1000ft)；在人口稠密区以外地区的上空，航空器不得低于离地高度150m(500ft)，但是在开阔水面或人口稀少区的上空不受上述限制，在这些情况下，航空器不得接近任何人员、船舶、车辆或建筑物至150m(500ft)以内。

4. 对机长要求

在开始飞行之前，机长应当熟悉本次飞行的所有有关资料。每个机长在紧急情况下或为了对机载防撞系统的警告作出反应而偏离空中管制许可或指令时，必须尽快将偏离情况和采取的行动通知空中交通管制部门；被空中交通管制部门给予紧急情况优先权的机长，在局方要求时，必须在48小时内提交一份该次紧急情况运行的详细报告。

5. 对驾驶员要求

当航空器驾驶员已得到空中交通管制许可时，除在紧急情况下或为了对机载防撞系统的警告作出反应外，不得偏离该许可。如果驾驶员没有听清空中交通管制许可，应当立即要求空中交通管制员予以澄清；除空中交通管制另有许可外，航空器驾驶员不得按照雷达管制员向另一架航空器驾驶员发出的许可和指令驾驶航空器。

**（二）航空营运安全管理**

在飞机驾驶员的选拔上，必须经过严格的体检和考试，才能发给驾驶执照。驾驶执照分为不同种类，如私人、商业、航线运输、学生等驾驶员执照。在每类驾驶执照中，都有航空知识和飞行技能要求，力图在源头上把好航空运输的安全管理。

各航空公司对在各机场过夜的每架飞机，在每日第一个航班滑出停机位以前，要对飞机起落架舱进行检查并证实没有外来物。航空运输的危险品应根据技术细则的规定进行分类和包装，提交正确填制的危险品航空运输文件；将危险品的包装件或合成包装件提交航空运输前，应当按照规定，保证该危险品不是航空运输禁运的危险品，并正确地进行分类、包装、加标记、贴标签、提交正确填制的危险品航空运输文件。禁止以非危险品品名托运危险品。

---

⊖ 1n mile = 1852m。

### 物流安全管理

物流安全一般指物流运作过程中发生的因人为失误或技术缺陷造成的货物损坏或失效、物流设施损坏及物流信息失真等安全问题。据王继祥调查，2004 年我国对商贸企业与生产制造业的物流作业指标估算中，货物损失率基本上在 2% 左右。生产企业中，29% 的企业物流作业货损率在 2%~5% 之间，商业企业中，27% 的企业物流作业货损率在 2%~5% 之间，同国外企业物流作业货损率相比仍较高。另外，以物流作业对象中较易受损的农产品物流为例，据有关数据统计，我国水果蔬菜等农副产品在采摘、运输、储存等物流环节上的损失率在 25%~30% 左右，即大约有 1/4 强的农产品在物流环节被消耗。而发达国家果蔬损失率则控制在 5% 以下，美国更是仅有1%~2% 。

（摘自：张诚、单圣涤，“浅谈物流安全管理”，《企业经济》，2006 年第 5 期）

## 思 考 题

1. 物流企业提供运输服务过程中管理的重点内容包括哪些？
2. 根据运输的基本过程，如何对供应链运输效率进行改进？
3. 物流企业如何满足企业运输的需求？可能的措施有哪些？
4. 物流企业与企业物流的区别与联系是什么？

## 阅读资料

### 物流企业的五种赢利模式

**模式一：企业联盟战略与客户解决方案赢利模式**

企业联盟（集团化）战略，是指物流企业针对行业客户提出整体物流解决方案、提供完备的供应链服务。这种发展战略将使物流企业在规模上得到扩大，赢利空间增大，通过利用企业自有资源，结合对采购资源（社会资源）的监控管理，实现物流企业经营赢利。

客户解决方案赢利模式，是指物流企业针对客户物流需求，利用低成本优势、网络优势，以及在许多领域拥有成熟的客户关系，为客户度身定做个性化的运输、配送、库存、区域分拨、代收货款、代理结算等物流一体化解决方案，提供供应链管理服务，获取经营效益。

**案例解析**

2001 年 2 月，戴尔公司经过对广东、福建两省邮政分拨中心、仓储中心的考察后，确定两省为首批合作对象，中国邮政开始为戴尔公司提供物流配送服务。中国邮政成为继大通公司之后，戴尔公司在我国的第二个物流服务商。时至今日，中国邮政承担了戴尔产品在我国 18 个省区的物流配送业务。该项目 2004 年实现业务收入 3148 万元，2005 年业务收入可望达到 4000 万元。一体化物流项目的运作，要求充分整合各类资源，为客户提出整体物流解决方案，实现物流运营效益最大化。目前，邮政物流戴尔项目，干线运输的 80% 左右是利用社会运输资源，初步建立起邮政资源、社会资源互补混合，汽车、火车、飞机立体交叉的运输体系，解决了一体化物流项目中邮政运输网络运能不足、弹性差、成本高、返程空载等问题，有效地控制了运输成本，产生了规模经营效益。

**模式二：核心业务能力战略与寻找优势市场赢利模式**

核心业务能力战略，是指物流企业利用核心业务能力为多个行业提供核心物流服务。随着经济全球化和社会分工的日益细化，任何物流企业都不可能包揽所有业务，企业要想获得竞争优势，就必须拥有自己的一种或几种核心业务能力。

优势市场赢利模式，是指物流企业对市场进行分隔，围绕自身的核心业务能力，寻找最具优势的细分市场，提供最具竞争力的物流服务，以质取胜，从而获取较高的利润。

**案例解析**

联邦快递公司提供 24 小时至 48 小时的户到户服务，并向客户作出“原银奉还”的服务承诺。公司的空运航线遍布全球，并拥有世界一流的空运设备，每天为全球 210 个国家及地区运送 230 万件货件，成为全球最具规模的速递运输公司之一。为客户提供快捷、准时的速递服务成为其核心业务。联邦快递认为，快递业应该增加对顾客的附加值，朝着做顾客的“全球物流专家”角色迈进。对企业用户提供企业增值的服务，成为企业全球物流管理的后盾，联邦快递势必要与顾客建立良好的互动与信息沟通模式，企业掌握货品的所有配送过程与状况，就如同掌握企业内部的物流部门一样。联邦快递起初偶尔免费提供全球物流管理服务，进而演变为替顾客解决产销的物流问题；越来越多的顾客要求这项服务，逐渐发展成为优势市场中具有竞争力的产品。因此，全球物流管理服务，已发展为联邦快递一个独立经营业务，成为新的利润增长点。

**模式三：服务经营网络战略与技术创新赢利模式**

服务经营网络战略，就是鼓励企业进行横向和纵向整合，拓展自己的经营网络和服务网络，扩大物流服务覆盖领域，使其延伸到社会生活的各个方面。

技术创新赢利模式，是指技术创新能力高于行业对手的企业具有先行优势，通过信息化技术优势，降低企业运营成本，以具有竞争力价格推出的新产品总能获得超额回报，企业所获得的利润率总是超过行业平均水平，企业实力始终处于行业的龙头地位。

**案例解析**

华宇物流集团是以运输为主的物流企业，运营网络已经覆盖到全国 30 个省、市、自治区的 300 个大中城市，干线运输能力强大，共开辟货运专线 156 条，支线 100 多条，年货物吞吐能力达 300 万 t/1000 万 $m^3$。

华宇物流在企业规模逐步扩张的过程中，看到由于运输网点庞大致使信息不能及时共享，给企业经营带来的制约。通过实施系统信息化管理，华宇物流运营成本下降了8%，经营网点生产效率提高了10%以上。采用先进科技手段，提升了物流管理水平，为适时推出新的产品，获取新的利润，逐步转型为专业化的第三方物流供应商提供了可靠技术保障。企业通过信息化建设，进一步巩固了在物流市场上的竞争地位。

**模式四：多点竞争（增值服务）战略与稀缺资源占有赢利模式**

多点竞争战略主要是指扩展服务内容，增加服务形式，对物流企业来说就是提供多种形式的物流增值服务。

稀缺资源占用赢利模式，是指在充分的市场竞争状态下，物流企业利用掌握的稀缺资源，为客户提供特别服务，实现占领市场、扩大规模的目标，凭借其较高的市场占有率，挖掘市场的利润源泉。

**案例解析**

中国邮政物流成功进行“雅芳项目”的二次开发，就是利用企业稀缺资源实现赢利的典型案例。从2003年3月起，雅芳公司的产品从广州工厂发往乌鲁木齐、哈尔滨都是通过汽车运往西安和沈阳的仓库，再由这两地仓库分拨中转至目的地。2004年行邮专列开通后，邮政物流向雅芳公司提出新的运作方案。最终，雅芳公司接受了比汽运价格高出10%、整体交货期提高80%、减少库存达到15%以上的“中邮快货”运作方案，保证了乌鲁木齐、哈尔滨两地的供货。

雅芳公司采用了新的“中邮快货”运作方案，固然与行邮专利渠道具有快捷、准点、安全的特性有关，但更重要的是邮政物流利用邮政储蓄信息系统支付网，为雅芳公司提供收货人应收账款代理结算业务，将雅芳公司应收账款业务转移到承运商身上。因此，尽管运输价格提高了，但是雅芳项目整体运作成本却降低了，实现了物流商、客户双赢的局面。

**模式五：公共服务支持战略与地区领先赢利模式**

公共服务支持战略，是指企业充分利用社会公共软硬件设施为企业提供各种服务，支持企业发展的战略。社会公共服务设施是一种非常巨大的社会资源，充分利用这一社会资源，可以大大降低企业的管理成本和技术成本，给企业的整体效益带来好处。

地区领先赢利模式，是指物流企业利用地区竞争优势，包括网络资源优势、成熟客户群体人脉关系优势、运作成本优势，抵御竞争对手对“根据地”的抢夺，实现比同行业物流企业更高的利润率。

**案例解析**

邮政物流适时推出“中邮快货”业务，既是对EMS品牌快件业务的有力补充，也是对快货市场的及时占领。广东省梅州局、云浮局充分利用“中邮快货”这一行业公共渠道平台，为当地企业提供各种物流服务。由当地至广州之间组开物流专线，组货到广州发往全国或由广州接货配送到粤东、粤西地区，就是一个很好的尝试。目前，梅州局、云浮局在当地的货运市场占有率已达80%。大多数企业在一个区域市场内能做到行业领先地位，利用企业区域品牌效应、低成本的支撑系统和控制市场的支配能力，同样能够创造较好的区域经营效益。

（摘自：王术峰，“物流企业的五种赢利模式”，《中国物流与采购》，2006年第5期）

# 第六章

# 承运商管理

## 第一节　承运商选择

通常情况下，企业运输需求可以通过三种基本的方式实现，即自营运输、合同运输和公共运输，其中合同运输有利于企业物流成本的降低。当企业运输物流业务决定外包后，企业所面临的问题是如何进行运输购买、选择什么样的承运商。在选择承运商的同时，企业还要思考如何根据与承运商的购买关系进行运输价格谈判和后续的运输成本降低等问题的谈判。

### 一、运输购买策略

运输业务对制造企业来讲，是其一个附属业务，与专业经营运输的公司相比，自营运输可能由于运输规模的限制和运输经验的缺乏，造成运输成本的偏高。因此，许多制造企业都不会选择自营运输，而是购买运输服务。企业如何购买运输服务，才能使运输成本在一个合适的范围内，而且能够从承运商处得到高服务水平，这是一个购买策略问题。企业可参考的运输购买策略有以下几种：

1. 建立长期买卖关系

企业选择偶尔地购买运输服务时，无法寻到最优的运价，而且运输质量也很难得到保障。企业要从偶尔地购买运输服务，转换到与承运商建立长期合作关系上，这样企业可从长期的运输合作中获得规模效益和稳定的运输服务质量。

2. 重视运输价格谈判

与承运商建立合作关系后，要把策略转移到如何从承运商处获得优惠的运输价格，运输价格谈判策略是非常重要的环节。在价格谈判时，要综合考虑承运商拥有的运输资源和所能提供的运输服务，同时要考虑自己产品的特性和运输要求。

3. 降低承运商规模

减少承运商数目，能够实现货物更加集中化管理，有利于运输规模效益的实现。同时，承运商数目的减少，使企业有精力更好地维护与承运商的合作关系，有利于信息沟通与交流，防止供应链在物流过程中的失误。此外，有利于对承运商的集中管理，降低营运成本。

4. 规范性运作

通过签订运输合同，明确双方的责任和义务，明确紧急情况下的运输方案及运输费用，同时明确处罚条款。企业通过用合同规范双方可接受的条件和承担的责任，使企业与承运商能够比较容易地解决运输中可能发生的问题。

5. 共同改进绩效

虽然在运输合同中，已规定了运输价格，但是这不代表运输价格的一成不变。企业有责任帮助承运商寻找降低运输成本的途径，与承运商一起提高运输绩效水平。在承运商绩效水平提高后，企业的运输成本也会随之降低。

在上述提及的企业运输购买策略中，选择合适的承运商和与承运商建立一个长期的战略合作伙伴关系是非常重要的。承运商的选择决定了企业的运输价格和能获得的运输服务质量，同时也决定了企业生产和服务战略方向的某项服务与价格的目标实现。

## 二、承运商选择的步骤

一个好的承运商，能够帮助企业降低物流成本和实现战略目标。企业进行承运商选择时，首先要成立评选小组，确定选择标准，拟好评审项目，并设定评审项目的权数。在这些工作做好之后，评选小组着手选择承运商。

### （一）承运商选择的基本流程

在选择运输服务商前，首先要明确运输服务商选择的标准流程，然后根据标准流程设计每一个环节的工作任务，其中运输商评价指标和评价方法的设计是非常重要的工作，图 6-1 是企业常用的运输服务商选择的基本流程。

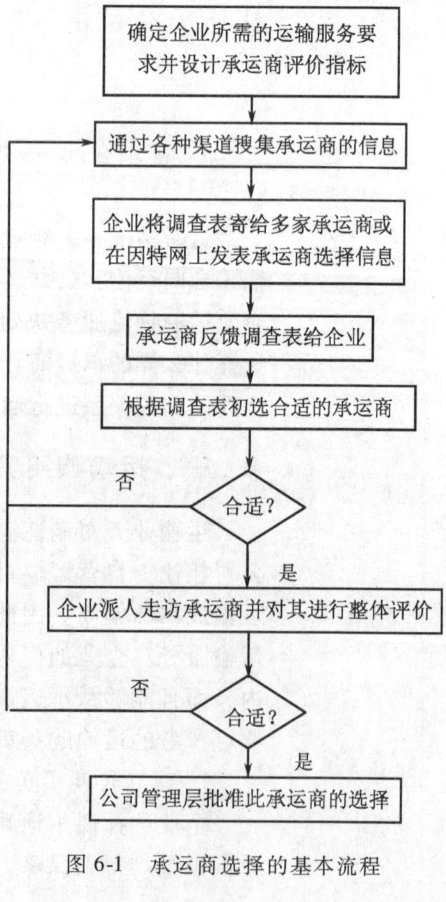


图 6-1　承运商选择的基本流程

### （二）承运商选择的基本步骤

1. 承运商选择的范围界定

首先要确定运输发生的地理范围，选择对这些区域运输比较熟悉的承运商；然后，根据自己企业物品运输的要求，如物品属性、运送批量和体积、运输频率、运送时间等，圈定适合运输企业物品的承运商范围。

2. 确定承运商选择指标

企业选择的承运商在一定程度上与企业之间的关系是战略伙伴关系，承运商的好坏不仅会影响企业战略目标的实现，而且在一定程度上会影响企业竞争力。因此，选择承运商要慎重，并事先确定企业选择承运商的标准。一般情况下，企业选择承运商可在长期项目和短期项目上分别制定选择的标准。

企业在选择承运商时，在长期项目上企业关注的指标有：①承运商的经营状况，有否成功运作的经验。②考察承运商运输能力，重点在承运商的运输网络构建上。③整体服务水平，对突发事件的处理能力。④履行合约的承诺与能力，看重承运商的道德和社会责任。

在短期评审项目上，企业更关注运输成本、运输周期、运送时间的变化率和货物安全。

3. 发布承运商选择信息

信息发布的面越广，越有利于选择合适的承运商。优秀的承运商能够帮助企业降低成本，提高市场竞争力。因此，企业可选择在互联网、报纸等媒体上发布信息。信息内容要明确说明需要运输物品的属性，运送的体积大小，运送的频次、运送的数量等企业信息，并要求想承担企业运输任务的承运商提交企业的经营状况、运输资源等信息（主要是长期评审项目内容）。

4. 邀请承运商竞标

对有响应的承运商进行筛选，初选规模考虑为实际需要数量的 3 倍左右。对初选上的承运商，发出竞标邀请。

5. 与承运商进行洽谈

与出价比较合理，并有意想结成伙伴关系的承运商进行洽谈。洽谈内容主要涉及短期评审项目内容。

6. 承运商评判

根据长短期项目评审内容，对承运商进行评判、打分。

7. 确定承运商并签订运输合同

确定承运商后，与之进行价格谈判，最后签订运输合同。运输合同也可以不马上签，先让其试运行，考察其短期运作水平，3 ~6 个月之后再考虑是否签订合同。

## 三、运输服务价格谈判

在选择承运商运输服务时，企业要事先准备与之谈判考虑的要点，包括服务期望、运输时间、运输频率、运输可靠性和责任、价格、双方关系、持续时间等。其中运输服务价格谈判是非常重要的环节。在价格谈判之前，一定要有充分的准备，设定合理的目标价格，以此作为与承运商价格谈判的基础。除此之外，价格谈判还需注意的事项有以下几点：

1. 运输产品的特性、运输频率、数量、运送地点

对小批量、高运输频率的货物，其谈判的核心是交货期，要求其提供快速反应能力；对流水线、连续生产的大批量货物，谈判的核心是运输价格；对长距离、附加值低的货物运输，要考虑铁路运输、水路运输的可能性，谈判的核心仍是运输价格。

2. 运输市场状况和国家运输政策

运输市场供求状况，决定运输价格。当市场运力紧张时，企业要提供较高的运输价格，才能谈判成功；相反，当运输市场处于买方市场时，企业可在谈判过程中获得较优的价格。此外，国家运输政策也是谈判要考虑的因素，如汽车运输谈判要以正常的装运水平进行，而不能以超载运输的成本进行考虑。

3. 全面考虑可能发生的运输费用

在运输过程中，除了发生的可预见费用如运输费用和附加运输费用外，还会发生一些不可预见费用，如货物突然散落所发生的费用等。这些费用可按总费用的15%折算，在谈判过程中承运商会考虑的。

4. 谈判双方“双赢”

一般来说，企业谈判都是要求承运商在满足服务要求下，尽量压价。但是，一定要保证承运商有合理的利润空间，否则承运商没有积极性来保证运输服务质量。一旦货物在运输过程中出现问题，交货期延长，企业的损失将不是谈判争得的价格能够补偿的。

5. 注重长期效用

价格谈判是一个持续的过程，每个承运商都有其对应的学习曲线，在提供运输服务一段时间后，其运输成本会持续下降。那么，企业在谈判时，从长期合作的角度出发，可要求承运商不断降低运输成本，促进其改进运输方案，企业也可从中获益。

## 四、承运商选择的层次分析法

承运商选择的方法很多，主要分为三大类：第一类为定性的分析选择方法；第二类为定量的选择方法：第三类为定性与定量相结合的分析评价方法。定性方法主要是根据以往的经验，凭借以前的关系来选择承运商，主观的成分过多，方法本身具有一定的局限性。目前企业选择承运商采用定量与定性相结合的方法比较多，如层次分析法在企业中广泛使用。

### （一）层次分析法概念

层次分析法（Analytic Hierarchy Process, AHP）是美国运筹学家 T. L. Saaty 于 1973 年提出的一种层次权重评价决策分析方法。它的特点是可以处理定性与定量相结合的问题，可以将决策者的主观判断与政策经验导入模型，并加以量化处理。这种方法通过分析复杂问题所包含的因素及相关关系，将问题分解为不同的要素，并将这些要素归并为不同层次，从而形成层次结构。

层次结构一般包括目标层、准则层和方案层，目标层一般只有一个要素，是分析问题的预定目标或理想结果；准则层包括为实现目标所涉及的中间环节，它可以由若干层次组成，包括所需要考虑的准则、子准则；方案层是整个层次结构中的最低层，表示为实现目

标可供选择的各种措施、决策方案等等。

**（二）层次分析法的基本步骤**

1. 建立层次结构模型

根据解决问题的需要，把复杂问题进行条理化和层次化，构造一个层次结构模型，按照属性的不同把构成要素或组成部分分成若干组，每一组构成一个层次，层次之间的要素互不相交。同一层次的元素作为准则对下一层的全部或部分要素起着支配作用，同时它又受到上一层元素的支配。

2. 构造判断矩阵

在所建立的递阶层次结构模型中，除总目标层外，每一层都由多个元素组成，而同一层各个元素对上一层的某一元素的影响是不同的。这就要求判断同一层次的元素对上一级某一元素的影响程度，并将其定量化。构造两两判断矩阵就是判断与量化上述元素间影响程度大小的一种方法。假设 $c$ 层元素中 $c_s$ 与下一层中的 $u_1, u_2, \cdots, u_n$ 元素有联系，两两比较 $u$ 层所有元素对上层 $c_s$ 元素的影响程度，将比较的结果以数字的形式写入矩阵表中构成判断矩阵，如表 6-1 所示，比较标度值，如表 6-2 所示。记 $\boldsymbol{U} = (u_{ij})_{n\times n}$，则 $\boldsymbol{U}$ 为因素 $u_1, u_2, \cdots, u_n$ 相对于上层 $c_s$ 元素的判断矩阵。

**表 6-1 判断矩阵 $\boldsymbol{U}$**

| $c_s$ | $u_1$ | $u_2$ | … | $u_n$ |
|---|---|---|---|---|
| $u_1$ | $u_{11}$ | $u_{12}$ | … | $u_{1n}$ |
| $u_2$ | $u_{21}$ | $u_{22}$ | … | $u_{2n}$ |
| ⋮ | ⋮ | ⋮ |  | ⋮ |
| $u_n$ | $u_{n1}$ | $u_{n2}$ | … | $u_{nn}$ |

**表 6-2 要素比较标度及其描述**

| 标度值 | 含义 |
|---|---|
| 1 | 表示因素 $u_i$ 与 $u_j$ 比较，具有同等的重要性 |
| 3 | 表示因素 $u_i$ 与 $u_j$ 比较，$u_i$ 比 $u_j$ 稍微重要 |
| 5 | 表示因素 $u_i$ 与 $u_j$ 比较，$u_i$ 比 $u_j$ 明显重要 |
| 7 | 表示因素 $u_i$ 与 $u_j$ 比较，$u_i$ 比 $u_j$ 强烈重要 |
| 9 | 表示因素 $u_i$ 与 $u_j$ 比较，$u_i$ 比 $u_j$ 极端重要 |
| 2，4，6，8 | 表示上述相邻判断的中间值 |
| 倒表 | 表示因素 $u_i$ 与 $u_j$ 比较得判断 $u_{ij}$，则 $u_j$ 与 $u_i$ 比较得判断 $u_{ji} = 1/u_{ij}$ |

在进行两两比较判断时，把要素的重要性程度赋予 1 ~ 9 数值，是将思维判断数量化的一种好方法，并可以由专家和决策者共同决定。人们在区分两种事物之间差异时，总是用相同、较强、强、很强、非常强这类语言来表示，因而用 1 ~ 9 的数值可以表述同时比较某种属性差异。其中，标度值 $u_{ij}$ 表示对 $c_s$ 而言，方案 $u_i$ 比 $u_j$ 相对重要的程度，即按“1 ~ 9 标度”对重要程度的赋值。

3. 层次单排序及其一致性检验

根据构造的判断矩阵，计算判断矩阵的特征向量 $w_i$ 和最大特征根 $\lambda_{max}$，这里采用和积法。

第一步，按列将 $\boldsymbol{U}$ 规范化，规范化公式见式(6-1)。

$$\overline{u_{ij}} = \frac{u_{ij}}{\sum_{k=1}^{n} u_{kj}} \tag{6-1}$$

第二步，每一列经规范化的判断矩阵按行相加，见式(6-2)。

$$\overline{\boldsymbol{W}_i} = \sum_{j=1}^{n} \overline{u_{ij}} \tag{6-2}$$

第三步，对$\overline{\boldsymbol{W}_i}$作正规化处理，见式(6-3)。

$$\omega_i = \frac{\overline{\boldsymbol{W}_i}}{\sum_{i=1}^{n} \overline{\boldsymbol{W}_i}} \tag{6-3}$$

依次所得到的 $\boldsymbol{A} = (\omega_1, \omega_2, \cdots, \omega_n)^{\mathrm{T}}$ 即为所求特征向量。

第四步，利用公式(6-4)计算判断矩阵的最大特征根 $\lambda_{max}$。

$$\lambda_{max} = \sum_{i=1}^{n} \frac{\sum_{j=1}^{n} u_{ij}\omega_j}{n\omega_i} \tag{6-4}$$

第五步，一致性检验。

由于客观事物的复杂性或对事物认识的片面性，通过所构造的判断矩阵求出的特征向量(权值)是否合理，需要对判断矩阵进行一致性和随机性检验，检验公式为：

$$CR = CI/RI \tag{6-5}$$

式中，$CR$ 为判断矩阵的随机一致性比率；$RI$ 为判断矩阵的平均随机一致性指标，其指标值如表 6-3 所示；$CI$ 为判断矩阵一致性指标，由式(6-6)计算得出。

$$CI = \frac{\lambda_{max} - n}{n - 1} \tag{6-6}$$

式中，$n$ 为判断矩阵阶数。

当 $CR < 0.1$ 时，即认为判断矩阵具有满意的一致性，说明权数分配是合理的；否则，就需要调整判断矩阵，直到取得满意的一致性为止。

**表 6-3 层次分析法的平均随机一致性指标值**

| $n$ | 1 | 2 | 3 | 4 | 5 | 6 | 7 | 8 | 9 | 10 | 11 |
|---|---|---|---|---|---|---|---|---|---|---|---|
| $RI$ | 0.00 | 0.00 | 0.58 | 0.90 | 1.12 | 1.24 | 1.32 | 1.41 | 1.45 | 1.49 | 1.51 |

4. 各层次对于系统的总排序权重

各层次要素的组合权重是层次分析法的最终目的。通过组合权重找到层次结构中的方案层的每一个要素(方案)对目标层的相对重要性，即权重。为了达到此目的，需要在层次单一准则下各要素相对权重的基础上，计算针对上一层次而言本层次所有要素重要性的权值，这样依次下去，最终得到每一个层次所有要素相对于总目标的相对权重。

按照上述步骤计算出每一个方案对目标层的组合权重后，方案的优劣顺序即可按照组合权重大小排列，其中组合权重最大的方案即为满意方案。

## 第二节 承运商监控

当企业运输业务外包后，工作中心就转移到与承运商关系的相处，其中承运商监控是一项非常重要的工作。对承运商监控主要通过设计 KPI 实现，并制定检查承运商绩效的周期。一般情况下，KPI 设计的指标越合理，检查承运商绩效的周期越短，越有利于企业及时了解物流方面存在的问题，尽快提出改进措施。

### 一、承运商监控的重要性

企业运输业务外包作为一个提高物资流通速度、节省物流费用和减少在途资金积压的有效手段，确实能够在很大程度上给企业带来收益。然而，承运商在帮助企业将货物送达给客户，与客户进行货物交接的过程却代表着企业的服务形象。在这个过程中，如果货物出现差错、灭损、递送不及时等问题，则可能降低用户满意度，企业将面临失去市场的危险。因此，对承运商进行监控是企业物流外包管理中非常重要内容。

1. 提高物流运作水平

目前，我国制造业物流外包企业只占 20% 左右，而且外包业务局限在传统的储运业务上。在这些实施物流业务外包的企业中，有超过 30% 的客户对承运商不满意，主要原因有承运商客户服务水平低，造成客户投诉率高，影响了企业形象；承运商货物运输信息反馈滞后，缺乏应急措施；承运商在运输过程中，由于先进运输技术的缺乏，导致企业不能对运输中的货物和车辆进行有效跟踪和监控；承运商缺乏持续改进能力，运输成本难于降低等等。

2. 促进企业发展

对承运商进行监控的另一个重要原因是，如果企业运输过于依赖承运商，而又无法控制或影响他们，从长期来看，对运输物流活动的失控可能阻碍核心业务与运输物流活动之间的联系，必然会导致这样的一种局面：企业发展受运输的制约，企业无法平衡生产、销售与运输物流之间的相互关系，库存增加，销售不及时，企业可能由“以销定产”转化为“以运定产”。因此，企业如果选择了运输业务外包的低成本战略，就必须对承运商进行监控。

### 二、承运商监控的内容

对承运商监控可从两方面入手，一是对承运商日常管理工作进行监控，二是对承运商运输过程进行监控。对日常管理工作的监控，可通过明确承运商服务要求，制定对承运商服务质量的考核标准来实现；对运输过程的监控，可通过对 Internet、EDI、GPS、GIS 等现代信息技术的应用，对承运商的运输路线、车辆型号、货物运送状况等进行监控。目前，许多企业挑选承运商的首要条件就是承运商必须有管理信息系统，有些企业还要求承运商车辆必须配备 GPS 装备。

1. 日常管理工作的监控

在运输业务决定外包给承运商后，对其提供的运输服务内容和质量必须明确，能够量化的一定要量化，如订单完成率要达到的百分比，货物的灭失率控制的范围等，这样就不会导致供需双方理解出现偏差。而且，一旦承运商没有完成服务要求，企业可以采取一定的手段对其进行惩罚。

企业与承运商要定期进行沟通，共同处理发生的问题(如客户投诉、运送时间延误等)，探讨解决问题的方案，一般来说1周到1个月为一个基本的沟通周期。此外，企业要参与承运商的业务流程设计，与承运商一起制定科学的高效的业务流程，为企业检验承运商作业是否符合要求提供标准和依据。

企业与承运商进行合作后，除按照合同上的约定进行考核外，需要不断地对完成的活动进行考核，也称之为对承运商的动态管理。考核通过一系列指标(如订单与交货的一致性、交货的及时率、货物的灭失率、客户投诉次数、驾驶员培训时间等)完成，考核的目的能够促使承运商不断改进绩效，降低运输成本，有利于双方持续、稳定的合作和共同发展。

2. 运输过程的监控

任何企业都希望在任何时间都能知道企业货物在哪里，因此许多企业要求承运商的信息管理系统与企业物流部门进行对接，及时反馈运输过程信息。此外，许多企业要求承运商的货物运输排程事先通知，以便及时了解货物的在途情况。

除了对承运商日常管理工作和运输过程进行监控外，企业还要注意对承运商依赖程度的控制。建议企业根据运输规模，同时选择多家承运商进行运输业务，避免只选择一家承运商和选择只承担本企业运输业务的承运商。

3. 承运商监控的实施

对承运商监控，一个有发展前途并为众多企业所接受的手段就是建立可视的物流管理信息系统，使企业物流供应链处于透明状态。所谓物流管理的可视就是企业在货物承载工具上安装全球定位系统GPS接收机，通过GPS获取承运汽车或船舶等运载工具的经纬定位信息，再通过地理信息系统GIS实现经纬信息到地理信息的映射，使企业能够根据GIS的电子地图，对运输过程进行可视化调度、管理与监控。

企业实际运作可视化物流管理信息系统时，一般来说，由于承运商规模比较小，其系统主要由供应链上的核心企业建立物流信息管理平台，平台上设有承运商管理信息系统，供应链上所有参与者(如供应商、批发商、客户、承运商等)，都能通过信息平台进行交流和沟通，实现对承运商的监控和管理。

## 三、运输物流绩效评价

企业选定承运商后，如何确保承运商始终能与企业发展目标一致，对企业发展有所推动，企业需要定期对承运商绩效进行考评。在实际操作中，承运商绩效考评需要利用一系列指标进行。这些指标不仅是对承运商行为的约束，而且也是企业检验运输物流是否合理的评价指标。

1. 建立关键绩效指标体系

通过建立关键绩效指标体系，可以帮助企业更好地对承运商进行监控。不同企业用不同的物流绩效指标考核承运商，一般来说从内部和外部两个方面考核。内部绩效评价主要包括考核承运商运输服务质量、运输效率、财务指标等，如准时提货率、及时正点率、货损货差率等；外部绩效考核通常从客户反馈信息来评价，包括客户投诉率、客户满意度等。

2. 绩效评价周期

不同企业对承运商的要求也不一样，许多企业要求承运商每天报报表。报表要包括货单号、提货时间、发货时间、在途时间、长途运输中不同地点的报告，如果发生事故，事故分析原因也要出现在报表中。考核时间一般以 1 个月为一个周期，如果企业认为运输物流对企业运作非常重要，也可 1 周或半个月进行考核。实践证明，对承运商考核时间周期越短，指标设计得越合理，越有利于企业尽早发现运输中存在的问题，及时采取应对措施。

## 第三节　运输服务质量及评价指标

企业运输服务的目的就是最大限度地满足客户货物运输的需要，只有满足客户的需要，才能获得自身发展和效益。同时，运输企业是服务性的生产经营型企业，也应该根据 ISO 9000 质量体系的有关要求，充分结合运输行业的特点，准确把握运输企业的服务特点，抓住主要过程的关键质量活动进行管理。企业运输服务质量管理过程中，要确定自己的服务质量要求及评价指标，作为实现服务和评价服务的依据。

### 一、运输服务质量

1. 概念

运输服务质量是指运输物流企业的营运工作在满足货主的运输需要方面所达到的程度。任何货主都会根据自己的生产、销售情况，对运输工作进行要求，而且对于不同的生产方式和不同的销售市场情况来说，运输需求也是不一样的。作为提供运输服务的物流企业应尽可能予以满足，为货主提供周到的服务，否则物流企业可能会失去客户。但是限于物流企业的物质条件和经营水平，对用户需要所给予满足的程度往往是有限的。此外，高服务水平意味着高服务成本，企业需要权衡两者的相互关系。

2. 内涵

对于第三方物流企业来说，运输服务质量既包括为客户提供服务的质量，又包括企业本身运营的质量，如驾驶员素质、培训和发展、企业管理水平等。由于第三方物流企业的服务性质很强，企业既应按照客户的实际需要来组织营运生产，满足客户的运输需要；同时又应积极改善自身的服务条件，提高车辆利用效率，降低运输成本，增加盈利。

因此，运输服务质量是用以评价企业运输经营效果的重要指标。在某种意义上可以说，运输服务质量的好坏，是企业赖以存在和健康发展的前提。

### 二、运输服务质量评价指标

评价任何一个物流企业的服务质量基本上可通过安全性、及时性、方便性、准确性、经济性和信息化六大指标来评价。

1. 安全性

安全性主要是指物流运输过程中的人身安全和货物安全，即从起运地点至运达目的地，货物要保持完好无损，数量无差错，质量无变异，人（驾驶员、行人等）和车辆要保证完好。现在越来越多的企业把安全性作为运输服务质量评价的首要指标，同时也是企业选择承运商的关键指标。其评价指标包括事故发生频率及事故的严重程度两个方面。

事故频率 $R_g$，指统计期内货运质量事故次数与企业所完成的货物周转量之比，又称运输质量事故频率，其计算公式见式(6-7)。

$$R_g = Z_g / p \tag{6-7}$$

式中，$Z_g$ 为统计期内发生的货运质量事故次数（次）；$p$ 为统计期内完成的货物周转量（$10^6$t·km）。

关于事故的严重程度，一般计算经济损失大小，可采用“事故损失率”，即货运损失率 $R_s$ 为评价指标。

货运损失率 $R_s$，指统计期内因企业责任事故造成的直接货物损失金额与营运收入总额或车辆总行程之比。即：

$$R_s = \frac{C_l}{C_i} \times 100\% \tag{6-8}$$

式中，$C_l$ 为统计期内企业责任事故的直接损失金额（元）；$C_i$ 为统计期内营运收入总额（元）。

2. 及时性

及时性主要是指按用户要求及时派车起运，并以尽可能快的运送速度或按经济合同规定迅速将货物运达目的地，这是衡量企业运输服务质量的重要指标。目前，国外著名物流公司在运输时间方面都有承诺，而国内有些物流公司没有运送时间保证，运输服务质量有待提高。

3. 方便性

方便性主要是指货物能够实现“门到门”运输，而且客户办理托运手续简便、迅速和层次少等，可用“简便受托率”为评价指标。

简便受托率 $R_t$，指统计期内简便受托（包括电话、登门、信函受理及不同运输方式联运业务的代办受理等）业务件数与业务受理总件数之比。即：

$$R_t = \frac{I_t}{\sum I} \times 100\% \tag{6-9}$$

式中，$I_t$ 为统计期内简便受托业务件数（件）；$\sum I$ 为统计期内业务受理总件数（件）。

4. 准确性

准确性是指企业办理托运手续、安排车辆及货物交接准确，要求在办理托运手续时，对货运起迄地点、运达期限、计费里程、装卸方法及客户特殊要求等均需填写清楚，计算准确；并派出合适车辆及携带必须的随车工具以保证货运质量。同时，货物从接受、装车、起运、卸货至交付，各环节间都严格按规定的手续准确进行。通常采用“差错率”

为评价指标。

差错率 $R_m$，指统计期内受理业务的差错件数与总件数之比。即：

$$R_m = \frac{I_m}{\sum I} \times 100\% \tag{6-10}$$

式中，$I_m$ 为统计期内受理业务的差错件数(件)；$\sum I$ 为统计期内受理业务的总件数(件)。

5. 经济性

经济性主要是指以尽可能少的劳动耗费来完成货物的运输服务。对货运来说，除应根据运输服务的商品特征与公共性质合理制定运价外，还应以经济的运输方案为客户服务，如合理选择车辆、运输路线及装卸工作方案等，使完成同样运送任务所需运输费用最少。经济性是衡量物流运输质量的重要标准之一，高成本的运输将带来物流企业竞争力的下降。物流企业可通过计算企业自营运输成本来评价经济性。

6. 信息化

信息化是现代物流的基础，是近年来随着企业物流业务外包趋势的增加，对物流企业服务质量的更高要求。企业依靠物流信息系统的支撑，不仅可以减低库存，提高效率，还可以实现全程监控、可视化管理，因此，信息化也是一些企业选择承运商的基本条件。目前我国中小物流企业的信息化程度很低，导致企业物流效率和社会物流效率都很低，影响了我国现代物流的发展。

## 思考题

1. “选择了承运商，就意味着选择了运输商提供的相应的运输服务”，如何理解这句话的含义？

2. 企业选择承运商的方法有哪些？各自的优缺点是什么？

3. 企业选择一个承运商或选择只经营你一家企业的承运商好不好？为什么？

4. 利用层次分析法对承运商进行选择。

要求：①画出层次结构图(包括目标层、准则层和方案层)；②构造两两判断矩阵；③计算单层次权重和一致性检验；④计算组合权重，并将承运商按照权重大小排序；⑤承运商选择决策。

决策资料：

(1) 评价指标体系

A：运输服务商的企业形象：依据对客户满意度的研究，特别是对于运输服务行业，企业的形象对服务的客户满意度有着极大关联，企业形象可以分为以下几个子指标：

A.1 企业的品牌效应：客户都希望能与有上好品牌效应的企业合作，这不仅关系到客户自身的品牌效应，也是出于信心的保障。业内排名，公众中的知名度都可作为其子指标。

A.2 企业的公众形象：这项指标主要是出于客户希望能与公众形象好的企业合作，以避免自身企业形象遭到破坏。环保表现，员工服装的统一度都可作为其子指标。

A.3 企业的亲和程度：这项指标主要评价企业的易接触性和沟通性，在客户寻找相关服务时，企业是否能被容易地接触到并形成良好沟通。

B：运输服务商的运行质量：这可被视作运输这项服务产品的核心质量，出于运输活动的特殊性，其中的大多指标均可量化测评。主要的子指标有：

B.1 准确率：这个指标表明运输服务正确的程度，包含时间上准确和数量上正确两方面的内容，其所涵盖的子指标相当丰富，例如运输服务中的发货及时率和交付及时率，订单处理正确率等。

B.2 货损率：一定时期内运输活动中货物的损害数与这一时期的运输服务总量的比例。具体而言，运输残缺率等都可作为其子指标。

C：运输服务商的服务水平：这一指标反映了在基本的运行质量上，企业对客户额外需求的关注，这类指标的重要性也愈来愈被看重。

C.1 透明性：这主要表现了客户对运输服务的了解和控制需求。其下的子指标有：运输流程的透明性，物流信息共享性(货物查询的便易度和正确度)，物流问题的及时通知性。

C.2 反应性：反应性是企业为顾客的要求提供快捷、有效响应的意愿程度。反应性包括企业对需求的反应和对问题的反应。客户投诉处理及时率、客户投诉处理得当率都可作为其子指标。

C.3 沟通性：沟通性主要是指企业在服务全过程中对客户的沟通情况，包括服务人员的友好态度和需求理解，沟通的渠道和频率等。

C.4 柔性：柔性充分体现了目前变化莫测的市场需要，其对于客户企业自身的顾客满意和运行成本有着很大的关联，例如运输服务中的小批量运单完成率就可作为一个子指标。

D：运输服务商的成本评价：这是客户企业考虑的另一重大因素，对价格的满意与否取决于客户对价格的心理预期和所获服务的对比。主要包含以下几个方面：

D.1 运作成本：运作成本表征物流活动的日常成本，例如运输服务中的单位公里运费等。

D.2 系统成本：系统成本是指在运输服务商提供一体化物流服务时，其对整个物流系统的成本改进。

D.3 结算方式：这包括客户企业在运输服务的结算难易程度，以及结算方式合理性的指标等。

（2）承运商的测评指标打分

评定者通过对各个运输服务商的测评，按照评价指标要求打分，打分结果如表6-4所示。

表 6-4 承运商的测评得分

| 测评指标 | 得分(1~10) | | | 测评指标 | 得分(1~10) | | |
|---|---|---|---|---|---|---|---|
| | A | B | C | | A | B | C |
| 透明性 | 7 | 7 | 8 | 运作成本 | 8 | 8 | 8 |
| 沟通性 | 8 | 8 | 7 | 结算方式 | 9 | 8 | 8 |
| 反应性 | 6 | 7 | 9 | 系统成本 | 8 | 9 | 9 |
| 柔性 | 7 | 8 | 8 | 品牌效应 | 7 | 7 | 6 |
| 准确率 | 7 | 7 | 7 | 公众形象 | 8 | 8 | 7 |
| 货损率 | 8 | 8 | 8 | 亲和程度 | 7 | 7 | 7 |

## 阅读资料

### 第三方物流企业应注重服务水平的提升

北京利康搬家公司长期负责宜家在北京全部的送货和组装等业务。2005 年年初，由于利康搬家公司出现了工人罢工，使公司的送货业务处于瘫痪，之后招聘的新员工在业务上不熟悉情况，致使宜家的订单货品不仅不能及时送货，还出现丢失现象，一时间使宜家的经营受到了不小的影响。为此，宜家紧急调整了配送策略，暂时取消送货上门的承诺，并由两家搬家公司负责安排当日需要用车的顾客。

利康搬家是国内成立最早、规模最大的一家专业搬家公司。较早地进入这一行业，使利康比很多第三方物流企业积累了更多的经验，然而在该公司业务范围不断扩大的同时，仍然没有解决好物流服务的关键问题。从这个案例中，笔者总结出几个具有代表性的问题。

1. “反应度”不够及时

长期的计划经济体制管理，使我国的很多企业至今仍存在工作效率不高的问题，尽管在这一案例中并未看到利康搬家公司内部工作效率偏低的直接表现，但该公司对此次事故的处理表明，利康的危机处理机制仍不够完善，没有及时解决问题，致使公司满足客户要求的能力受到影响，使客户蒙受了损失。此外，这也容易让人联想到该公司的工作效率是否也存在问题，能否达到“及时反应”的服务目标。

2. “专业度”有待提高

利康搬家公司虽然已具备了家具组装、专业配送的能力，但此次事故恰恰是由于新员工业务不熟导致。可见，在物流服务方面，利康对于人员的管理和培训显现出不足。如果利康有一套完善的员工招聘和培训制度，至少可以为客户降低这次事故的损失。此外，由于是过年前夕，根据常识就可以预见宜家的销量会大幅增加，因而对于送货上门服务的需求也会大大增加，所以就应该加派人手，完成在此期间的送货和组装工作。

即使利康没有合理预计到需求的增加，通过与宜家的密切沟通也应该可以获得类似的信息，从而及时安排和调整人员配置。然而此次事故的发生，让人不得不对这家国内经营较早的第三方物流企业的“专业度”产生怀疑。在竞争激烈的物流市场，发生这样的事故不能不让人惋惜，这显然对利康的市场造成了威胁。

3. 缺少切实“关注客户”的服务理念

所谓“关注客户”与PZB模型中的“同理度”有意义相通之处，即企业应给予每一位客户适当的关注度，特别是要关心客户的特殊要求。对于一些重要的客户，为满足其要求则有必要调整惯有的工作方式和内容。

宜家把在北京的送货、组装等业务全部外包给利康搬家公司，显然，它已成为利康的重要客户。事实上，利康在加强其他信息化系统建设的同时，也运用CRM(客户关系管理系统)来进一步完善对客户关系的管理，而此次事故显然暴露出该企业与客户沟通不足、不及时的问题，从而削弱了信息化的管理效果。

目前，业界都习惯把“信息化”建设作为一个指标，来评价一家第三方物流企业的管理水平。根据这个标准，利康搬家公司无疑是个佼佼者。然而有关“关注客户”和“关注信息化”的讨论中，后者虽然对企业的业绩有一定影响，但仍要通过前者发挥作用。也就是说，前者是直接作用，后者是间接作用，后者的目的也是在实现前者的基础上发挥效能。

当国内的“信息化”建设被炒得如火如荼之时，我们的第三方物流企业似乎有迷信“信息化”之感，而忽略了“关注客户”的服务本质。可见，提升我国第三方物流企业的服务水平的关键还在于首先要明确服务的本质，切实推行“关注客户”的服务理念。

（摘自：赵博，“从‘利康搬家’看第三方物流企业如何提升服务水平”，《中外物流》，2006年4月）

## 案　　例

### 中远上海通用汽车有限公司运输全过程管理方案

#### 一、背景介绍

上海通用汽车有限公司(SGM)成立于1997年6月12日，是中美两国迄今为止最大的合资企业，项目总投资15.2亿美元。上海通用汽车位于上海市浦东金桥出口加工区，占地面积55万平方米。目前已经形成赛欧紧凑型轿车、别克君威轿车、别克GL8商务公务旅行车、别克凯越轿车四大系列16种品种的产品矩阵，生产线上基本上做到了零库存。

SGM能够在一条流水线上同时生产不同型号、颜色的车辆，每小时可生产27辆汽车。在如此强大的生产力支持下，SGM的生产用料供应采用标准的JIT(Just in Time)运作模式，并实行零库存管理，即所有CKD的库存存在于运输途中，不占用大型仓库，而仅在生产线旁设立再配送中心(RDC)，SGM 的最低安全库存仅能保证 11 小时的零件供应，这就要求采购、包装、海运、进口报关、检疫、陆路运输、拉动计划等一系列操作之间的衔接必须十分密切，不能由丝毫差错。

通用汽车的运输业务采用外包方式，外包要求做到生产零部件直送工位，准点供应。中国远洋运输集团公司在经过了竞标后，承担起 SGM 的汽车零配件(CKD)的运输任务。1998 年 7 月，中远集运和 SGM 汽车签订“门到门”运输协议，其中由上海中货负责 SGM 汽车零件从上海港九区至 SGM 的再配送中心(RDC)的“一关三检”，码头提箱和内陆运输任务。

SGM 的市场计划周期为一周，而运输周期为四个月，市场计划无法指导 CKD 的运输安排，为了确保生产的连续性，SGM 只能扩大其 CKD 储备量，造成大量到港的集装箱积压。

由于在计划采购等前面环节发生偏差从而产生瓶颈效应，使得海运、进口报送、内陆运输等后勤部门工作难度大增，进口报关方面经常发生紧急报关情况；集装箱积压，RDC 库存能力不够，而传统的集装箱内陆运输已无法适应 SGM 小批量、高频率的零件拉动。这些情况给 SGM 的物流系统造成了极大的压力：

1. 库存能力的压力

RDC 的库存能力仅为 2500 箱，约合 150 个集装箱，无法承受源源而来的集装箱(每月 400TEU)，从 1999 年 5 月起 SGM 不得不占用上海中货的集装箱堆场。

2. 拆箱能力的压力

在短短数月内，RDC 的库存已达饱和状态，新的零件拉动只能采用掏箱方式，即在公司车队送达的集装箱中掏取部分木箱，其余木箱仍留内返回堆场。这种应急方法很快又暴露了新的问题：对于大量到达的集装箱，RDC 没有足够的拆箱能力。

3. 信息管理的压力

基于以上混乱状况，SGM 的信息管理也面临了极大的压力。

凡是到 RDC 掏过箱的集装箱均视为已进入信息系统，虽然该集装箱内剩余木箱堆存上海中货堆场内。由于掏箱次数的增多，信息系统无法确认集装箱的实际状态(是否到 RDC 掏过箱)，造成系统管理混乱。系统管理员不能控制零件数量，以完成生产计划。

4. 物流成本的压力

掏箱方式虽然暂时缓解了 RDC 库存压力，但是反复掏箱直接导致了运输成本的大幅增加，部分集装箱掏箱竟达 8 次，按最低运输成本计 8000 元。整体物流成本的增加，将影响到整个产品成本的上升，这正是生产企业所不能容忍的。

## 二、项目实施内容和益处

作为 SGM 的陆运代理人，上海中货公司项目组着手进行一系列前期准备工作，包括可行性论证、场库勘察、成本核算等，主动了解客户的需求，协调各个环节的联系。经过反复斟酌，决定在内陆集装箱运输的基础上提供增值物流服务，实施上海通用 CKD 木箱物流配送项目(以下简称通用物流项目)，以全方位的项目战略攻克各个方面的症结。通用物流项目主要包括：

1. 三级式库存管理

按照集装箱、木箱、零件三个层次进行库存管理。这三级库存是互相贯穿兼容、不可分割的整体，所有CKD在未到达SGM的再配送中心前，先交由上海中货管理，通过三级库存管理可以从各个方面控制堆件的状态，包括库存量、库存时间等，保证零件拉动先进先出，并提供零件采购计划的依据。

2. 条块式配送

根据SGM生产用料进度，分时段(最小间隔1小时)进行线性配送，从而最大限度降低RDC库存压力；同时，按照不同生产车型(目前为W-CAR和W-WAGON)进行块状配送。避免RDC分拣动作，提高料件输送效率。通过精确的条块式配送，使生产线与配送线保持和谐的结合。

3. 开放式物流信息管理系统

建立基于因特网的CKD信息管理系统，SGM通过访问上海中货的专业网站www.cosfresh.com直接获取相关信息，包括船期查询、提单查询、集装箱/木箱跟踪、零件盘点、订单处理、制定运输计划等。

## 三、项目实施成果

SGM物流项目实施以后，通过不懈的努力，基本达到了预期的目的：

1. 从根本上解决SGM的物流管理与成本压力

RDC的库存维持在平衡状态并且逐日递减，每天按零件拉动计划收取所需木箱，多余的木箱仍留在上海中货仓库中。RDC可以在低负荷水平安全运行，保证SGM的生产；原先分散在数以百计集装箱内的木箱，可以拼装在几十个集装箱中，进行配送，RDC相对具有充裕的时间和空间来拆箱；拆箱以后，上海中货掌握了集装箱内的木箱信息，从而能够帮助SGM进行信息管理，提供准确的零件状态、数量信息，使SGM生产部门有可靠的信息来源；最重要的一点就是不会再发生重复配送，产生多余的运输费用，从整体上降低了物流成本，单箱成本节约达2284元，成本下降34%。

2. 彻底解决中远集运CKD运输项目中长期困扰的压箱与箱管成本难题

中远集运在SGM项目上的难题之一就是大量集装箱积压问题，正如中集在其他口岸的大型汽车项目，如武汉神龙、一汽大众、广州本田等所面临的困境，一些企业不约而同采用以箱代库的模式，超期占用中集的集装箱，占用最多时曾达近千个箱子。另一方面，中远集运为了向大客户提供优惠服务，不得不减免这些长期占用的集装箱滞箱费，由此每年损失巨大，造成极大的经营成本压力。开展了木箱配送，可以在短期内最大限度地腾空集装箱，将其投入到新一轮的运作中。

## 四、项目运作特点

从集装箱内陆运输到CKD仓储配送，SGM项目发生了质的变化。由于最小装载单位从集装箱缩小至木箱，仅信息处理量就增加了几十倍。这不仅需在运输、仓储等环节上重新设计更为复杂的物流方案，而且需建立起专门的信息管理系统，以满足CKD木箱配送复杂物流操作对信息处理的需要。下面从物流流程再造、资源整合和信息处理三方面来讨论通用物流项目的运作特点：

**（一）物流流程再造，对整个物流流程进行了重新设计**

1. 集装箱货车运力方案设计

根据SGM每天发至上海中货的货物运送信息单(Goods Shipping Notice,GSN)上的木箱需求量，测算出次日所需的集装箱空箱数。再根据不同送货时间，合理安排发货车辆和时间。

2. 装拆箱方案设计

根据仓库情况及铲车工配置，同时进行拆、装箱作业。为提高装拆箱效率，根据仓库情况及铲车工配置，SGM项目组特设计CASERUN作业法，可同时进行装拆箱作业。

3. 木箱仓储方案设计

CKD木箱在仓库中的堆存原则是对于指定的任一木箱，铲车可直接到达它所在的库位，进行操作。每一库位垂直堆垛三个木箱，只发生上下翻箱，而库位号保持不变。

4. 信息处理方案设计

建立通用CKD信息管理系统，即时订单处理、零件查询等。随时处于连续工作状态，保持信息的完整与连续性。

**（二）资源整合**

SGM项目的另一成功之处在于中货公司探索到了一条有效途径：资源整合，既充分利用原有资源，又适当进行外采购(Outsourcing)。

SGM物流项目推出之前所面临的问题是：集装箱堆场严重积压，RDC库存达到饱和，拆箱能力明显不足，卸货铲车短缺，运输效率低下，信息管理混乱。不难发现，整个体系中CKD木箱的总数是惟一的，造成上述现象的原因是其在堆场、RDC和仓库之间的分配失当，资源配合失调。由于RDC库容相对过小，无法一次性接纳所有木箱，只能对集装箱进行掏箱处理，将生产所需木箱接收到RDC，剩余木箱仍装入集装箱运回中货的堆场，而直接导致堆场场地紧张。以上种种问题归根结底是物流体系紊乱，内部资源配置失衡。

上海中货公司发现了症结，决定对各个环节的资源进行整合。上海中货公司着重进行信息系统的开发，利用本身专业技术和物流管理经验，完善IT资源。对于其他资源的整合，上海中货公司大胆采用外采购，引进外部资源，利用其专业化优势，节约总体成本。应用成本分析法可知，租用中货附近的大型室内仓库，无论是反应时间、资金占用、操作管理，还是风险控制、投资回收周期，都是最合理的资源利用。

通过一整套合理的物流项目操作管理，SGM项目各方面经济技术指标显著提高。从达到的最终效果看，投入这两个资源的成本远远小于增加其他资源的成本。经过整合后的资源分布情况是：仓库发挥了“蓄水池”的功能，缓解了堆场、RDC的压力；信息技术应用在物流操作的每个环节，物流过程得到有效控制。

SGM项目CKD信息管理系统是为满足SGM对CKD零件高层次的配送要求而量身定做的。整个木箱配送信息流程为：来自SGM的送货信息通过电子方式传递至信息中心后，经过信息处理系统信息处理，系统发出送货指令给分包商，分包商送货；送货完毕后，信息再反馈至中心。信息是否畅通关系到 CKD 配送的成功与否。

SGM 物流项目的成功运作，使中远物流服务的广度和深度有了实质性的推进，增强了主业竞争力，综合物流服务水平得到不断提升。

（摘自：杨家其主编，《现代物流与运输》，人民交通出版社）

# 第三篇

## 运输决策


第七章　运输决策基础

第八章　干线运输的组织及决策

第九章　城市配送运输的组织及决策

# 第七章

# 运输决策基础

## 第一节　运输决策概述

运输决策总体来说，可分为宏观运输决策和微观运输决策。宏观运输决策主要指国家各级政府运输规章的制定，包括运输市场管理、运输收费、运价制定、运输资质确认和服务规范等；微观运输决策主要指企业运输决策，包括工商企业运输业务自营或外包决策、承运人选择决策、第三方物流企业为了更好地满足客户需要而进行的运输规划和管理决策等。本书主要研究微观运输决策，即企业运输决策。

### 一、运输决策对企业生产经营的意义和作用

随着企业生产方式的改变，电子商务的发展，传统的大批量单一品种的运输，转化为小批量、多品种、高频率的运输模式，运输成本明显升高。因此，企业如何在目前的运输模式下，进行合理的运输决策，不仅有助于企业降低物流成本，而且有助于企业未来的发展。运输决策的意义和作用有以下几点：

1. 运输决策影响企业库存量

企业基本生产经营过程是供产销过程，在这个过程中没有运输的衔接，企业就无法实现原材料的采购，产品的加工和产成品的销售。然而，

在运输过程中，选择不同的运输方式，运输时间不同，一次运输的货物总量不同，对企业库存量的影响也不同。

铁路、水路运输方式由于其运输时间长、运输成本低和规模经济效益显著，适用于大批量、少批次的货物运输，但由于批量大、批次少，必然形成企业库存量大，使货物存储成本高。相对来说，公路运输时间短、一次运量小，可以多批次地运输，使企业库存量降低。因此，企业库存量在一定程度上受运输方式决策的影响。

2. 运输决策影响企业产品的销售

现代企业产品的销售越来越呈现出销售地与生产地的异地、分拨距离长和销售面广等特点，企业为了尽快将产品运往销售地，占领销售市场，提高产品的使用价值，就必须进行合理的运输决策。

选择合理的运输方式，一方面会使运输时间得到节约，缩短产品的交货期，从而使企业占领市场的机会大大增加；另一方面，合理的运输方式，会带来运输成本的降低，使产品在销售过程中有一定的成本下降空间，能够促进企业销售的有效完成。

3. 运输决策影响企业生产方式

越来越多的工业制造业企业趋向于采用先进的生产方式，目前全球兴起的准时制生产、敏捷制造和精细生产这些生产方式正在被越来越多的企业所接受，如汽车制造业目前广泛采用准时制生产方式。然而，这些新兴的生产方式没有运输支持是无法实现的。

准时制生产方式，即 JIT 生产方式，其基本思想是“只在需要的时候，按需要的量，生产所需的产品”，也就是追求一种无库存或库存达到最小的生产系统。为实现这一目标，要求原材料的运输也必须实行“准时制”，即运输要实现“将必要的材料，以必要的数量，在必要的时间，送到必要的地点”，这意味着运输处于一种品种多、批量小、频率高的状态。

敏捷制造生产方式和精细生产方式同准时制生产方式一样，均要求运输要做到品种多、批量小、频率高，根据企业生产进度准时配货，显然这些新兴生产方式导致高运输成本。因此，企业必须作出合理的运输决策，既能保证先进生产方式的实施，又能有效地降低运输成本。

## 二、运输决策对物流企业的意义和作用

物流企业在为生产企业提供运输服务过程中，越来越受到企业运输要求的制约。一般来说，低成本、快速、高可靠性、灵活、方便这些服务性能指标是企业对运输的核心要求，如图 7-1 所示。然而，这些性能指标有些是效益悖反的，如高服务质量必然会带来运输成本的增加，因此，物流企业如何在满足客户要求条件下尽可能降低运输成本，运输决策起到关键的作用。

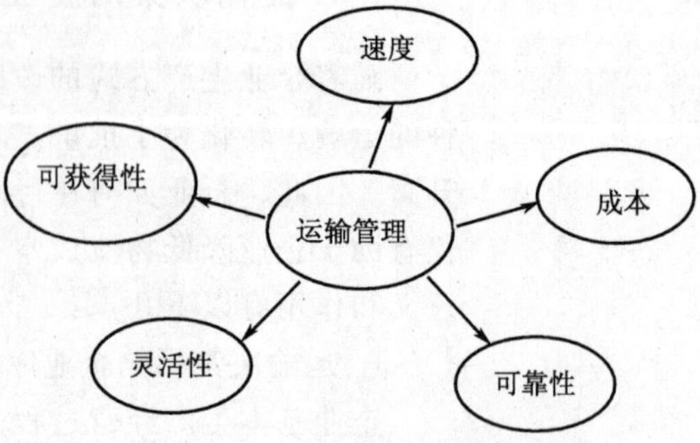


图 7-1　运输核心服务性能指标

1. 运输决策影响物流系统合理化

企业物流系统主要由运输、库存、仓储、装卸、搬运和包装等业务组成，货物在运输过程中，采用不同运输方式对这些业务的要求也不同，如采用铁路、水路和航空运输这些需要卡车运输配合的方式，货物需要多次装卸和搬运，而且对包装的要求很高，否则货物在多次的搬运中会损坏。公路运输则方便、灵活，可以做到门到门运输，相对来说，装卸和搬运成本低。因此，企业构建物流系统时，要综合考虑运输方式选择对库存、包装、装卸和搬运等业务的影响，平衡业务之间的相互关系，实现合理化物流。

2. 运输决策影响企业物流成本的降低

运输作为物流系统效率化的一个重要环节，追求的是运输时间缩短和运输成本降低。由于企业先进生产方式的采用，对运输的要求越来越高，如 JIT 生产方式要求 JIT 运输。在这种情况下，物流企业在提供运输服务过程中发生的费用越来越高。物流企业采用不同的运输方式、不同的运输网络、不同的运输技术和不同的运输批量，会形成运输成本方面较大的差异，运输决策对企业物流成本的降低起到关键作用。

3. 运输决策影响企业对市场的快速反应

企业在运输组织方面，如何对市场需求的变化进行快速反应，这与企业是否拥有运输资源决策有关。企业拥有自己的运输资源，能够对运输计划进行控制，能够根据市场需求情况的波动，调整运输计划，但是企业内部自行运输的高成本是企业必须面对的现实问题。一般情况下，企业拥有自己的运输资源是考虑服务的可靠性、订货提前期较短、意外事件反应能力强和改善与客户的合作关系等。企业选择运输业务外包时，为了快速反应市场的需求，与承运商的关系是很重要的，但是这也不能保证企业能够控制承运商的运输资源。

## 三、企业运输决策参与者

运输给各国经济发展带来的巨大效益显而易见，然而运输业的激烈竞争和由运输引发的交通安全问题、环境污染问题和不可再生能源的消耗问题已是各国政府制定运输决策必须考虑的问题。企业作为一个开放系统，必然受到其外部环境的制约，企业运输决策必须遵守政府制定的运输规章。在这个大前提下，从企业供应链角度看，企业运输决策要充分考虑客户（收货人）和承运人的要求，并考虑企业本身生产运营的需求，只有这样，企业才能作出合理的运输决策。因此，企业运输决策的参与者包括企业（托运人）、客户（收货人）和承运人，图 7-2 表明了企业运输决策参与者之间的相互关系。

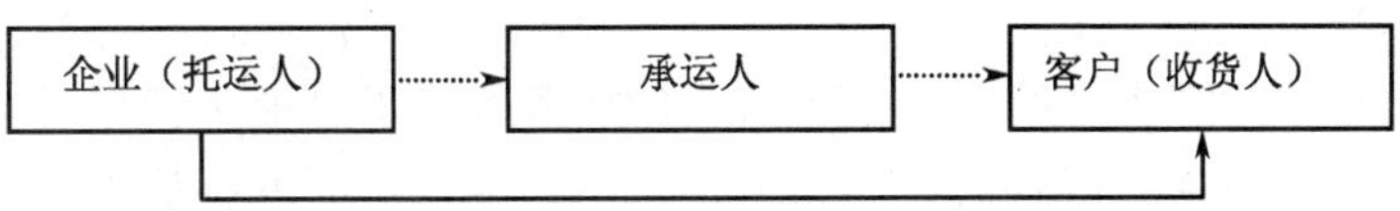


图 7-2 企业运输决策参与者

1. 企业

企业考虑在满足客户要求的条件下，以最低的成本将货物从起始地运到目的地。在这一过程中，运输服务可以由企业自己来完成，也可以外包给承运人来完成，因此企业运输服务自营还是外包是企业首先要进行的运输决策。此外，企业仍旧关心承运人采取的运输方式，并对承运人提出具体要求，如提取货物和交付货物的时间、预计运输时间、零灭失损失、准确及时地交换装运信息和签发单证等。

2. 客户

这里指收货人，企业的客户，包括供应链中的制造商、中间商、零售商和末端消费者。无论是企业自营运输，还是由第三方物流运输，客户都希望承运人能以优质的运输服务和较低的运输成本完成送货要求。客户往往会根据自己的生产计划或销售计划，规定承运人货物送达的地点、时间、种类、批量等，这些信息是承运人进行运输决策的依据。

3. 承运人

承运人既可是企业自有的承运人，也可是第三方物流提供者或公共运输承运人。作为承运人，期望以最低的成本完成所需的运输任务，同时获得最大的运输收入。这种观念表明，承运人想要按托运人(或收货人)愿意支付的最高费率收取运费，并使运输货物所需的劳动、燃料和运输工具的成本最低。为了这一目的，承运人期望在提取和交付的时间上具有灵活性，以便能够使个别零星装运整合成经济运输批量。

运输决策就是要处理好企业、客户与承运人之间的相互关系，选择最有利于三方发展的运输方案。

## 四、运输决策影响因素

任何企业的运输决策，如制造企业、商业连锁企业、第三方物流企业等，在制定运输决策时，必须考虑两方面权衡：一是运输成本与库存成本的权衡，二是运输成本和用户服务水平的权衡。目前，越来越多的制造企业采用先进的生产方式，如 JIT 生产方式等。采用这些先进的生产方式可有效地降低库存成本，但却导致运输成本的上升，相应的运输费率和运输频率都会增加，承运人的运输压力增大。反之，如果企业为了降低运输成本而增加订货批量，就会增加库存成本，承运人为了降低运输成本采取集中运输等方式，会在一定程度上降低运输服务水平。因此企业运输决策就是在运输、库存和服务水平之间寻求恰当的平衡。服务水平、成本是影响企业运输决策的主要因素。

1. 服务水平

高服务水平必然引起高服务费用，企业要在权衡好运输成本和用户服务水平之间的相互关系后，才能答应用户的进一步要求。由于用户要求的运输服务水平要在合同中体现，因此决策时要慎重考虑。

2. 成本

生产企业关心的是当提供给客户一个合适的服务水平下，能否使用运输实现全部成本最小。全部成本是影响企业运输决策的因素，包括运输成本、库存成本、设施成本、过程成本和服务水平成本等。为此，为了实现全部成本最小化，企业要权衡自营还是外包运输、运输网络设计等决策问题。

承运人制定运输决策关心的是选择什么样的运输系统和随后采用的运营决策能否带来成本的降低。这些成本包括与运输工具相关的成本(如租赁或自购)、固定运营成本、与运距相关的成本、与质量相关的成本和管理费用等。为了有效地降低成本，承运人要考虑干线运输和城市配送运输的组织及决策等问题。

## 第二节　运输决策的内容及方法

运输决策对不同的企业有不同的决策内容。对生产企业和商业连锁企业的运输决策，首先是解决运输业务是否外包问题，其次是运输商选择决策问题，最后是与承运人设计具体的运输方案；对承运人来说，其运输决策主要是具体的运输方案制定。

### 一、运输决策的内容

在本章讲述的内容中，主要指具体的运输方案设计中涉及到的运输决策，基本上可归纳为两大类，一类是干线运输的组织及决策，另一类是城市配送运输的组织及决策。

1. 干线运输的组织及决策

干线运输通常指较长距离的输送，一般是异地之间的货物运输，可采用铁路、公路、水路、航空、管道和多式联运等运输方式。在干线运输组织与决策中，涉及到许多内容，如企业运输网络设计决策、运输方式选择决策、多式联运决策、最短路线选择决策和最佳运输量确定决策等。这些决策的正确制定将极大地降低企业供应链成本，提高市场竞争能力。

2. 城市配送运输的组织及决策

配送运输通常指在市内或某一地区内采用的多品种、小批量、多频率的运送，运输方式基本上采用卡车运输。在配送过程中，涉及到配送网络设计、配送线路优化和运输车辆选择等决策问题。

### 二、运输决策方法

#### （一）干线运输

根据运输决策的内容不同，所选择的决策方法也不同。在干线运输的组织及决策中，常用方法如下：

1. 运输方式选择方法

企业运输决策要综合考虑铁路、公路、航空、水路和管道这五种基本运输方式的服务性能指标。由于这些运输方式在运载工具、线路设备和运营方式等方面各不相同，具有不同的技术经济特征，在服务水平和运输成本方面差异性很大，因此企业运输方式选择时往往采用对运输方式的服务性能指标综合分析比较方法，如运输方式选择的综合评价法。有时，企业为了简单起见，只根据收益的增加或成本的降低来选择运输方式。

2. 最短路线选择方法

最短路线选择是指货物起运地与目的地不同，而且有若干条运输路线可以选择，决策目标是寻找起点到终点之间连线的最短路，以使运输成本最低。常用方法包括最短路径法、动态规划法（顺序解法和逆序解法）、穷举法和 Dijkstra 标号法等。

3. 最佳运输量确定方法

这类决策是指在给定的多个货物起运点和多个货物目的地、每一个起点到每一个终点的运输费用、每一个起点的供应量和每一个终点的需求量情况下，确定满足需求的最小运输总成本的最佳运输量。常用方法包括线性规划法和表上作业法。

（二）城市配送运输

在城市配送运输的组织及决策中，常用的方法如下：

1. TSP 行程安排决策

TSP( Traveling Salesman Problem, TSP) 决策问题是：给出一个起点仓库和一组 $n$ 个客户的集合，寻找一条在起点仓库开始和结束的路线。这条路线经过每一个消费者，并且最短路。在 TSP 决策中，没有装载能力限制、没有时间窗口、没有司机约束规则，而且一辆车满足所有客户需求。常用方法包括精确算法、启发式算法、智能算法和图解法。

精确算法主要是运用运筹学中的分枝定界法、割平面法、网络流算法和动态规划算法；启发式算法主要包括最近的邻居法、最近的插入法和节约法等；智能算法主要包括遗传算法和神经网络算法等；图解法是在启发式算法基础上，基于地图或 GIS 的一种特殊的启发式算法。

2. VRP 运输路线选择及行程安排决策

VRP( Vehicle Routing Problem, VRP ) 决策考虑车辆的装载能力( 如重量、体积、平面空间)、车辆使用时间要求和用户时间窗口等约束条件，是更接近于实际运作情况下的决策。其采用的方法与 TSP 决策方法相同，只是在启发式算法中还包括扫描法。

现在比较成熟的启发式算法很多，其区别主要在于求解过程的收敛程度不同。一般来讲，可以把启发式算法分为以下四类：

（1）构造算法：根据一些规则，每一次将不在线路上的点依次增加到线路中去，直到所有的点都被安排进线路为止( 如最近的邻居法、最近的插入法)。该方法最早提出用来解决旅行商问题，求解速度比较快，也很灵活，但有时距离最优解相差很远。

（2）两阶段算法：对构造算法进行改进，提出了两阶段算法。第一阶段得到一个可行解，第二阶段则对解进行调整，使其趋于最优解或满意解。

（3）不完全优化算法：精确算法中的决策原则，在规模很大的问题中，导致计算量的指数增长。在不完全优化算法中，用启发式准则代替，可以有效缩小解的搜索空间。

（4）改进算法：从一个初始解开始，通过对当前的解进行反复的局部扰动，以求得问题的满意解。

## 第三节　运输决策效果评价

评价一个运输决策是否合理，关键要看对企业生产经营产生的效果。对生产企业来说，一个低成本的运输决策，由于对生产和销售的连续性无法保证，也不能算是好的运输决策。因此，评价运输决策效果要综合考虑，最好用一系列指标来评价。下面分别从生产企业和物流企业的运输决策效果进行评价指标设计。

### 一、生产企业运输决策效果评价指标

生产企业运输决策是在一个客户满意的服务水平下，通过使用运输实现全部成本最小

化的决策。企业在实现成本最小化的过程中，可以自营运输，也可以外包运输。但是无论是自营，还是外包，企业关心的最重要的两条就是服务水平和运输成本。因此，可以通过考察企业服务水平提高程度和运输成本降低幅度来评价企业运输决策的效果。

1. 服务水平

服务水平可用许多指标来表示，如运输可靠性、安全性、货物灭失率等，这些指标的变化情况，可表明运输决策的效果。

运输一致性是反映运输物流可靠性和服务质量的重要标志，是衡量运输服务不确定性的指标。企业运输中，如果缺乏一致性保证，将会在许多方面对生产经营产生影响。这些影响包括：①生产作业连续性无法保证。②销售风险增大。③无法实现货物在各种运输方式间的准时衔接。④收货人的安全存货要增加，库存成本相应增加。

运输一致性可用运送时间的变化情况来表示，见公式(7-1)。运送时间通常指货物从起点运到终点所耗费的平均时间，包括路上运输时间、车站或码头等待时间、转运时间和搬运时间等。

$$\gamma_t = \frac{T_l - T_s}{\overline{T}} \tag{7-1}$$

式中，$\gamma_t$ 表示在一个周期内运送时间变化率；$T_l$ 表示在一个周期内的最长运送时间；$T_s$ 表示在一个周期内最短的运送时间；$\overline{T}$ 表示在一个周期内的平均运送时间。

不同的运输决策，如选择不同的运输方式，运输一致性是不一样的。研究指出，航空运输一致性最差，卡车运输一致性最好。

除了运输一致性指标外，每次运输的完好率指标也是评价运输决策好坏的重要指标。

2. 运输费用

运输费用包括固定费用和变动费用。能够形成经济规模的运输决策，都能够带来运输成本的降低。在评价中可应用公式(7-2)表示的运输费用降低率来计算：

$$\gamma_c = \frac{C_h - C_q}{C_q} \tag{7-2}$$

式中，$\gamma_c$ 表示运输费用降低率；$C_h$ 表示决策实施后的运输成本；$C_q$ 表示决策实施前的运输成本。

企业在追求低成本运输时，运输服务水平必须首先进行考虑。只有服务水平达到一定要求条件下的低成本运输决策，才是可行的决策。

## 二、物流企业运输决策评价指标

物流企业的运输决策评价主要关心的是企业运输资源的利用效率，无论企业是自有运输设备还是外租运输设备，运输设备的利用效率、运输设施的使用情况，都是企业评价运输决策是否合理的重要依据。

1. 运输设备的利用

运输设备主要指用于货物运输的工具，如汽车、火车、船、飞机等，最大可能地利用这些运输设备非常重要，设备利用率高意味着移动物品费用低或设备处理货物时间短。企业可通过对运输设备在时间、速度、行程、载重量及动力等方面的利用情况，建立如工作率、总车时利用率、运送速度、里程利用率、载重量利用率等评价指标，对运输决策进行评价。

2. 运输设施的使用

运输设施主要指运输设备停靠和使用的设施，包括运输结点和运输线路。企业在选择使用这些设施时，主要评价指标包括线路里程和方便性、公路拥挤度、铁路请车满足率、港口泊位数、港口机械化作业率和机场拥挤度等。考察运输设施的使用情况能够衡量货物到达和离开设施之间的时间，有利于企业比较准确地计算运送时间。

## 思考题

1. 企业决策的参与者有哪几方？各自扮演的角色是什么？
2. 决策质量的评价因素有哪些？如何制定一个比较合理的运输决策？
3. 进行企业运输方式决策时，如何考虑高服务质量与低运输成本之间的权衡？
4. 进行企业运输方式决策时，如何考虑与包装、装卸等物流业务的协调？

## 阅读资料

### 物流管理中的运输决策

现代运输作为物流系统效率化的一环，追求的是运输时间的缩短和运输成本的降低。企业追求运输效率化必将对运输方式的选择产生较大的影响。物流运输能创造物资的空间效用，提高物的使用价值。

#### 一、运输网络的设计

运输是现代物流中的最重要部分，运输费用是构成供应链和物流体系的重要成本，一个成功的物流配送体系必然离不开一个高效率低运输成本和高反应能力的运输网络。运输网络设计决策是一个战略性的决策，它由最高的战略决策层的决策者作出，决策和管理者必须了解并且不断地评估整个供应链的货物流，并且将其输入到网络设计系统中。

决策是要设计一个运输网络，这里需要考虑网络连接和节点的结构，物流活动中的一系列问题，如如何经济合理地组织送货，如何保证配送系统高效和低成本的运作，如何更好地使运输战略与企业的竞争战略一致，等等。可以说，现代物流企业合理的优化运输网络和企业供应链的成功有着很大的关系，在现代物流企业中的地位日益重要。

设计这个决策首先要考虑物流的一些基本特性，如产品的体积、生产周期、季节性、物理特性以及特殊的处理需要等。由于大量的厂商和客户分布地点很不集中，使货物直接从厂商直接输送到客户的成本很高，并且带来迂回运输和相向运输现象，使交通线路过于拥挤，严重降低运输效率，许多厂商就在交通枢纽处设立配送中心，实行集中配送(见图 7-3)。这样就可以节省成本和时间，及时向顾客交货和提高竞争力。运输网络设计决策还需要考虑其他的操作领域的成本，例如库存和配送中心的成本。

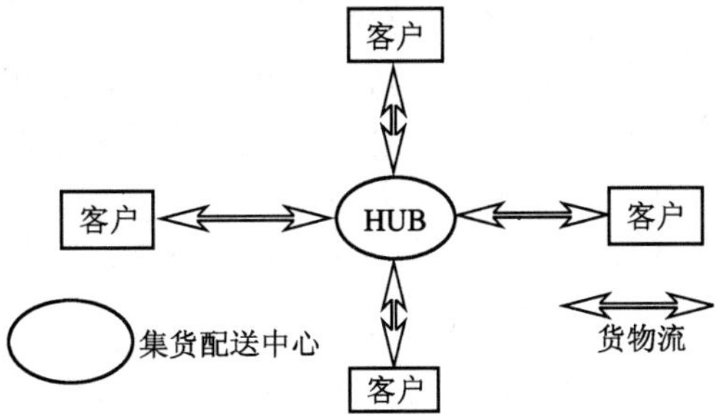


图 7-3 集货配送网络框架

## 二、运输业态的选择

### (一) 组织运输及其路线决策

当运量大、客户响应程度比较重要时，运输对企业发展战略的成功影响非常大，企业应拥有自己的运输车队。企业内部的自行运输体现了组织的总体采购战略，便于控制。但是实施低成本、高效率的自行运输需要企业内部各部门之间广泛的合作和沟通。通常企业有自己车队的原因是：服务的可靠性，订货提前期较短，意外事件反应能力强，与客户的合作关系等。

运输路线决策作为第二层的决策，依赖于每天具体的货物流动，决策者掌握和管理各种实时信息，在设施位置已知的前提下，最佳的安排车辆出发时间，确定车辆在各个客户间的行程路线，使得运输路线最短或运输成本最低。路线的决策主要取决于信息技术，依靠对信息的获得来对物流进行整合。

首先是双向的整合，利用信息技术及时获得所运输货物目的地的货运信息，确保车辆不是空载返回。其次是站点的整合(Consolidation)，承运人将不同工作的同一活动同地处理，从而使该组活动完成所需成本的节约。由于货物的分布比较分散，承运商可以建立几个临时用来整合货物的站点，将不同地方的货物先运送到临时的站点，然后进行整合，整合成一整车来运送货物，采取这种方式后获得的收益要高于整合货物时库存货物的费用。第三种整合的方法是车辆整合法(Integration)，承运人将同一工作的连续两个或几个活动同时处理，从而使该组活动完成成本节约。具体做法是将不同的货物装到一辆货车中以达到车辆满载，以这种方式来整合运输。第四种整合方式是车辆整合与站点整合进行组合，取得组合效果。承运人将同一工作中的不同活动，或者不同工作的不同或相同活动进行处理，依靠公司在某一时间段内的特殊运力配置使运输成本减少，从而使物流运输可以获得成本的节约。

当前利用信息技术整合物流过程是路线决策的最大特点，决策者利用信息技术来确定运输路线是当前物流管理的一种趋势。运输计划信息系统中主要有物料需求计划(MRP)、配送需求计划(DRP)，对于整合的供应链来说，通常运用企业物料计划(ERP)可以帮助决策者获得做出路线决策所需要的信息。运输网络设计完成后，可以利用计算机技术与定量分析相结合的 C-W 算法来优化运输路径，同时可以运用 0-1 规划、线性规划、专家系统等来进行运输路线的优化。

在物流运输规划的 GIS 环境中可以应用多 Agent 系统(Multi-Agents Systems,MAS)进行物流路径动态规划的策略；也可以应用智能运输系统(ITS)，通过信息技术、车辆定位技术、车辆识别技术、通信与网络等技术来规划物流路径，使得运输所需的时间、路线最少，成本最低。

**（二）委托运输**

自组织运输可以充分利用公司内部的设备资源，有效的保持与客户间的良好联系，但过于分散的投资会使公司无法有效的致力于核心竞争力领域，服务水平难以达到客户要求；而委托运输则减轻了企业的压力，可以使企业集中精力于新产品的开发和产品的生产。但另一方面委托运输需要处理与企业内部的承运商之间的关系，增加了交易成本，也增加了对运输控制的难度。此外，关于委托运输还是自行运输的决策不仅是运输决策，更是财务决策。因而关于自行运输和委托运输的选择，不同的制造商需要根据各自的实际情况做出适合自己的决策。

1. 委托运输的形式

委托运输的形式包括交由承运人、外包给第三方物流，以及外包给第四方物流。近些年，越来越多的企业为了降低其作业成本，致力于核心业务的发展，纷纷把企业的所有或部分物流功能外包物流公司，利用物流公司技术的灵活性减少企业在某些领域的投资，进而重新整合其供应链，专注于核心竞争力，提高服务水平。第三方物流是社会化、专业化的，是与自营物流相对应的一种物流形式，是物流发展的一个主要方向，是解决我国物流问题的一个重要途径。对非物流企业而言，物流能力往往是辅助能力；对物流企业而言，其核心能力必定与物流有关。这样物流企业与非物流企业相比，在物流方面有了比较优势。为形成更大的合力，聚合彼此的核心能力，应采用第三方物流，构成集成供应链，增加整个供应链供给消费者物价值，减少整个供应链的成本，增强整个供应链的竞争能力。

第四方物流是建立在电子信息技术和第三方物流基础上的一种物流形式，它由独立于现有物流系统各个环节的、与原物流系统无直接利益关系的“第四方”提供，并将自身的资源、能力和技术与来自补充服务提供者的资源、能力和技术整合起来。第四方物流以整合供应链为己任，向企业提供完整的物流解决方案。与第三方物流能提供低成本的专业服务相比，第四方物流能控制和管理整个物流过程，并对整个过程提出策划方案，再通过电子商务把这个过程集成起来，以实现快速度、高质量、低成本的物流服务。第四方物流可以为第三方物流提供者提供广泛的服务，包括技术、供应链战略技巧、进入市场的能力、项目管理专家等。第四方物流在第三方物流的组织内部工作，它和第三方物流之间的关系由合同绑定或者以联盟的形式构建。第四方物流的工作方式与第三方物流不同，第四方物流服务的提供者运用自身的特长，为用户提供物流系统的规划决策。与第三方物流最显著的不同是，企业可以将物流的规划功能外包给第四方物流，而进一步将能力集中于其核心业务。

2. 车辆选择

车辆选择的传统方法是分三步，对于给定的货运，以生产、营销、服务以及成本为标准进行决策，首先是选择合适的方式，然后是承运人的类型，最后是个体承运人。现在则是直接整合策略，信息技术及能够存储和调用大量数据的技术为决策者提供了一种新的方法，在车辆选择决策中可以调度和应用不同的技术和整合方式。直接整合策略直接将时间、市场与产品的特性、运输成本约束等各方面直接进行整合。每次运输必须按照顾客的期望为标准进行评价，如到达的日期和时间或者特殊的处理需要等，同时也要考虑成本的限制。不管采取哪种方式都能满足顾客需求和成本约束标准的运输商，会成为管理者的首选。

3. 运输方式及承运人选择

运输对于客户服务水平、送货时间、服务的连续性、库存、包装、能源消耗等都有重要影响，此外，资源限制、竞争压力、客户需求都要求企业做出最有效的运输方式和承运人选择。运输方式及承运人选择可分为以下四步：

(1) 问题识别。要考虑的因素有客户要求、现有模式的不足以及企业的分销模式的改变，通常最重要的是与服务相关的一些因素。

(2) 承运人分析。分析中要考虑的信息有过去的经验、企业的运输记录、客户意见等。

(3) 选择决策。选择过程中要做的工作是在可行的运输方式和承运人中作出决策。

(4) 选择后评价。企业作出选择之后，还必须制定评估机制来评价运输方式及承运人的表现。考虑到供应链中开始于供应商到制造商到零售商最终到顾客的这一部分，通常来说可以使用三种不同的外向配送策略，即仓储、直接运输、直接转运。

## 三、装卸水平策略

运输过程中货物发生损坏的记录是选择承运人的重要考虑因素，运输货物的目的是为了补充客户的库存，也有的可能是立即使用。如果发生了货物灭失和损坏，造成运输延迟或运送的货物不能使用，不仅会给客户带来不便，而且还会由于缺货或延期交货而使库存成本上升。因此在选择承运人时，要注意承运人的索赔记录，对承运人的索赔越少，运输服务就越满意。此外，不合理的调度与运输会损坏物品，现在零售商的补货形式都是持续供货补充，一般不会留太多的安全库存，一旦损坏的货物太多，可以出售的货物不足，就会导致脱销或向某些顾客延期交货，可能会失去机会甚至是顾客的信任，有些顾客可能会在未来的交易中转向其他的商家。

（摘自：俞明南、刘申、李阳，“物流管理中的运输决策”，《辽宁师范大学学报（自然科学版）》，2005 年 3 月）

# 第八章

# 干线运输的组织及决策

## 第一节 企业运输网络设计

企业在运输组织过程中，根据运输货物的距离、数量和频率，可分为干线运输和配送运输两大运输组织方式，无论是干线运输还是配送运输，运输网络设计是基础。运输网络设计参考的两个基础网络模型是点对点网络和中心轮辐网络，依据这两个基础模型，结合不同的运输任务和运输方式，即可设计出适合企业运输需要的网络。

### 一、运输网络概述

1. 基本的运输网络

运输网络设计是运输组织与决策的一项基本功能，是干线运输方式选择、最短运输线路设计和最佳运输量确定的基础。运输网络是指由货物生产企业、各种运输方式、仓库、中转站和客户组成的网状结构，以公路或铁路运输为主的网络，如图 8-1 所示。

基本的运输网络结构有两种，一种是点对点(Point to Point)网络，另一种是中心轮辐(Hub-and-Spoke)网络，如图 8-2 所示。点对点网络就是货物从始发地直接运输到目的地，网络由多条线路组成，其中可能会存在某些线路运输量不饱和等问题；根据自行车车轮形状命名的中心轮辐

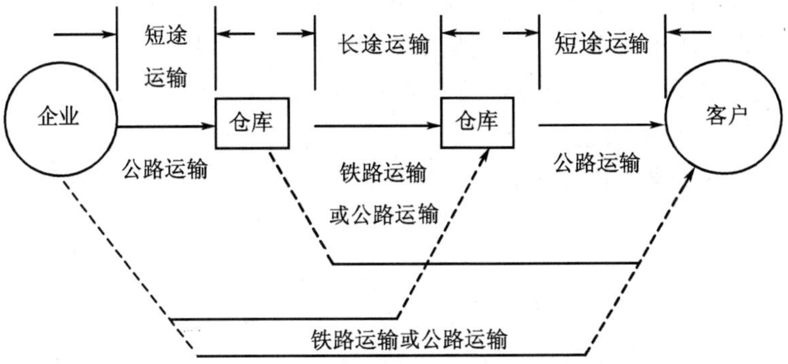


图 8-1 铁路(公路)为主的货物运输网络

网络，将一个特定的区域设为中心，连接货物起讫点的路径看作是轮辐，货物运输需要先经过中心然后才能到达目的地。中心轮辐网络结构是由点对点网络结构转化过来的，具有明显的规模效益。

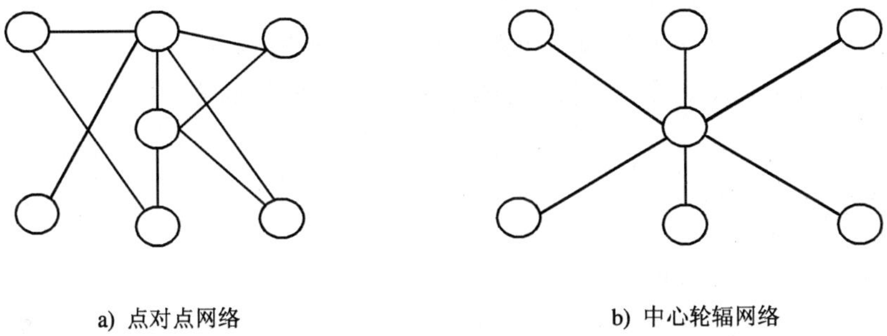


图 8-2 两种基本的运输网络结构

目前，在航空运输、水路运输、多式联运，以及城市配送网络设计中基本上都参考了这两种运输网络模型，而且将两种基本模型集成在一起构成的混合运输网络，正在被越来越多的运输网络设计所应用。

枢纽机场运营模式是现在大航空公司普遍采用的一种中心轮辐网络模式，是指航空公司在一区域设立一个中心机场，该区域的其他机场作为“卫星”机场，“卫星”机场与中心机场通过支线航班连接，干线航班只在两区域之间运行。采用枢纽机场运营模式，有利于形成运输规模效益，降低运输成本。

2. 运输网络设计的意义

一个成功的运输物流体系必然离不开一个高效率、低运输成本和高反应能力的运输网络，运输管理者必须随时了解和及时地评估整个供应链的货物流动情况(如流向和流量等)，并且将其输入到网络设计系统中，设计出一个科学合理的运输网络。运输网络设计是企业重要的运输决策。

运输网络设计要确定货物从始发地到最终客户的运输流程，即确定货物是直接运送到客户，还是先运送到仓库再库发到客户。通常情况下，不同的企业会设计不同的运输网络，同时同一企业也会根据不同的运输任务设计运输网络。如客户是按整车批量订货，还是按零担批量订货，决定着是否需要建立不同的运输网络。一般情况下，大宗购买将直接由工厂送货到客户，小宗订单按服务区域由仓库集中后，再从仓库供货。

运输网络设计在企业运输管理中的意义为：①能够实现干线运输与支线运输有机结合。②有效匹配长途运输与配送服务。③缓解交叉输送，制定合理运输线路。④提高末端物流的经济效益。⑤提高供应保证程度，实现企业库存成本的降低。⑥有利于企业实现规模效益。

3. 网络成本

货物在运输网络中流动，按照其运输流程，可分为两个阶段，即输入运输与输出运输，如图 8-3 所示，相应可能发生的成本包括三个方面，即输入运输成本、输出运输成本和仓库成本。输入运输成本取决于货运量和工厂与仓库的距离，当工厂与仓库的距离拉大时，输入运输成本增加；输出运输成本取决于客户距仓库的距离，距离越长，成本越高；仓库成本包括固定成本、存储成本和搬运成本三部分，其中，固定成本包括房地产税、租金、监管费、折旧费等，存储成本包括公用事业费、库存占用的资金费用、库存货物的保险费等，搬运成本包括存取货物的人工成本、可变的设备搬运成本等。

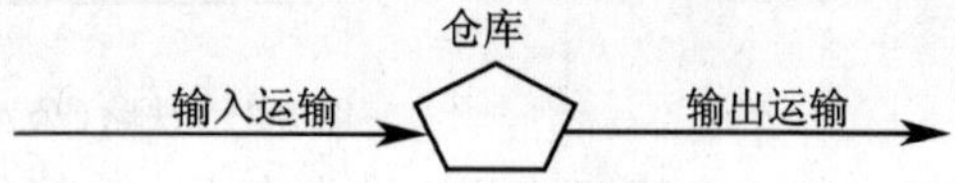

图 8-3 运输流程

## 二、运输网络设计

一个典型的供应链运输网络由两大部分构成，即连接供应商和企业的入库运输网络和连接企业与消费市场的出库运输网络，也称入库运输网络为采购运输网络，出库运输网络为销售运输网络。企业在设计采购运输网络和销售运输网络时，可参考两种基本运输网络的设计，即直接运送网络和经过仓库再库发网络。

1. 直接运送网络

直接运送网络可以是货物由供应商生产地直接运往制造商生产地的运输网络，如图 8-4 所示，也可以是由制造商生产地直接运往中间商或末端消费者处。在直接运送网络中，货物可由一种运输方式(如公路)，也可由两种或两种以上的运输方式连接一起进行运输，运输途中可中转，但不入库。

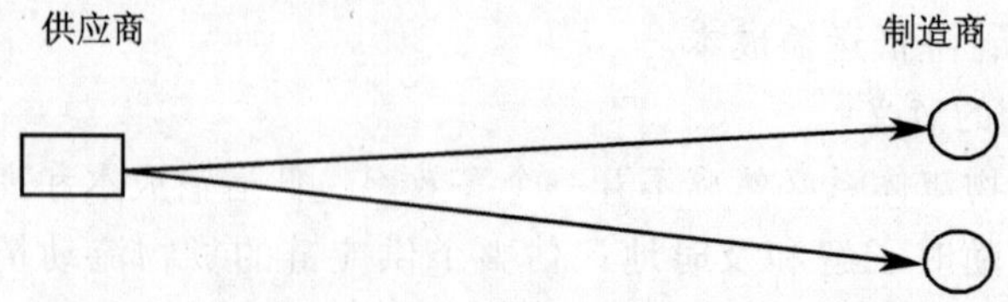

图 8-4 直接运送网络

采用直接运送网络有两点明显的好处：一是节约了经营或租用仓库的费用，二是缩短了交货期。当客户需要整车货物，或者对交货提前期要求很苛刻时，企业考虑采用直接运送网络。但是，如果运输距离比较长，采用直接运送网络可增加销售缺货风险、交货延误风险等。因此，企业在决定是否采取直接运送时，须考虑该货物的特性、所需运送的距离与时间、顾客订货批量、地理位置等。在直接运送过程中，选择哪种运输方式很重要，如铁路运输时间较长，会增加销售缺货风险，采用公路运输快，但运输成本较高。因此，企业在决定采用直接运送网络时，还要权衡运输成本与销售收入之间的关系。

2. 经过仓库再库发网络

为了减少由于长距离运输的不确定性引发的风险增加，在采购运输过程中，企业往往采用在供应商生产地与制造商生产地之间增加一次库存的方法，然后再从仓库发往制造商生产地；同理，在销售运输过程中，由生产企业将货物直接运送到距离前沿销售市场较近的仓库，然后再根据客户的需要进行运输，这就形成一种经过仓库再库发的网络，如图8-5所示。

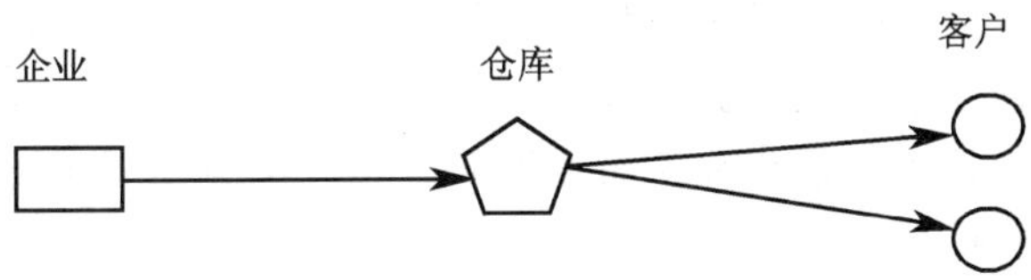


图 8-5　经过仓库再库发网络

与直接运送网络相比，采用经过仓库再库发网络，仓库承担了销售缺货和交货延误等风险，而且在仓库中能够进行货物优化运输，如运输货物种类搭配、运输线路优化等，因此有利于运输成本的降低。企业采用这种网络，需要考虑的是仓库设置的位置、数量，是自建仓库还是租用仓库。自建仓库需要投入很大的一笔资金，如果市场需求不稳定或需求量小，都会增加投资的风险。相对来说，租用仓库风险较小，只是在租赁时要写明租赁的时间、付费标准。但是，租用仓库的一个很重要的问题是企业须与仓库达成协议，以便及时了解库存信息，制定有效控制库存的方案。对运输业务外包的企业不建议自建仓库。

## 第二节　运输线路类型

由于车辆按不同运行路线完成既定运输任务时，运输生产效率和单位运输成本往往不一致，尤其在道路网发达、货运点众多的情况下更是如此。在组织车辆完成货物运送工作时，有多种可供选择的路线。在一定货流条件下，这些路线基本上可分为三大类：往复式行驶路线、环形式行驶路线和汇集式行驶路线。

### 一、往复式行驶路线

往复式行驶路线是指车辆在两个物流点之间往复行驶的路线类型，其里程利用率较低。若考虑进出车场的调空行程在内，其里程利用率小于50%。假若车辆在回程载有货物，但没有达到全程，这就构成了回程部分有载往复式行驶线路，这种形式的车辆里程利用率有所提高，其范围一般为50%~100%。假若车辆在回程中全部有载，就构成了双程有载往复式行驶线路，这种形式的车辆里程利用率最高，其值可接近于100%。

1. 单程有载往复式

这种行驶路线是车辆在运送货物过程中回程空载，在汽车集装箱运输中较为常见，这种行驶路线的里程利用率较低，一般小于0.5。

2. 回程部分有载往复式

若车辆完成单程运输任务后，在回程运输中有回程货物运送，但货物不是运到路线始点，而只运到路线上的某一个中途货运点，未达全程，这就是回程部分有载往复式行驶路线。

3. 双程有载往复式

若车辆在回程运输中载有货物，且货物运到始点，即双程运输均为全程载货运输，这就是双程有载往复式行驶路线。这种线路空驶行程为零，里程利用率达到100%。

4. 辐射式行驶线路

辐射式行驶线路是指货物由某一地点运往不同方向的收货点，或由不同方向发货点运往同一收货点而形成的车辆行驶线路。实际上它是由若干往复式行驶线路组合而成的线路。在城市货运工作中，车站、码头的货物集散，以及煤炭、粮食仓库的煤、粮分运工作，一般都采用辐射式行驶线路。

## 二、环行式行驶路线

环形式行驶线路是指车辆在由若干个装卸作业地点所组成的封闭回路上，作连续单向行驶的线路，它又可以有简单式环形行驶线路、交叉或三角形式环形行驶线路和复合式环形行驶线路三种形式。

1. 简单式环形行驶线路

货物运输方向基本上相向或平行，但两端装卸货场都不在同一点上的循环回路，称为简单式环形线路。

2. 交叉或三角形式环形行驶线路

由相向的两条单程运输线形成一个三角形或交叉组成两个三角形的循环回路，称为交叉或三角形式环形行驶线路。根据几何学中“三角形任意两边之和大于第三边”的原理，采用交叉或三角形式环形行驶线路，可相应地提高车辆里程利用率。

3. 复合式环形行驶线路

兼有简单式环形行驶线路和交叉或三角形式环形行驶线路特征的环形行驶线路，称为复合式环形行驶线路。

组织货车在环形路线上行驶，应使空车流向里程之和小于重车流向里程之和。

## 三、汇集式行驶路线

汇集式行驶线路是指车辆沿运行线路上各货运点依次进行装(卸)货物，并且每运次运量都小于一整车时的车辆行驶线路，它可以有分送式行驶线路、收集式行驶线路和分送—收集式行驶线路三种形式。

1. 分送式行驶线路

车辆沿运行线路上各货运点依次进行卸货，直到卸完所有待卸货物返回出发点的线路，称为分送式行驶线路。

2. 收集式行驶线路

车辆沿运行线路上各货运点依次进行装货，直到装完所有待装货物返回出发点的线路称为收集式行驶线路。

3. 分送—收集式行驶线路

车辆沿运行线路上各货运点分别或同时进行分送及收集货物，直到完成对所有待运货物的装卸作业返回出发点的线路，称为分送—收集式行驶线路。

车辆按汇集式行驶线路进行运输工作时，其完成的运输周转量与车辆沿线路上各货运点的绕行次数有关，若绕行次序不同，即使完成同样运输任务，其周转量也不同，通常以单程或周转为基本运输过程进行组织。

## 第三节　运输方式选择

在货物运输中，经常采用的运输方式包括铁路、公路、水路、航空、管道和多式联运。这些运输方式虽然都能帮助企业完成货物运输，但提供的服务性能有所差异，对企业运输合理化、运输成本降低起着不同的作用。由于企业运输方式选择决策是以供应链为背景进行的，因此企业选择运输方式时还要考虑到市场变化情况，如销售、竞争等因素。

### 一、运输方式选择的影响因素

描述货物特征指标有两类：一类是货物数量指标，如运量和周转量；另一类是货物价值指标，如货值。对于价值低、批量大、频率低的货物，铁路、水运是其主要运输方式；而对于高货值、小批量、频率高的货物，这种类型的运输需求恰恰是公路、民航运输的优势。企业选择运输方式时，考虑的因素很多，基本上可归纳为四方面因素，即运输方式服务性能、货主需求特性、市场变化情况和库存成本等。这四方面包含的因素为以下几项：

1. 运输方式服务性能

主要包括与运输方式有关的服务性能指标，如运输服务费用、运达时间、服务可靠性、运载能力、灵活性和可获得性等。企业按不同性能指标选择的运输方式是不一样的，建议企业决策时，综合考虑这些性能指标。

2. 货主需求特性

一般情况下，货主会根据要运送货物的性质、种类、运距、时间、运输频率和批量等选择运输方式，如按货物种类、批量选择运输方式时，如果是整车或大批量的原材料运输，可考虑铁路、公路和水路运输方式，也可考虑采用多式联运；如果是小批量向客户配送时，在城市范围内，考虑采用公路运输方式，城间运输考虑公路或航空运输方式。

3. 市场变化情况

企业经常会根据市场的销售情况，调节销售计划和运输计划。销售情况好，企业需要有大量商品投放到市场，因此需要运送时间短的运输方式，如卡车运输等。企业运输方式选择时，需要考虑运输成本增加与销售利润提高之间的平衡。

4. 库存成本

运输频率影响货物存储水平，不同运输方式的运输频率不同，对库存成本的影响也不同的。频率高，货主可以保持较低的存储水平；频率低，货主要保持较高的存储水平。决策可通过考虑运输频率这个指标，进行运输方式选择。

## 二、各种运输方式比较

1. 服务要素比较

评价一种运输方式是否适应企业运输需求，需要同时考虑五大服务要素，即速度、可用性、可靠性、运载能力和灵活性。速度是指货物的运送时间；可用性是指在顾客需要时，能够容易获得；可靠性是指服务质量和时间的确定；运载能力是指运输方式具有运输不同种类、形状、规格和重量的能力；灵活性是指能够到达用户指定的任何地点。各种运输方式的服务要素比较如表 8-1 所示。

**表 8-1　各种运输方式的相对服务特征**

| 运输方式<br>服务要素 | 铁　路 | 卡　车 | 水　路 | 航　空 | 管　道 |
|---|---|---|---|---|---|
| 速度 | 3 | 2 | 4 | 1 | 5 |
| 可用性 | 2 | 1 | 3 | 4 | 5 |
| 可靠性 | 3 | 2 | 4 | 5 | 1 |
| 运载能力 | 2 | 3 | 1 | 4 | 5 |
| 灵活性 | 3 | 1 | 4 | 2 | 5 |

注：1 = “最好”，5 = “最坏”。

从表 8-1 中可以看出，五大运输方式各有其优缺点，如航空速度最快，但是运载能力和可靠性却很差，水路的运载能力高，但速度慢。相比之下，铁路运输与公路运输的服务要素居中，而且公路运输的整体服务性能优于铁路运输。

2. 成本比较

不同的运输方式具有不同的固定成本和变动成本，其相对成本的比较如表 8-2 所示。

**表 8-2　各种运输方式的相对成本**

| 成本<br>运输方式 | 固 定 成 本 | 变 动 成 本 | 货物适用范围 |
|---|---|---|---|
| 铁路 | 高 | 低 | 散装食物、矿产品、笨重货物 |
| 公路 | 低 | 中等 | 生活消费品、中等/轻货物 |
| 水路 | 中等 | 低 | 散装食物、矿产品、化工产品 |
| 航空 | 低 | 高 | 高附加值货物、紧急货物 |
| 管道 | 高 | 低 | 气体、液体或浆状产品 |

表 8-2 表示了不同运输方式的相对成本，从中可以看出，铁路与管道的固定成本很高，说明这两种运输方式的固定投资大，建设费用高。从变动成本看，铁路、水路和管道成本低，大宗货物运输采用这些运输方式，能够降低运输成本。但从总体来看，公路和水路运输总成本居中，无论对投资还是选择运输方式，这两种运输方式可以考虑。

## 三、运输方式选择的评价模型

1. 服务性能指标的综合评价模型

任何一种运输方式，在提供的诸多服务性能指标中，有最佳的（如水路运输成本低），也有中等的和很差的（如水路运输时间长），而企业在选择运输方式时，往往选择综合性能指标最优的运输方式。因此，在选择运输方式时，可通过计算每一种运输方式的每一个性能指标相对于最好的性能指标的值，并对性能指标的相对值进行加权平均，最后得出每一种运输方式的综合得分值。按照得分值的大小，企业可对运输方式进行选择。这种方法称为服务性能指标的综合评价法，其所用模型如下：

$$P_c = \max_k \{P_k\} \tag{8-1}$$

$$P_k = \alpha_1 R_{dk} + \alpha_2 C_{dk} + \alpha_3 T_{dk} + \alpha_4 F_{dk} + \cdots \tag{8-2}$$

式中，$P_c$ 表示选择的运输方式；$P_k$ 表示第 $k$ 种运输方式的综合评价值，$k=1,2,3,\cdots,n$；$R_{dk}$表示运输方式 $k$ 的相对服务可靠性，可采用等级评分法，如 1 分表示差，2 分表示中等，3 分表示好；$C_{dk}$表示运输方式 $k$ 的相对运输服务费用，$C_{dk}=\frac{C_{\min}}{C_k}$；$T_{dk}$表示运输方式 $k$ 的相对运达时间，$T_{dk}=\frac{T_{\min}}{T_k}$；$F_{dk}$表示运输方式 $k$ 的相对服务频率，$F_{dk}=\frac{F_k}{F_{\max}}$；$\alpha$ 表示各种服务性能的权重，$\sum_{i=1}^{n}\alpha_i=1$，$n$ 表示服务性能指标的个数。

这个模型主要考虑每一种运输方式的服务性能指标（如服务可靠性、运输费用、运达时间和服务频率等）的综合评价值，通过给定不同的权重值，反映企业对服务性能的要求程度。这个模型简单、实用。

**例题 1** 卡利箱包公司的运输方式选择

卡利箱包公司将东海岸工厂生产的箱包运往西海岸销售点。西海岸销售点每年销售 D = 700000 件箱包，箱包的平均价值 C = 30 美元。公司拟在下列运输方式，即铁路运输、驼背运输、卡车运输和航空运输方式之间进行选择，决策所需资料如表 8-3 所示。

**表 8-3 决策资料**

| 运输服务方式 | 运输费率/(美元/件) | 门到门运送时间/天 | 每年运输批次 |
|---|---|---|---|
| 铁路运输 | 0.10 | 24 | 10 |
| 驼背运输 | 0.15 | 14 | 20 |
| 卡车运输 | 0.20 | 5 | 20 |
| 航空运输 | 1.40 | 2 | 40 |

假设采购成本和运输时间的变化忽略不计，问如何决策？（根据 Ronald H. Ballou “Business Logistics Management—Planning, Organizing, and Controlling the Supply Chain”编写）

**解**：根据已知条件和服务性能指标的综合评价模型，并参照表 8-1 的各种运输方式的相对服务特征，计算的各种运输方式的综合评价值（假设 $\alpha_1=\alpha_2=\alpha_3=\alpha_4=0.25$）如表 8-4 所示。

表 8-4 各运输方式性能指标的综合评价值

| 运输服务方式 | $R_{dk}$ | $C_{dk}$ | $T_{dk}$ | $F_{dk}$ | $P_k$ |
|---|---|---|---|---|---|
| 铁路运输 | 2 | 1 | 0.08 | 0.25 | 0.8325 |
| 驼背运输 | 2.5 | 0.67 | 0.14 | 0.5 | 0.9525 |
| 公路运输 | 3 | 0.50 | 0.4 | 0.5 | 1.1 |
| 航空运输 | 1 | 0.07 | 1 | 1 | 0.7675 |

从表 8-4 中可以看到，虽然采用铁路运输运费最低，但综合评价值却不是最高的；采用航空运输运送时间最短、库存成本最低，但由于运输费用过高，综合评价值最低。公路运输虽然运输费用较高，但从综合指标评价值来看，公路运输是比较理想的运输方式。因此，决策选择卡车运输。

2. 根据预期利润选择运输方式模型

企业在销售过程中，经常会遇到市场需求旺盛时期，这时企业运输方式决策主要考虑的是如何将商品快速从生产地运到销售地，通过销售利润的增加补偿一部分运输费用。在这种情况下，企业可选择运送时间较快的运输方式，选择模型如下：

$$P_c = \max_k \{S_k\} \tag{8-3}$$

$$S_k = (\omega_i - \gamma_{ik}) \times X \tag{8-4}$$

式中，$P_c$ 表示选择的运输方式；$S_k$ 表示第 $k$ 种运输方式的预期利润，$k=1,2,3,\cdots,n$；$\omega_i$ 表示第 $i$ 种货物的单位产品销售利润；$\gamma_{ik}$ 表示第 $i$ 种货物的第 $k$ 种运输方式的运输费率；$X$ 表示一次运输的货运量。

这个模型将销售策略与运输方式选择结合在一起，使企业能够系统地考虑销售、库存和运输三者之间的相互关系。

**例题 2** 供应商的运输方式选择

位于匹兹堡的一家设备制造商需要从两个供应商那里购买 3000 箱塑料配件，每箱配件的价格是 100 美元。目前，从两个供应商采购的数量是一样的。两个供应商都采用铁路运输，平均运送时间也相同。但如果其中一个供应商能将平均交付时间缩短，那么每缩短一天，制造商会将采购订单的 5%（即 150 箱）转给这个供应商。如果不考虑运输成本，供应商每卖出一箱配件可以获得 20% 的利润。供应商 A 正在考虑如果将铁路运输改为航空或公路运输，是否可以获得更多的收益。各种运输方式下每箱配件的运输费率和平均运送时间如表 8-5 所示。

表 8-5 运输费率和平均运送时间

| 运输方式 | 运输费率/(美元/箱) | 运送时间/天 | 运输方式 | 运输费率/(美元/箱) | 运送时间/天 |
|---|---|---|---|---|---|
| 铁路运输 | 2.50 | 7 | 航空运输 | 10.35 | 2 |
| 公路运输 | 6.00 | 4 | | | |

供应商 A 将选择何种运输方式？

（根据 Ronald H. Ballou “Business Logistics Management——Planning, Organizing, and Controlling the Supply Chain”编写）

**解**：根据公式(8-4)计算的供应商A采用不同运输方式的获得的预期利润，如表8-6所示。

**表8-6 供应商A采用不同运输方式获得的预期利润**

| 运输方式 | 销售量/箱 | 毛利/美元 | 运输成本/美元 | 纯利/美元 |
|---|---|---|---|---|
| 铁路运输 | 1500 | 30000.00 | 3750.00 | 26250.00 |
| 公路运输 | 1950 | 39000.00 | 11700.00 | 27300.00 |
| 航空运输 | 2250 | 45000.00 | 23287.50 | 21712.5 |

从表8-6中可以看出，虽然公路运输费率高于铁路运输，但由于其运送时间短，使增加的运输量产生的收益能够弥补运输费率的升高，预期利润超过铁路和航空运输。如果该设备商能够恪守诺言，供应商A应该转而采用公路运输。

在例2中，假设供应商B没有作出反映，仍旧采用铁路运输。实际上，在激烈的市场竞争中，供应商B也会考虑改变运输方式。供应商之间激烈竞争的结果，将导致供应商获取的利润降低。

上述讨论的两种运输方式选择模型，在企业物流实践中得到广泛应用。此外，由于一些企业运送的货物，如冷冻食品、保鲜食品等，对运输过程有特殊要求，因此运输方式的选择首先应该考虑货物的特性，然后再使用上述模型进行选择。

## 第四节 最短路线选择

将货物由起运地运送到目的地，往往有诸多路线可供选择，沿不同路线运送货物，其运费往往不同，因此选择运费最低的路线运送是运输规划中经常需要解决的问题。单一的出发地和目的地的车辆路线计划可以看作为网络规划问题，可以用运筹学中的最短路问题解法进行求解。

### 一、最短路线选择问题

1. 问题定义

最短路线问题一般描述为：在一个网络中(如图8-6所示)，给定一个始点$O_i$和一个终点$D_j$，求$O_i$到$D_j$的一条路，使路长最短。在网络中，任何一个节点都可以作为网络的始发点或终到点，即$i,j=1,2,\cdots,n$，$n$为网络中节点的数量。

2. 运输中的最短路线问题

一般的运输网络是由节点、弧线或路段组成。节点表示仓库(配送中心)、消费者的地理位置，弧线或路段表示运输路段，每一弧线上的数字代表成本、距离、或运行时间。运输最短路线就是指在运输网络中，货物由始发地到目的地运送运费最低的路线。

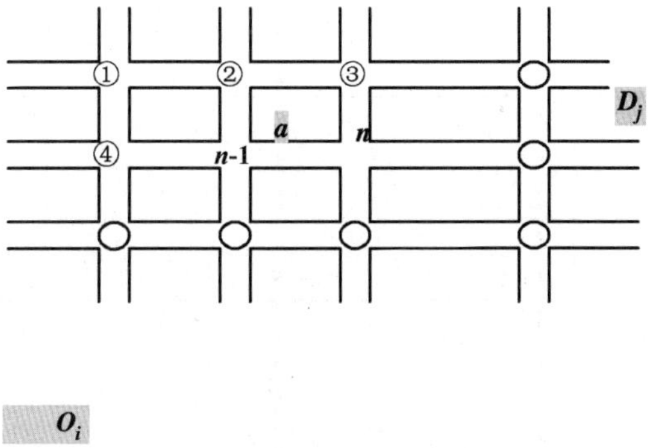


图8-6 最短路线问题的一般描述

在货物种类和批量确定情况下，运费主要由运输距离和运输时间决定。在运输网络中，由于运输时间往往受许多因素的影响，如交通量的变化，因此通过运输时间确定最短路线是动态运输决策问题。而由于道路网络建成后，其每一条路径的长度都是确定的，因此通过运输距离确定最短路线是静态运输决策。在运输网络中，如果交通量变化不大，可以通过路段长度或每一路段的平均运送时间进行最短路设计。

## 二、最短路线选择方法

1. 标签法

所谓标签法是在一个具体的网络中，对网络节点标上“已解点”或“未解点”，然后从已解点出发寻找与已解点最近的未解点进行求解，直到所有节点都标上“已解点”为止。“已解点”表示从起点到已知点的最短距离。具体步骤如下：

（1）起点是一个已解点，所有的其他点都是未解点。

（2）对每一个已解点，寻找一个最近的未解点，并计算最小的全部距离（起点到已解点的距离 + 已解点到最近的未解点的距离）。

（3）使具有最小全部距离的未解点成为一个已解点。

（4）重复步骤(2)和(3)，直到终点是一个已解点。

（5）画出最短路径的经始线。

2. 应用举例

**例题**　用标签法求解图 8-7 中从节点 1 到节点 6 的最短路线。

**解**：图 8-7 的求解过程如表 8-7 所示，求解结果如图 8-8 所示。

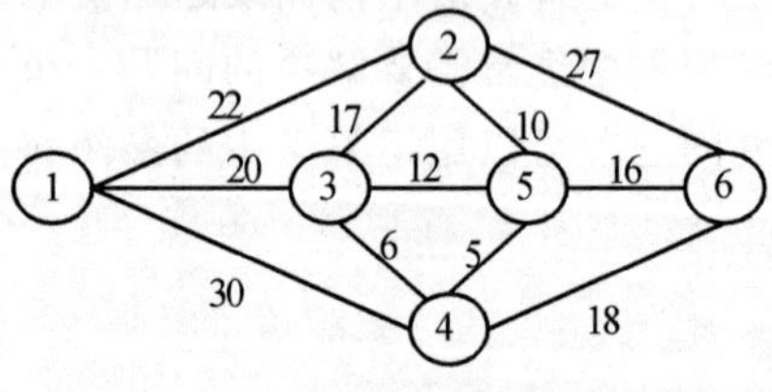


图 8-7　一个简单的网络

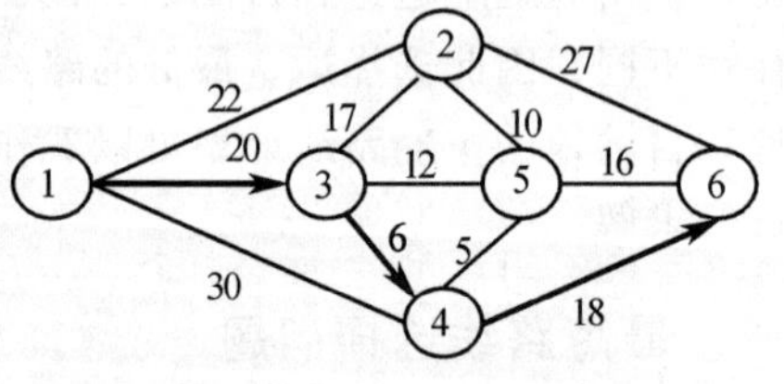


图 8-8　网络的最短路

**表 8-7　最短路的求解过程**

| 已解点 | 最近的未解点 | 总距离 | 最近点 | 最短距离 | 路径 |
|---|---|---|---|---|---|
| 1 | 3 | 20 | 3 | 20 | 1-3 |
| 1 | 2 | 22 | 2 | 22 | 1-2 |
| 3 | 4 | 26 | | | |
| 1 | 4 | 30 | | | |
| 2 | 5 | 32 | 4 | 26 | 3-4 |
| 3 | 4 | 26 | | | |
| 2 | 5 | 32 | | | |
| 3 | 5 | 32 | 5 | 31 | 4-5 |
| 4 | 5 | 31 | | | |
| 2 | 6 | 49 | | | |
| 4 | 6 | 44 | 6 | 44 | 4-6 |

## 第五节 最佳运输量确定

实际运输中常碰到有多个供应商供应给多个工厂的问题，或者把不同工厂生产的同一产品分配到不同客户处的问题。在这些问题中，起点和终点都不是单一的，即多起点、多终点问题。在这类问题中，需要确定满足需求的最小总成本的发货模式。

### 一、最佳运输量确定方法

1. 问题定义

一般情况下，这类多起点、多终点的运输问题(如图 8-9 所示)给定如下条件：①$m$ 个供应商；②$n$ 个需求商；③每一个起点的供应量；④每一个终点的需求量；⑤从每一个起点到每一个终点的运输费用。

要求确定满足需求的每一个供应点的最佳运输量。解决这类运输问题可采用运筹学中的 LP 式运输模型。

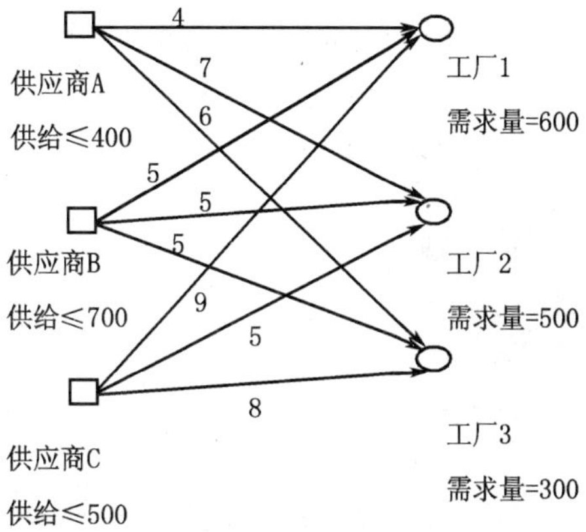

图 8-9 多起点、多终点的运输问题

2. LP 式运输模型

$$\min z = \sum_{i=1}^{m} \sum_{j=1}^{n} c_{ij} x_{ij} \tag{8-5}$$

$$\text{s. t}\begin{cases} \sum_{j=1}^{n} x_{ij} \leqslant a_i \\ \sum_{i=1}^{m} x_{ij} = b_j \\ x_{ij} \geqslant 0 \end{cases}$$

式中，$c_{ij}$表示供应商 $i$ 到工厂 $j$ 的运输费用；$x_{ij}$表示供应商 $i$ 到工厂 $j$ 的运输量；$a_i$ 表示供应商 $i$ 的供应量；$b_j$ 表示工厂 $j$ 的需求量。

### 二、应用举例

对图 8-9 的多起点、多终点运输问题利用 LP 式运输模型进行求解，已知条件如表8-8所示，表 8-9 表示利用 LP 式运输模型确定的每一个供应商的最佳运输量。

**表 8-8 运输问题资料**

| 工厂/供应商 | 1 | 2 | 3 | 供应量 | 工厂/供应商 | 1 | 2 | 3 | 供应量 |
|---|---|---|---|---|---|---|---|---|---|
| A | 4 | 7 | 6 | ≤400 | C | 9 | 5 | 8 | ≤500 |
| B | 5 | 5 | 5 | ≤700 | 需求量 | 600 | 500 | 300 | |

表 8-9　最佳运输量表

| 供应商＼工厂 | 1 | 2 | 3 |
|---|---|---|---|
| A | 400 | 0 | 0 |
| B | 200 | 200 | 300 |
| C | 0 | 300 | 0 |

优化结果：运送单位总量 1400，最低运输总成本 6600 美元。

（根据 Ronald H. Ballou “Business Logistics Management——Planning, Organizing, and Controlling the Supply Chain”编写）

## 思　考　题

1. 基本的运输网络有几种？如何在基本网络基础上，根据运输任务设计不同的运输网络？

2. 直接运送网络与经过仓库再库发网络的优缺点是什么？发生的成本有哪些不同？

3. 直接运送网络的风险包括哪些？如何规避这些风险？

4. 干线运输的决策内容包括哪些？可能的决策方法有哪些？

## 阅读资料

### 啤酒企业的运输决策

啤酒企业的生产和销售，离不开物流的有力支撑。物流贯穿于从原材料的采购到生产制造，再到成品出厂后的运输、仓储、配送、装卸等诸多环节。而在采购、生产和销售的供应链条中，啤酒的销售物流处于举足轻重的地位，也是与市场直接挂钩的竞争利器。

越来越多的啤酒企业认识到，物流成本占据着总成本非常大的比重，利润的获得并不仅仅是通过销售产品，而对物流成本的有效控制、啤酒销售之前流动费用的降低，是不可小视的另一个利润源。开源不是盈利的全部，节流也是开源，这就是开源节流的辩证法。

燕京啤酒 2001 年就意识到，要在销售物流方面做文章，首先须向运输成本要效益。那时燕京啤酒的运输主体是铁路，与一家承运商合作，后来引进竞争机制，从承运能力和服务水平上招标引入了第二家承运商，运输服务费用大幅度降低。现在燕京啤酒已有 5 家铁路承运商，过去一个车皮服务费要 2000 元，现在 200 元就可以做到，一个车皮就降低了 1000 多元。

2002 年，燕京啤酒又引进了海运运输方式，成本比铁路还低。海运的优势在于价格低，服务质量好，负责装卸，可以提供门到门的服务。而当时国内啤酒企业利用海运运输并不多见，因为这种运输方式的不足之处是运期长，货物要先集港，而对经销商的资金需求量大，容易造成资金链的断裂。

"当时运往广州的啤酒主要是铁路运输，公司提出了改海运。最初经销商不接受，原来有 100 万元周转金运转，现在要 130 万元，似乎多占用了资金。"燕京啤酒销售二部经理张安还记得当时经销商的反应。一年后，经销商的态度 180 度大转弯，再让改回铁路运输也不改了，因为得到了实惠。

张安算出这样一笔账，以前是门到站，自己去提货，每箱要 1 元钱的运费。现在是门到门，省去了 1 元钱的运费。广州经销商一年销售 40 万箱啤酒，改变运输方式后，一年就节省了 40 万元，集团节省了 80 万元。运输工具的改变，双方共同节省了 120 万元。

燕京啤酒在节约运输成本上不断开拓思路。2005 年，随着公路运输网的完善，又进行了公路运输的招投标，全国东南、东北、西南、西北四个片区，确定了四家承运商，取得了非常理想的收益。以江苏为例，铁路价格涨到 330 元/t，后来通过公路招标后，降到了 260 元/t，一吨降了 70 元。2005 年下半年，又通过铁路参与竞争，使公路从 260 元/t 降到了 225 元/t。这样一步步地下降，由原来的 330 元/t 降到了 225 元/t，一吨差了 100 多元钱，经销商卖了一万多吨啤酒，就是 100 多万元的成本收益。

费用是降低了，服务质量是否能保证？这样的竞争与合作是否是良性的？毕竟在市场经济条件下，谁也不会傻到要去做赔本生意。张安笑着解释了记者的疑惑，"燕京啤酒选择承运商坚持的一个原则是：同等的价格比服务，同等的服务比价格。"

张安所在的销售二部的工作重点主要体现在"整合"两个字上，企业内部资源整合到规模最大化，也就是让货物相对集中，以规模换取承运商的优惠。"我们的前提和最终目标是保证市场供应，这一点雷打不动，不能节省钱了，货供不上。内部要整合量的资源，外部要整合物流的运输资源。"很显然，以最大量的资源换取最大量的优惠，实际上双方受益。承运商有稳定的货源，企业有稳定的运输渠道。海运、铁路、公路三条线并行，联运形式，灵活处理，最终保证了市场需求。

同样是啤酒业巨头的青岛啤酒，也曾在运输环节上动过脑筋。为加强运输调度，接到客户订单后，产品由生产厂直接送往港、站，而省内订单则直接由生产厂运到客户仓库。仅此一项，运输成本就下降了 0.5 元/箱。

当时青啤自己拥有的 40 余部进口大型运输车辆，远远不能解决运力不足的问题，青啤评估筛选了最佳的服务商，然后交给招商物流来管理。每段路线都规划了准确的时间表，而且可以按一定客户、路线自动给出车辆配载方案，提高了配车效率和配载率，取得了可观的收益。

目前，青啤每年运送成本已由 0.40 元/km 降到了 0.29 元/km，每个月下降了 100 万元。

老北京人可能都会记得，20 世纪 80 年代后期的每天早晨，都会有 2600 多辆运送啤酒的三轮车穿行在京城的大街小巷。远远地在胡同口就可以听到京腔京韵的吆喝："燕—京—啤—酒"。忽如一夜春风来，千树万树梨花开。燕京啤酒的"胡同战略"名扬一时。

有人笑称，燕京八景如今又增添了燕京第九景——啤酒风景。而这道流动的风景线不仅是燕京啤酒销售物流的起源，也亮出了新鲜度的“杀手锏”。当时北京市场上，燕京的两大竞争对手五星和北啤还在批条子等调拨的时候，新鲜的燕京啤酒已经入户消费者家中了。

如今，随着消费者对啤酒口感要求的提高，市场竞争的日益激烈化，啤酒的新鲜度更是成为啤酒厂商占有市场份额的一大卖点。啤酒产品具有较高的保鲜要求，虽说啤酒保质期长达半年至1年，但即使在保质期内，啤酒新鲜度对啤酒口味等指标也有较大影响。这就对啤酒下线后送达终端市场的速度提出了更高的要求，向配送体系提出了严峻的挑战。

提高配送效率，压缩啤酒库存时间，采取较短的分销途径，满足消费者对啤酒新鲜度的要求，把啤酒以最快的速度，第一时间送达消费者手中。在某种意义上，也许列出这样的等式并不为过：啤酒新鲜度=配送速度=市场竞争力。

日本著名的朝日啤酒的“鲜度管理”，曾让国内很多啤酒企业踏上取经之路，青岛啤酒就是其中之一。

1998年，青啤集团以“新鲜度管理”为中心的物流管理系统开始启动，逐步建起了集团与销售点物流、信息流和资金流全部由计算机网络管理的智能化配送体系。

2001年，供应链管理的概念引入青啤，青啤物流经理吕风海回忆说，“集团为此进行了大刀阔斧的改革。”营销供应链首当其冲，成为变革之首。山东省运输服务商大换血，区域经销商换掉了一半。重新规划了青啤在全国的仓储结构，形成统一规划的CDC-RDC仓库布局。实现了库存管理信息化，商品移仓、盘点、报警和存量管理功能化，并可为货主提供各种分析统计报表。

现代物流管理方式，加快了产成品走向市场的速度。有效的供应链管理增加了收入，降低了成本，青啤是一个很好的例证。“库存占用资金、仓储费用及周转运输费在一年多的时间里降低了3900万元。”吕风海欣喜地说。“要像送鲜花一样送啤酒”，是青啤“新鲜度管理战略”追逐的目标。青岛啤酒从下线到运送至市场，300km范围内时间已缩减在24小时以内。

建立起科学的营销管理体系和产成品物流控制体系，形成全国范围内的物流配送，以取得市场主动权，必将成为啤酒企业的不二选择。但某业内专家的提醒也值得深思，中国啤酒市场在生产基地的地理位置和终端零售网络布局方面，都存在着高度区域性和高度离散性的特点，而目前低水平的物流基础设施和装备条件仍然影响物流效率的提高。

建立完善的物流配送体系的重要性，让更多的啤酒企业从意识上升到了实践。但目前绝大部分啤酒企业的物流现状是既要开拓市场，又要管理物流，往往顾此失彼。而且淡季仓库空空、出车频率低、加之众多网点经常性小批量订货导致的高成本，越来越成为矛盾的焦点。

如何化干戈为玉帛？物流外包正在成为啤酒企业探索新路的捷径。所谓物流外包明确的定义是：生产或销售企业（需方）为集中精力，增强企业核心竞争能力，而将其物流业务以合同的方式委托给专业物流公司运作。

青岛啤酒与招商局物流的成功合作，成为啤酒行业物流外包的一大经典力作。2002年4月，青啤和招商局物流合资组建青岛啤酒招商局物流有限公司。招商局物流购买或租赁青啤原有物流设施、设备，并接收青啤原有运作方式和管理人员。此后三周，就看到了灿烂前景。青啤原有车辆利用率提高了60%，每年仅公路运输就为青啤节省物流成本近700万元。吕风海说："现在青啤可以在24小时内完成订单，辐射到山东省内任何一个经销点。不仅运输速度加快了，成本也比以前降低了50%。"

截止目前，青啤基于"外包"的物流改革，和"构建一体化供应链中的伙伴关系战略"已成型，双方准备在供应链的相关节点上再寻求2～3家长期战略合作伙伴供应商，最终将青啤物流业务全部外包。

事实上，外包更能节约成本，这一点已得到了啤酒企业的共识。燕京啤酒乌鲁木齐线外包，其经销商一年可省20多万元。而目前燕京啤酒只此一条线外包给了第三方物流公司运作，从集团库房出货后，进第三方物流公司的库房，由其来负责发货。燕京啤酒的外包策略是：哪条线成熟就外包哪条线。"内部资源整合到位，内部机制到位。"张安给出了成熟条件的解释。"要有一定的货源，没有货源就无法谈给对方多少运量，同时还要考虑到企业内部的实际情况。"国企的背景，让燕京啤酒外包的路子走得相对慢了些。张安认为，最好利用第三方物流的库房，有些地区还在自己租库，利用率不是很高。同时，他还透露，为优化集团产成品物流体系，有效降低物流成本，燕京大物流将是未来的发展方向。

啤酒企业的物流业务是自营？还是外包？十字街头，何去何从？

啤酒三巨头之一的华润雪花啤酒沈阳采购部经理向记者表示，"从总体看外包比较合适，能够做到服务和成本平衡。"华润雪花全国有40多家工厂，有的工厂自备运输车，有的一台运输车也没有，其物流带有自营和外包交叉的双重特性。

啤酒企业的物流外包，把物流服务从主业中剥离，集中精力做好啤酒的制造和销售主业，为行业之外的物流企业提供了新的发展机会和市场空间。这种合作充分利用了双方的优势资源。

那么由此也对物流企业提出了更高的要求，库存周转率、订单满足率、产品满足率、平均库存量、货损率、仓库空间利用率等指标，不仅是企业考察自身绩效的法码，也是为客户提供最佳服务的保障。

专家建议啤酒行业的物流外包，需要签好合作合同。明确仓储、配货、装卸、送货、退货的价格及有关附加费用，以及对出现客户投诉、交通意外、掉库、破损等情况的处理要求。

在采访中，一家与某品牌啤酒合作的物流公司负责人表示，做好物流服务工作，并不应该只是按客户的要求机械地运作，更重要的是要能够替客户分析问题，解决问题，只有这样才能让客户真正体会到物流公司的增值服务。

谁有能力有效地整合物流资源，谁才会成为真正的赢家。

（摘自：赵双，"啤酒物流变奏曲"，《中国采购与物流》，2006年第12期）

# 第九章

# 城市配送运输的组织及决策

## 第一节 配送运输

配送运输是以用户需求为基础，以配送中心（或物流中心）为物品集中地，将配货与送货有机结合，在经济合理的范围内进行的运输活动，其突出的特点是小批量、高频率和多品种。配送运输与干线运输有所区别，配送运输需要对物品进行集中、分类和配货，然后再运送到客户处，处于二次输送、支线输送或终端输送的地位。因此在配送运输中，配送中心是必备的运输资源，是物品完成集中、分类和配货的场所。城市内配送运输强调经济距离，汽车运输是城市配送采用的主要运输方式。

### 一、配送运输的基本流程

#### （一）配送作业

配送的基本作业内容包括收货、存储、分拣、配货和送货。

1. 收货

配送中心在接收货物前，其管理信息系统中已有这些货物的订货信息。当货物运到配送中心时，实际上收货就是将运到货物与系统货物信息对比，进行验收。验收合格后，方可入库。

2. 存储

货物入库后，将货物分门别类地存储在相应的设施(如货架)或场所中，以备拣选和配货。

存储作业依产品性质、形状不同而形式各异。有的是利用仓库进行存储，有的则是利用露天场地，如码头堆场，一些超市则将货物储存在配送中心中。

货物在储存阶段占用一定的资金，形成库存。货物存储的时间越长，库存成本越高，越增加企业的物流成本。因此，存储环节的库存管理非常重要。

3. 分拣、配货

分拣和配货这两项活动常常是同时进行和同时完成的(如散装物的分拣和配货)。在进行分拣、配货作业时，少数场合是以手工方式进行操作的，更多的场合是采用机械化或半机械化方式去操作的。如今，随着一些高、新技术的相继开发并广泛应用，自动化的分拣、配货系统已在很多国家的配送中心建立起来，并且发挥了重要作用。

4. 送货

送货是配送运输中最为重要的环节，决定货物输出运输成本。在进行送货作业时，选择合适的运输方式，制定合理的运输线路计划，是降低运输成本的基础。此外，由于这个环节直接与客户见面，服务质量的好坏将影响企业的配送信誉。

### (二) 配送运输的基本流程

配送运输的基本作业流程是从划分配送区域开始，中间包含有车辆配载、车辆安排、路线选择与行程安排等，最后完成车辆积载并运送到客户。图 9-1 是一个典型的送货业务流程，如果车辆在配送过程中，有送货也有取货，而且送货与取货混杂在一条线路上，那么问题就比较复杂，在车辆积载时要考虑货物搬卸问题和车厢容积问题。

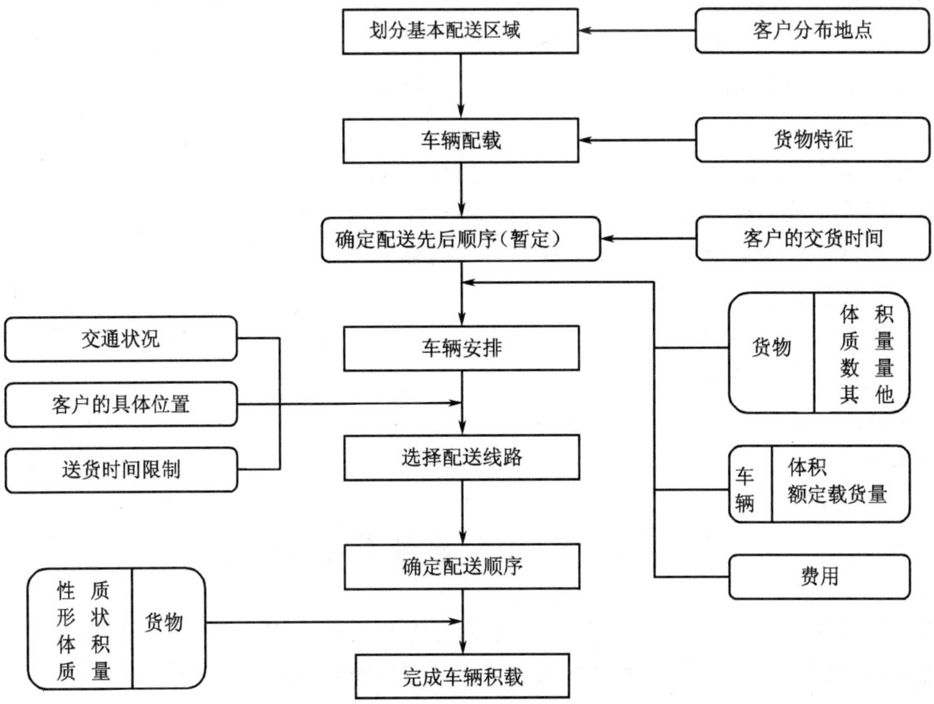


图 9-1　配送的基本作业流程

在配送流程中，主要包含七部分内容：①划分基本配送区域：客户地理分布情况和服务时间窗口是决定配送区域的基本要素。②车辆配载：根据货物分类(特性、轻重急缓)，选择运输工具。③暂定配送先后顺序：根据客户的交货时间和距离配送中心距离综合考虑。④车辆安排：考虑货物特征与数量、车辆吨位利用率和成本费用等。⑤选择配送线路：根据交通状况、客户的具体位置、送货时间限制等作出安排。⑥确定最终的配送顺序：路线经过的客户数量、行程、到达与出发时间等。⑦完成车辆积载：货物装车、卸货等问题的解决，遵守“后送先装”等原则。

## 二、配送运输调度

### (一) 影响配送运输的因素

配送运输通常是一种短距离、小批量、高频率的运输形式，运输可靠性高是这种运输形式追求的关键目标。因此，运输调度在很大程度上都是围绕运输可靠性高进行的。在衡量运输可靠性的指标中，货物送到时间是最常用的指标。根据客户需求，货物送到时间分为三种：①一天中的工作时间内均可接受货物。②要求在一天内指定的时间窗口内送到货物，如果提前或滞后于时间窗口规定的时间，将不接收货物。③规定时间跨度，如一天内送货为正常，超过天数将给予一定的处罚，但规定必须在几天(如 3 天)内送到。

对于有时间窗口要求的配送服务，要综合考虑运输调度计划受运输环境因素的影响，影响配送运输可靠性的环境因素可分为动态因素和静态因素两大类。

1. 动态环境因素

企业一般事先制定运输调度计划，然后按计划进行配送，但往往计划时或执行中，会有一些变化的环境因素，如道路网络车流量变化、道路施工、配送客户的变动、可供调动的车辆变动等。这些动态环境因素干扰了正常计划的执行，因此在制定计划过程中，要制定多个运输方案以备应急处理。此外，制定运输调度计划时要考虑与外部信息的结合，如道路交通信息。

2. 静态环境因素

静态因素是指运输调度计划制定后到实施这段时间内不变的外部环境因素，包括配送客户的分布区域、道路交通网络、车辆运行限制等。

### (二) 配送运输注意要点

企业在配送运输过程中，要注意的要点包括：明确订单内容、掌握货物性质、明确具体配送地点、适当选择配送车辆、选择最优的配送路线、充分考虑各作业点装卸货时间。此外，配送超出经济距离时，要考虑建立配送中心，必要时建立配送中心与配送中心的配送网络体系。

# 第二节　配送网络设计

配送网络是以配送中心为中心点，连接周边客户所在地理位置所进行的网络设计，包括配送中心的层次、个数和地理位置的设计。其设计思想是参考了 hub and spoke 网络模型的设计思想，体现了规模效益和资源集中效益。由于市场是变化的，即客户地理位置、客户需求数量、客户时间窗口等是变化的，因此配送网络设计是一个动态的决策过程。配送网络设计包括配送中心设计和网络结构设计。

## 一、配送中心设计

1. 配送中心建立的五种形式

配送中心是配送网络设计的核心，配送中心的层次、个数和地理位置是决定企业整体供应链绩效的关键。一般来讲，配送中心的建立包括五种形式：①制造商出资建立配送中心；②零售商出资建立配送中心；③第三方物流公司出资建立配送中心；④批发商出资建立配送中心；⑤制造商与批发商或制造商与供应商共同出资建立配送中心。

对制造商出资建立配送中心情况是制造商考虑到物流对企业发展的重大影响，并且制造商资金雄厚。但是，自己出资兴建配送中心，制造商要考虑其规模效益如何实现。

2. 配送中心种类

基本上来讲，配送中心可分为零售供货配送中心、专业配送中心、共同配送中心、区域性配送中心和城市配送中心这五大类，但是在不同国家不同行业也有所差别。

美国连锁企业配送中心种类包括：批发型配送中心（如加州食品配送中心）、零售型配送中心（如沃尔玛）和仓储型配送中心（如福来明公司的食品配送），这些配送中心实现了连锁企业的共同配送和区域性配送；欧洲连锁企业配送中心模式比较单一，主要采取区域性配送中心模式，实现了统一进货、统一价格、集中配送、单店分销等功能；日本配送中心包括：大型商业企业自设的配送中心（菱食立川物流中心）、批发商投资，小型零售商加盟组建的配送中心（枥木集配送中心）和物流企业接受委托，为连锁超市服务的配送中心（西有座间物流中心）。

3. 配送中心与传统普通仓库的差别

配送中心是为特定的客户服务的，因此它必须具备齐全的配送功能、完善的信息网络，而且主要是以配送为主，储存为辅。它与普通仓库的差别主要有：①货物进出速度和频率比较快；②配送中心仅储有需求的货品；③配送中心提供较高的附加价值（如流通加工）；④配送中心的电脑作业以即时的方式存取数据，仓库的电脑作业以批次的方式存取数据。

## 二、配送网络结构设计

常用的配送网络结构设计有三大类，即集中型配送网络、单层次配送网络和多层次配送网络结构。

1. 集中型配送网络

集中型配送网络是指配送系统中只设一个配送中心，所有货物首先要在配送中心集结，然后再根据客户需求进行配送，如图 9-2 所示为一个地理区域的超市连锁店货物配送网络。在超市连锁店货物配送中，大多数供应商货物集中到配送中心，然后由配送中心根据各门店的需求进行配货和运输。配送中心集结的供应商物品越多，

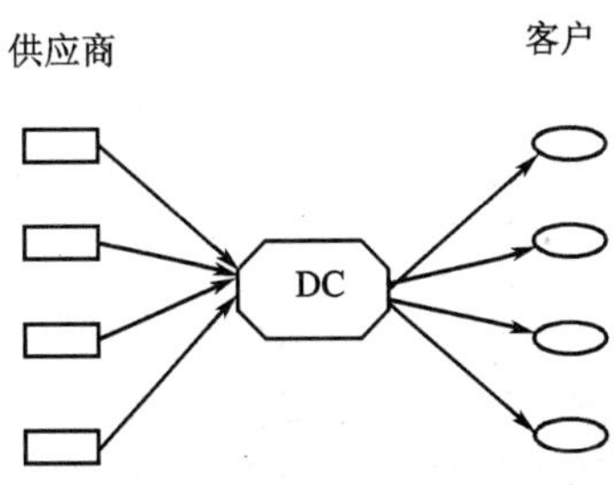


图 9-2 集中型配送网络

越容易形成规模经济效益。

集中型配送网络由于实现了商品的集中管理、集中配送，因此，规模经济效益显著，能够带来供应链成本的降低。但是由于所有货物都需要经过配送中心，因此可能使部分客户的交货期延长。

2. 单层次配送网络

单层次配送网络，也称分散型配送网络，是配送系统中在一个层次上设多个配送中心，供应商将货物运送到不同的配送中心，然后再配送给客户，如图 9-3 所示。配送中心是按照客户地理位置分布划分的配送区域设立的，即按照客户就近原则设立。

与集中型配送中心相比，配送系统中存在多个配送中心，在一定程度上分散了资源集中效益，而且在配送中心管理上相应费用也高。但是，由于配送中心距离客户较近，向外运输成本降低，客户交货期缩短。

3. 多层次配送网络

多层次配送网络是配送系统中在两个或两个以上层次上设多个配送中心，是集集中型配送网络与分散型配送网络于一体的一种网络结构，如图 9-4 所示。

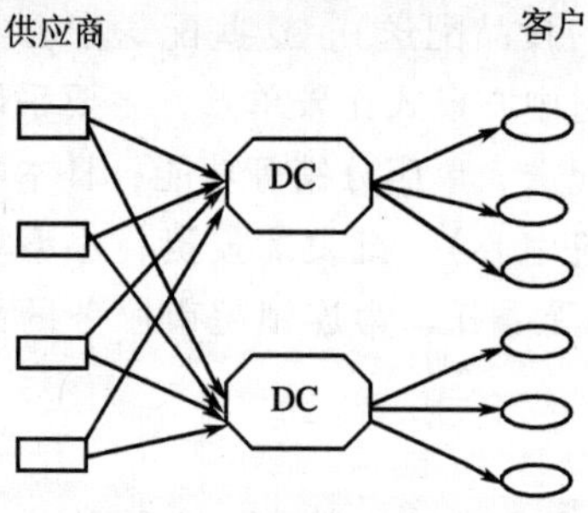


图 9-3　单层次配送网络

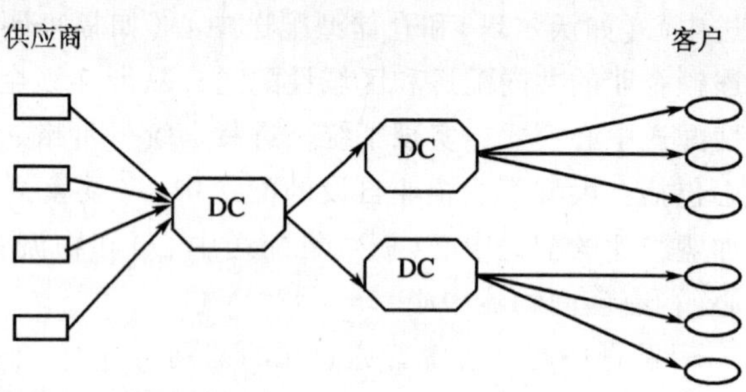


图 9-4　多层次配送网络

多层次配送网络设计主要用于区域配送，一般情况下，在区域设立一级配送中心，在区域下属城市中靠近客户设立二级配送中心。这种网络结构既体现了资源的集中管理，又体现了客户就近原则，能够带来供应链成本的降低。

上述提到的配送网络可应用到不同配送领域，除连锁超市配送网络应用外，铁路行包配送网络也应用这些网络模式进行设计。现有的铁路行包配送网络包括两类，一类是大宗行包客户由行包物流基地直接递送；另一类是一般行包客户由行包物流基地配送到行包配送点，行包配送点再向一般行包客户配送。

## 第三节　配送路线优化设计

在配送网络结构设计好后，接下来的问题就是如何设计从配送中心出发到达客户位置的路线，以使配送成本最低，即配送路线优化设计。常用的配送路线设计包括两大类，即 TSP 和 VRP。有关 TSP 与 VRP 的解法有许多种，本书重点介绍图解法。

## 一、图解法

1. 图解法的基本原理

企业在每一次的配送中，其配送客户的地理位置、配送数量、客户接受货物的时间窗口都是确定的，图解法就是将这些已有的信息在地图或 GIS 上标注，根据决策问题类型，采用一定的优化方法，将企业配送中心与客户连接在一起，进行配送路线优化设计的一种方法。由于是以地图或 GIS 为基本工具，故称此种方法为图解法，其基本原理如图 9-5 所示。

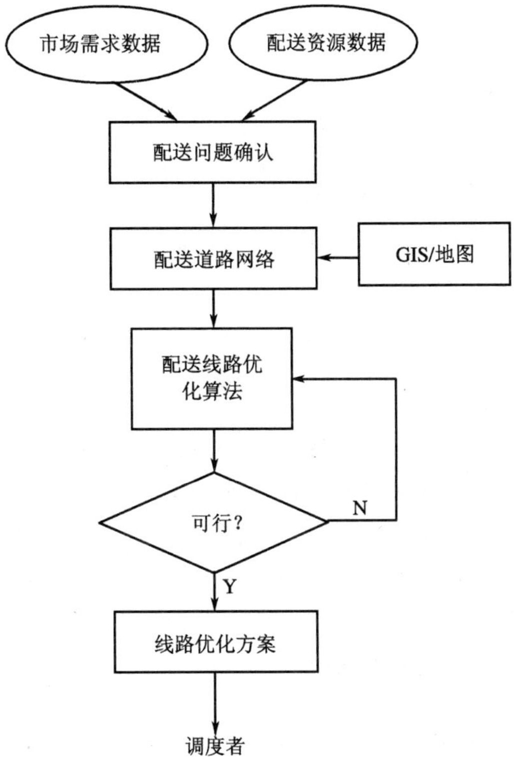


图 9-5　图解法的基本原理

在图 9-5 中，调度员在地图上或 GIS 中将企业配送中心(仓库)地理位置、客户地理位置作好标记，将客户配送数量和接货的时间窗口作为约束条件，在地图上把这些点按照一定的优化方法连接起来，即可得到优化线路的可行解；对可行解的合理性进行判断、改进，最后得到满意解，作为企业的配送路线。在图解法中采用的优化方法包括最近的插入法、节约法和扫描法。最近的插入法和节约法都能解决 TSP 和 VRP 两大类型的线路优化问题，扫描法主要用来解决 VRP 类型的配送路线优化设计。

2. 图解法的判断准则

在图解法实施中，必须对初步优化的线路进行合理性分析，对不合理的线路要进行改进。设计的配送路线是否合理的判断准则主要有三条：

(1) 配送小区不要重叠，如图 9-6a 所示。如果配送小区重叠，车辆总的运行距离总是超过非重叠情况，增加了企业配送成本。

(2) 一条配送路线内不要存在交叉的路段，如图 9-6b 所示。

(3) 设计的路线要呈“水滴状”，如图 9-6c 所示。

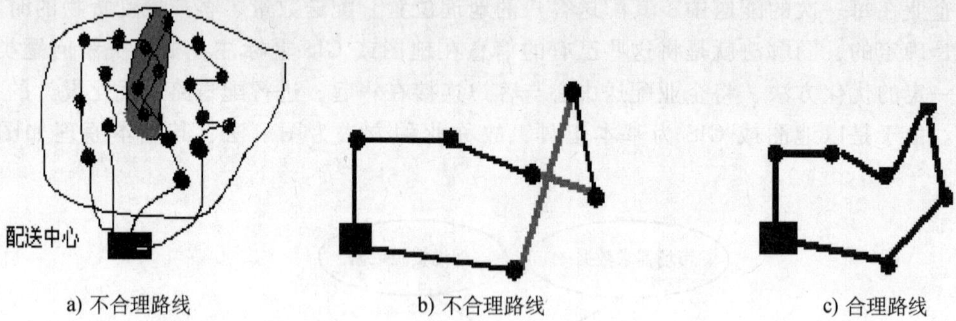


图 9-6 合理路线与不合理路线

这三条准则适用于客户没有特殊送货时间要求情况下的线路合理性判别设计。如果客户有特殊送货时间要求，在进行路线优化设计时，以满足客户收货时间为首要原则，然后再用这三条准则进行改进。

## 二、TSP 的图解优化方法

1. TSP 描述

TSP 是配送路线优化中最简单的问题。这类问题是假设配送所用车辆的载重量或体积正好能够满足一个配送小区所有客户的需求，即企业用一辆车，设计一条路线就能服务所有客户，如垃圾回收、超市门店的配送、牛奶的配送等等。在 TSP 模型中，一辆车，没有装载能力限制，没有司机约束规则，线路优化的核心问题是如何安排车辆行程，以使车辆总行程距离最短。基本的 TSP 模型描述如下：给出一个起点配送中心和一组 $n$ 个客户的集合，寻找一条在起点配送中心开始和结束的路线，这条路线经过每一个消费者，并且最短路，即：

(1) 每一个车辆在配送中心起程和终止。

(2) 每一条路线包含所有一次要服务的客户点。

(3) 一辆车完成一条路线所有客户点的配送。

(4) 每一个客户点必须在预先设置的时间窗口内得到服务。

(5) 以成本最小为确定车辆路线行程的评价指标。

设计线路时要考虑安排车辆每次途经的站点之间要紧凑，以使路线的行程降低。

2. TSP 的最近插入法图解

最近的插入法是从企业仓库出发，选择与仓库距离最近的客户(要考虑时间窗口)形成一条配送线路，然后寻找与这条线路最近的客户点，并将其加入到原先的路线中，重新形成一条配送线路；依次类推，直到将所有客户都加到配送路线上为止，形成一条可行的配送路线。按照线路的合理判断准则，对可行配送路线进行合理化改进，就得到一条优化的配送路线。

设企业车辆一次配送 5 个客户，客户接受货物时间无特别要求。企业配送中心用■表示，客户用•表示，配送中心与客户之间的相对距离如图 9-7 所示。

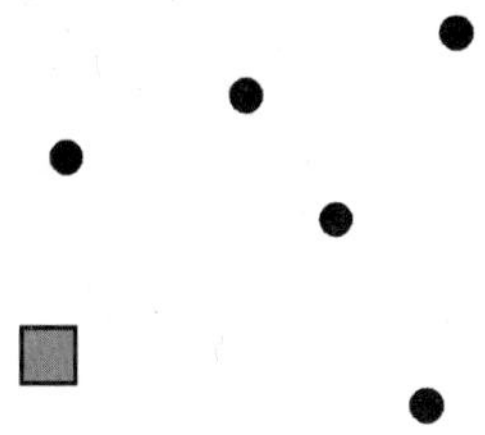

图 9-7 配送中心与客户的相对位置

对图 9-7 的 TSP 用最近的插入法进行图解，图解过程如图 9-8 所示。

如果客户对接受货物的时间有明确的要求，在用最近插入法图解时还要考虑时间窗口，以满足时间要求为首要条件。图 9-9 是图 9-7 所示的配送中，客户对接受服务设立了时间窗口，用最近插入法图解的线路结果。

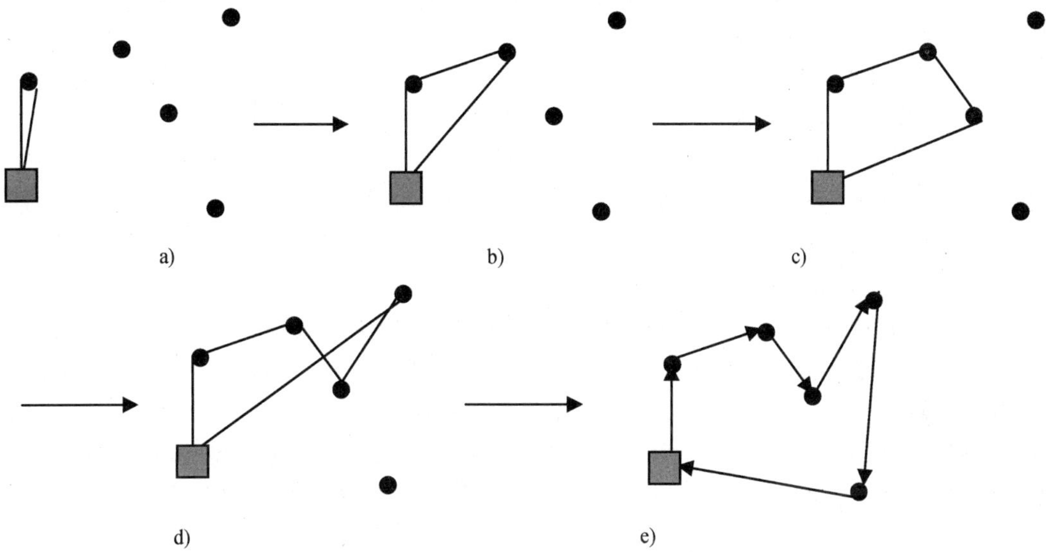


图 9-8 TSP 问题的最近插入法图解结果

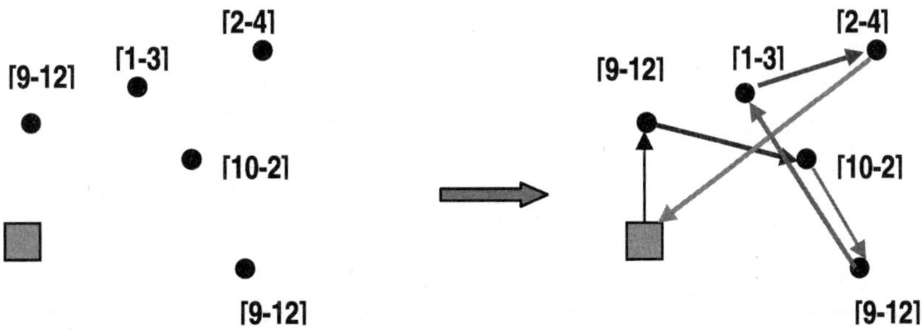


图 9-9 客户有时间窗口的配送线路设计

3. TSP 的节约法图解

节约法分为时间节约法和里程节约法两种。里程节约法是通过车辆在一条配送线路上同时配送客户点的增多，来实现其配送总距离的节约，其基本原理是三角形的一边必定小于另外两边之和，如图 9-10 所示。

利用节约法确定配送线路的主要出发点是，根据企业的运输能力及其到客户之间的距

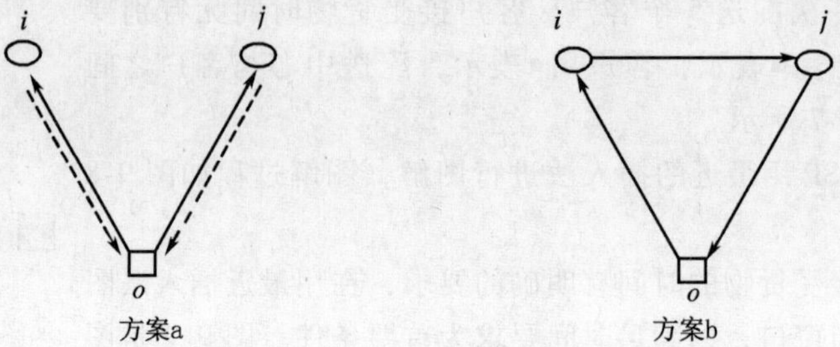


图 9-10　节约法的基本原理

离和各客户之间的相对距离，制定使配送车辆总的周转量达到或接近最小的配送方案。在使用节约法解决 TSP 时，常用的步骤如下：

（1）以企业配送中心 $O$ 为起点，连接起点到每一个客户为终点的分离路线开始。

（2）假定问题是均衡的，即 $C_{oi}=C_{io}$，利用下列公式计算节约的里程。

$$S_{ij}=C_{oi}+C_{oj}-C_{ij} \tag{9-1}$$

式中，$S_{ij}$表示节约里程；$C_{oi}$表示从配送中心 $o$ 到客户 $i$ 的距离；$C_{oj}$表示从配送中心 $o$ 到客户 $j$ 的距离；$C_{ij}$表示客户 $i$ 到客户 $j$ 的距离。

（3）从最大到最小排序节约值。

（4）根据节约值连接客户点形成路线。注意不要破坏先前连接的任何连线，当所有客户连接在一条路线上时，配送线路完成。

以图 9-7 为例，其客户之间及客户到配送中心的距离如表 9-1 所示。首先，设计初始方案，初始方案设计为连接起点到每一个客户为终点的分离路线(见图 9-11)；其次，根据初始方案计算所有的里程节约量 $S_{ij}$，并由大到小排序(见表 9-1)；最后根据节约值由大到小顺序，完成线路连接(见图 9-11)。

**表 9-1　客户间、客户到配送中心的距离及里程节约量排序**

| $C_{ij}$ | 0 | 1 | 2 | 3 | 4 | 5 | $S_{ij}$ | 0 | 1 | 2 | 3 | 4 | 5 |
|---|---|---|---|---|---|---|---|---|---|---|---|---|---|
| 0 | | 7 | 9 | 14 | 8 | 12 | 0 | | | | | | |
| 1 | 7 | | 5 | 13 | 11 | 18 | 1 | | | | | | |
| 2 | 9 | 5 | | 7 | 8 | 16 | 2 | | 11 | | | | |
| 3 | 14 | 13 | 7 | | 10 | 18 | 3 | | 8 | 16 | | | |
| 4 | 8 | 11 | 8 | 10 | | 9 | 4 | | 4 | 9 | 12 | | |
| 5 | 12 | 18 | 16 | 18 | 9 | | 5 | | 1 | 5 | 8 | 11 | |
| $S_{ij}$ 排序 | $S_{23}$、$S_{34}$、$S_{45}$、$S_{21}$、$S_{24}$、$S_{31}$、$S_{35}$、$S_{25}$、$S_{14}$、$S_{51}$ | | | | | | | | | | | | |

## 三、VRP 的图解优化方法

1. VRP 描述

在实际运输中，经常会遇到车辆受承载能力、容积的限制，一辆车不能满足所配送区域用户的需求，此外客户服务时间窗口、服务优先等级、送货与取货的混合等，均使运输问题变得复杂。解决运输复杂问题常用方法就是 VRP 法。

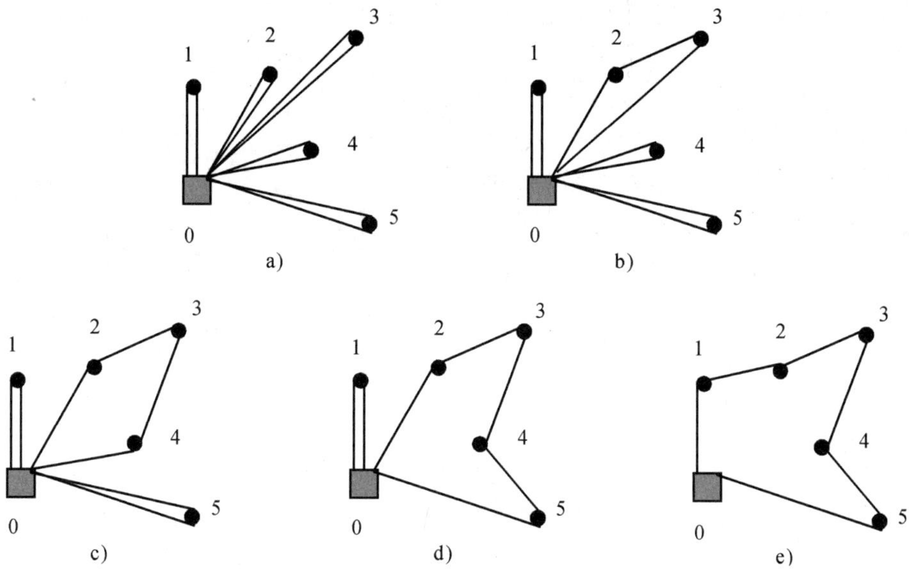


图 9-11　TSP 的节约法图解过程

VRP 最早由 Dantzig 于 1959 年提出，是运筹学中的热点问题。VRP 是对一系列发货点和收货点，调用一定的车辆，组织适当的行车路线，使车辆有序地访问它们，在满足特定的约束条件下，力争实现一定的目标（如车辆空驶里程最短，运输总费用最低等）。典型的 VRP 可描述为（见图 9-12）：

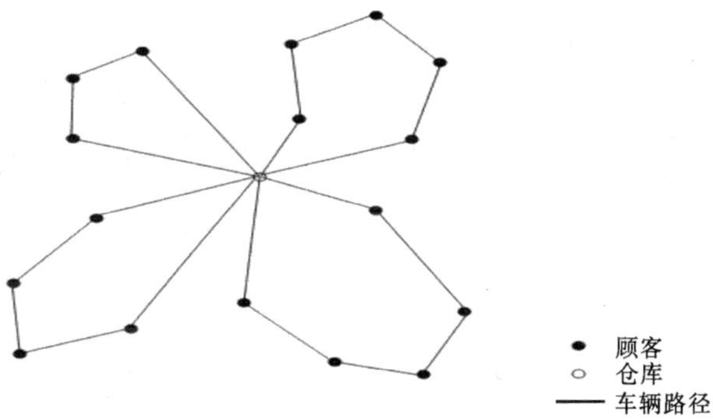


图 9-12　典型的 VRP 形状示意图

（1）多个客户同时需要运输服务，且一辆车不能同时满足这些客户的要求。

（2）每个客户只能被一辆车访问一次。

（3）所有车辆从仓库出发，并最终回到仓库。

（4）所有的车辆必须满足能力约束。

（5）车辆在路线上可以取/送货。

2. VRP 图解基本原理

VRP 是在考虑车辆的装载能力（吨位或容积）和企业规定的工作时间时，对配送线路进行优化。对这一类问题的求解可基本上分为两大步骤：第一步根据客户地理位置和时间窗口将配送区域中的客户聚类，然后根据客户需求的数量和一辆车的装载能力确定配送路线数量和配送车次；第二步在每一条路线上采用 TSP 解决方法。

求解 VRP 的关键是确定配送路线的数量。企业配送路线数量的确定可参照两种方法，但要注意安排车辆负责相互距离最接近的站点的货物运输。第一种方法是考虑客户的时间窗口，可根据时间窗口的开放时间和地理位置将客户聚类，然后再根据企业一辆车的装载能力设计配送路线数量，如图 9-13 所示；第二种方法是不考虑时间窗口，将地理位置接近的客户按照客户的需求数量和企业一辆车的装载能力进行聚类，确定路线数量，图解这类问题的方法可采用扫描法。

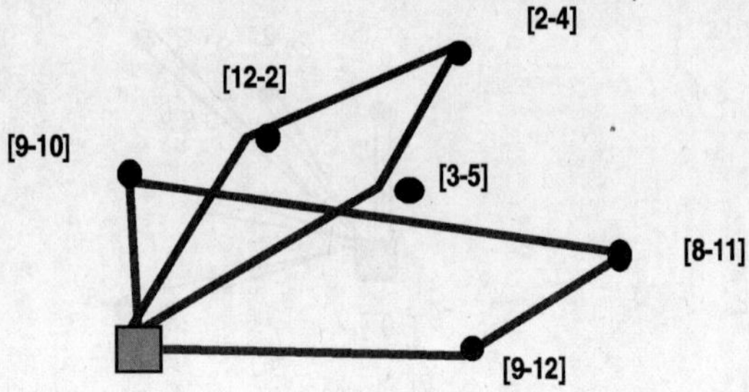


图 9-13 考虑时间窗口的 VRP 解决

3. VRP 的扫描法图解

扫描法是一个简便而又较准确的优化方法，平均误差率在 10% 左右。用扫描法解决 VRP 的步骤是：①在地图上确定各个服务站点（含仓库）的位置。②自仓库开始沿任一方向向外划一条直线作为扫描线，沿顺时针或逆时针方向旋转该直线直到与某站点相交。③当车辆装满后，开始一条新路线。④排定各线路上每个站点的顺序使行车距离最短（使用 TSP 方法）。图 9-14 是客户为 12 个的配送网络，单车装载能力为 3 个客户单位，用扫描法确定的配送线路数为 4 条。

用扫描法也可以解决具有时间窗口的配送问题。扫描法的方法是对时间要求最苛刻的客户点作为扫描线的起始点，然后沿顺时针或逆时针方向旋转扫描线，把距离相近且能满足时间窗口要求的点划到一条线上，直到装满一辆车为止，再开始新的路线。

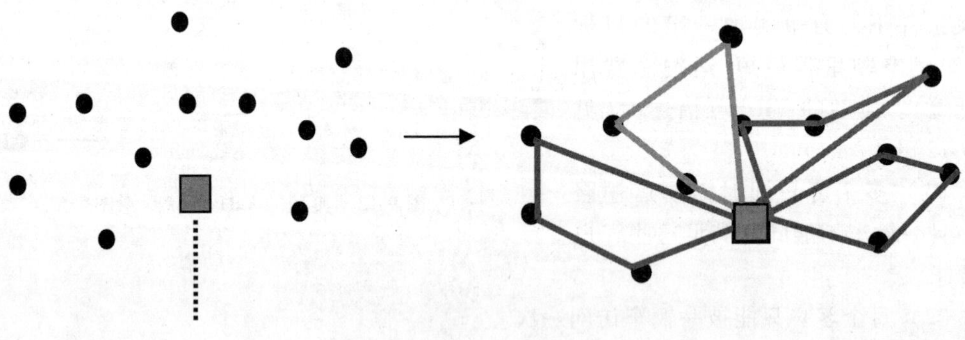

图 9-14 VRP 的扫描法图解

## 第四节 动态运输调度

道路交通环境对物流运营产生的影响主要表现在物流运输一致性的下降。物流运输一致性是物流运输可靠性和服务质量的重要标志，如果在物流运输中缺乏运输一致性，一是影响了各种运输方式的准时衔接，大大降低了运输可靠性；二是收货人的安全存货要增加，库存成本相应增加；三是物流运营表现在运输时间方面的成本会增加。因此，目前无论是国内还是国外，在商业车辆运营中都把对运输一致性的追求提升到非常重要的地位，而物流运输路线的选择是保证运输一致性的根本。城市道路网络交通条件对运输调度的影响，在企业配送中已引起高度重视。

## 一、动态运输调度

1. 运输调度

运输系统根据运输要求，在给定的约束条件下，对若干台车辆的送货路线和行程时间进行设计，并分配相应的司机，这就是运输调度。

运输调度过程中涉及到车辆分配、时间安排、人员安排、路径选择等问题，如何在这些约束条件下，组织合适的车辆，安排适当的行车路线和任务分配，排出每辆车的作业流程和各任务的送货时间、数量一览表，并达到一定的优化目标，如费用最低、路程最短、时间最少、车辆利用率最高和使用车辆数尽量少等，是运输调度的基本目的。

一般来说，车辆调度及路线安排需要考虑的成本内容包括以下几点：

（1）车辆成本。车辆成本是指车辆进行配送所消耗的燃油、轮胎磨损和车辆折旧等。该成本主要取决于物流配送车辆行驶距离，配送行驶距离越长，成本越高。

（2）人员成本。人员成本是指司机的工资福利等，可根据工作时间进行计算，包括车辆到达客户处等待交货时间需要支付的费用。

（3）交货延迟成本。客户处设立收货时间窗口，如果车辆到达客户处的时间超过规定的货物送达时间要求时，需要支付的罚金。

2. 动态运输调度

运输调度过程中，客户需求的随机性和动态性，以及运输约束条件的变化（如道路交通状态的随机性和动态性），要求运输调度能够适应这些变化，及时制定能够反映当前运输状况的运输方案，这就是动态运输调度问题。

在动态运输调度中，又分为两种情况：一是在执行既定计划时，一些新的需求计划加入或一些约束条件临时改变；二是在执行计划过程中出现的一些突发情况，如选定的路线突发交通拥挤。这两种情况都要求运输计划能够及时调整，重新制定出优化的运输方案。

## 二、动态运输调度模型

1. 基本的动态运输调度模型

大型的配送或运输系统的基本结构是一个复杂的网络。在这个网络中，中心仓库、仓库、客户等各点通过路线连接在一起，车辆通过在网络中各点运送货物来完成运输任务。在这个服务过程中，基本的运营问题是在已知的客户地点、需求的运输量情况下解决车辆行驶路线和行程安排。

为低成本完成到客户的配送，企业事先要根据客户信息、企业运输能力和配送网络的基本交通条件选择一个最优路线进行配送，其路线选择模型为：

$$R_l = f(CI, CR, CP) \tag{9-2}$$

式中，$R_l$表示选择的第 $l$ 条路线；$CI$ 表示客户信息（包括地理位置、货物特性、时间窗口、需求的货运量等）；$CR$ 表示道路交通条件（如路线运行时间、距离等）；$CP$ 表示企业的运输能力(如车辆数、载重量、体积等)。

上述模型由于包含了道路交通条件，使之变成随道路交通条件变化而变化的动态运输调度模型。

2. 动态运输调度过程

企业运输路线选择和行程安排考虑了三方面因素，即路网动态交通条件、客户和企业运输能力，这三方面因素的相互关系体现在图9-15所示的动态运输调度过程中。从图9-15中可以看出，通过对这三方面因素的综合考虑，企业能够设计出既满足客户要求，又能适应变化的交通环境的最优路线。

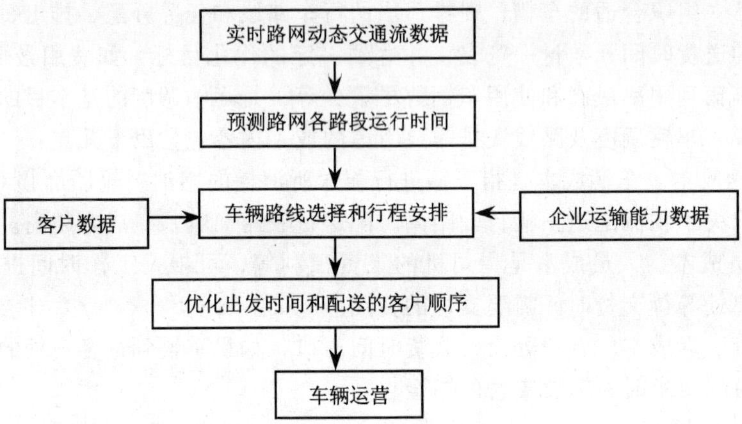


图9-15 动态运输调度过程

## 三、动态运输路线选择的车辆运营成本节约

1. 车辆的运营成本

车辆在运营过程中，其全部成本由三部分组成：①车辆的固定成本。②与出行时间和花费在客户处等待时间成正比的车辆运营成本。③在客户指定的服务时间窗口之外的早到等待的费用或延误处罚的费用。

在选择运输路线时，考虑路网动态交通环境和不考虑路网动态交通环境引起的车辆运营成本的差异主要在与出行时间成正比的运营成本上，如人工成本、生鲜冷冻食品由于时间延长损失的成本、多式联运由于时间延长无法衔接损失的成本等。

2. 车辆运营成本节约分析

荷兰的货物运输成本计算方法不同于国内运输企业的以吨公里为单位的计算方法。荷兰把每次的运输成本分为三部分，即公里成本、计时成本和直接运输成本。公里成本包括运输过程中的燃料、折旧、轮胎和修理费用；计时成本指运输过程中每小时的固定车辆费用、司机费用和管理费用；直接运输成本为每次运输中的过桥费、过路费和罚款等非预料的费用。根据实时变化的道路交通条件选择的动态运输行驶路线可以给企业带来计时成本方面的节约。

由于运输过程中的小时成本=小时数×每小时成本，因此，假定以每小时司机平均费用12元来计算，在路线选择过程中，如果运输能够避开拥挤路段，其每次运输过程节约30分钟，单从司机费用来讲，每次就可以节约6元钱，一年可节约300天×10次/天×0.5×12元=18000元，实际上一些大型的连锁超市每天的配送次数远远不止10次，司机费用的节约还要增大。此外，企业以小时计算的固定车辆费用(利息费用、折旧费用、保险费用、税捐费用和车库费用等)和管理费用均随着企业运输时间的节约而下降。

## 思 考 题

1. 基本的配送网络有几种？企业在什么情况下，考虑增加配送中心？

2. VRP 设计的基本思路是什么？客户的服务时间窗口如何考虑？

3. 送货与取货业务混合的线路如何设计？货物如何在车厢中摆放，才能使运输成本降低？

4. 某一配送中心向 10 个客户配送货物，其配送网络如图 9-16 所示。图中括号内的数字表示客户的需求量(t)，线路上的数字表示两点间的距离。配送中心有 2t 和 4t 两种车辆可供使用，试制定最优的配送方案。

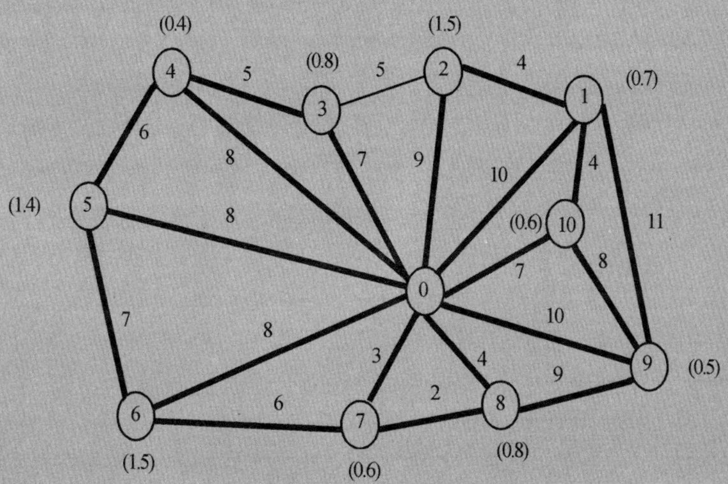


图 9-16　配送网络

5. 星昆物流公司的配送线路再设计。

要求：重新确定运货货车和运输路线的最佳数量及每条路线上各站点的顺序，并与原线路进行成本比较。

设计背景：

星昆物流公司，始创于 1999 年，注册资金 500 万元，目前拥有员工 54 人，其中司机为 20 人。公司现有自备运输车辆 10 辆、自有配送中心一个，目前的主要经营项目是承担上海地区一著名啤酒厂的啤酒配送业务。星昆物流公司的啤酒配送业务在上海地区共有 19 个客户，需要每天向这 19 个客户进行配送。客户与仓库、客户与客户之间的相对地理分布情况见图 9-17 所示。

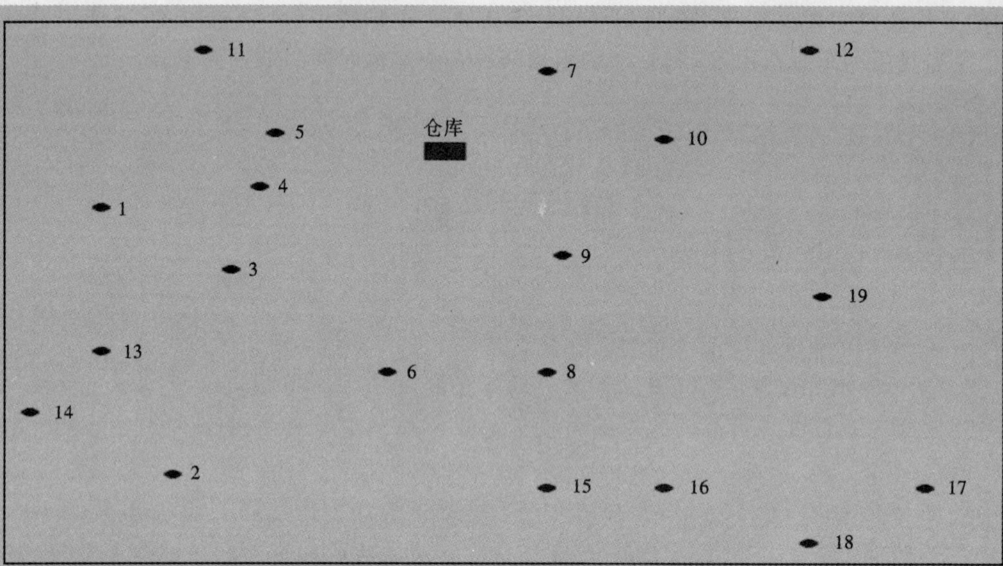


图 9-17　客户的地理分布情况

一般情况下，物流公司会在前一天晚上将啤酒生产厂生产的啤酒拉到自有的配送中心，第二天再向客户配送。客户在一个季度内，每天的需求量保持不变，其每天的需求量、接受货物的时间窗口、客户处的平均卸货时间如表 9-2 所示。

**表 9-2　客 户 数 据**

| 客　户 | 需求量/箱 | 卸货时间/min | 时 间 窗 口 |
|---|---|---|---|
| 1 | 120 | 50 | 08:00AM-05:00PM |
| 2 | 200 | 80 | 08:00AM-10:30AM |
| 3 | 120 | 50 | 08:00AM-05:00PM |
| 4 | 150 | 70 | 08:00AM-05:00PM |
| 5 | 50 | 20 | 08:00AM-05:00PM |
| 6 | 90 | 35 | 08:00AM-05:00PM |
| 7 | 140 | 60 | 10:00AM-12:30AM |
| 8 | 60 | 30 | 08:00AM-05:00PM |
| 9 | 110 | 45 | 08:00AM-05:00PM |
| 10 | 180 | 80 | 08:00AM-10:45AM |
| 11 | 90 | 35 | 08:00AM-08:30AM |
| 12 | 80 | 30 | 08:00AM-10:00AM |
| 13 | 50 | 20 | 12:30PM-05:30PM |
| 14 | 160 | 80 | 08:00AM-12:45PM |
| 15 | 100 | 40 | 08:00AM-05:00PM |
| 16 | 140 | 60 | 08:00AM-05:00PM |
| 17 | 50 | 20 | 08:00AM-05:00PM |
| 18 | 90 | 35 | 12:00PM-04:00PM |
| 19 | 150 | 60 | 08:00AM-05:00PM |

目前的啤酒配送线路共有5条，每天需要5辆车(一辆车的载重量为450箱)同时进行配送业务，车辆在配送过程中的平均行驶速度为40km/h，每一条线路配送的客户情况如表9-3所示。

表9-3　每一条线路配送的客户情况

| 路　线 | 开始时间 | 途经客户点顺序 | 路　线 | 开始时间 | 途经客户点顺序 |
|---|---|---|---|---|---|
| 1 | 7:45AM | 12，19，9，5 | 4 | 7:30AM | 11，1，6，8 |
| 2 | 7:33AM | 2，3，4 | 5 | 7:39AM | 7，13，14，10 |
| 3 | 7:22AM | 16，17，18，15 | | | |

## 阅读资料

### 沃尔沃的汽车物流配送系统

汽车全球物流运作过程中大量原材料、半成品、零部件和成品，均承受沉重的费用负担，大幅度降低成本是当务之急；同时客户对汽车物流提出越来越高的标准，迫切要求供应商随时提供有关订货情况和所订货物的实时位置信息。因此，提高客户满意程度的关键因素就是有关实物分销或者供应运作的信息，还有传递这种信息的能力。而瑞典沃尔沃汽车集团下属的沃尔沃物流公司的物流方式就很值得汽车物流企业借鉴。

#### 一、周密研制的系统，为物流提供一条龙的服务

在过去几年中，经过一番市场调查和专家咨询，沃尔沃物流公司拨出巨额投资，推出为出口物流提供合作物流操作的全新物流信息系统，这套系统把汽车制造、汽车零部件生产商、承包商、托运人、承运人和运输公司全部连接在一起。像沃尔沃集团这样的国际著名汽车厂商，越来越重视数据处理、信息系统，积极地在通信基础设施上投资，以便利用信息系统更好地管理物流运作。目前，它们首先在欧洲地区做到的是，把汽车生产到交货的全过程时间从5~15天减少到2~6天。

这套物流信息电子系统于2001年正式引进，同年10月份在沃尔沃集团全面推广，名称叫A4D的配送应用信息系统，是一种全新的、覆盖面非常广泛的出口物流信息系统网站。从汽车生产流水线车间到交货地点，凡是出口链上的部门和外商合伙人都能访问该网站的电子商贸平台，确保供应链的高度透明。该系统的性能主要包括：确保向消费者提供优良、精确的交货信息；降低从汽车订货到交货的所谓前导时间；为购买汽车的客户提供灵活、优先和变通的交易操作；能够同时交易沃尔沃和其他汽车厂商生产的汽车；降低管理成本、产品库存量和经营成本；明确显示产品的详细情况，从开始生产到完成生产的时间和从订货到交货的时间，物流配送操作和周边成本，还有就是在交货时汽车的质量；及时参与新产品的物流规划。

这套配送技术应用信息网络系统由沃尔沃集团自己研制设计，通过A4D信息系统和

数字交换系统，沃尔沃物流公司不仅与新老客户保持密切的联系，而且提供从沃尔沃汽车订货到交货的一条龙服务。

## 二、售后服务和消费者投诉集中处理，给客户更快的服务

在通常情况下，一些大型的汽车制造厂商，专门设立负责听取消费者投诉和负责提供售后服务的客户服务部或信息技术部门，但是沃尔沃集团自从推出A4D信息网络和数字交换系统以后，所有的售后服务和消费者投诉的受理，全部由网络信息系统一并解决，因为沃尔沃物流公司配送中心总经理，就是负责网络电子商贸应用系统的兼职总经理，消费者的投诉信息一到他的手里，他有权立即着手处理，从而让消费者和网络的其他使用者得到很快的回应，并且取得更大的实惠。

## 三、先进的网络系统，保障交货质量和低销售成本

在沃尔沃汽车厂商用2~4年时间设计沃尔沃X90车身时，沃尔沃物流公司同时着手为X90提前安排物流操作计划和运输规则，这方面的业务全部由沃尔沃物流公司自己做。现在的汽车用户主要关注的已经不是交货时间，而是交货质量和汽车的销售成本。对汽车产品进行全程监视的A4D电子信息系统可以解决这个问题，特别是与运输公司和承运人商谈汽车运输质量的时候，A4D电子信息系统所记录的材料可以证明汽车质量问题应该属于哪一方的责任。

通过电子数字交换或者通过A4D系统互联网，取得对每一辆汽车进行跟踪和监督的有关实时数据。这一套系统可以实际应用到客户订货合同中规定的每一项细节，把生产厂商提供的产品、客户的订货和市场销售系统有机地结合起来。汽车零售商能够通过A4D系统互联网络，清楚地了解汽车产品的信息。与A4D互联网系统和数字交换系统相密切联系的配送系统，随时向承运人和其他有关运输公司提供信息。每当汽车零售商把客户的订单输入信息系统以后，A4D网络系统立即开始计算出“交货许诺”，根据这个“许诺”，有关汽车从生产、装配、包装、运输一直到交货的每一步，全部都可以安排好。沃尔沃集团在A4D信息系统中设立的“前期程序”，把订单上每一辆汽车从生产点到交货点的路线都编制成信息，再把信息发给零售商或者销售商。如果交货所在地国家遇到节假日、发生罢工或承运人的运输船舱一次装不下那么多汽车等情况时，该信息系统会自动调整交货时间。

## 四、运力源自对社会资源的整合利用

具有多种运输方式选择的沃尔沃汽车物流公司，通过网络与多家承运人保持密切的联系，有足够的能力优化组织交货。现在的沃尔沃汽车集团不再像以前那样由于盲目生产和配送汽车，造成汽车产品库存积压，而是改由网络信息系统指导、以产定销，生产的汽车数量、型号、内饰、配件、外部颜色等等全部由消费者来定，并且不再通过当地的进口商，而是由沃尔沃集团直接向当地销售商供货。目前沃尔沃汽车在欧洲的销量仍然高于北美和亚洲。

在联合承保和提供物流等方面，沃尔沃物流公司积极发展与其他汽车生产厂商的合

作，如福特公司、雷诺公司和美国麦克货车公司。但是沃尔沃物流公司本身并不拥有对外运输的承运工具，所有的对外运输车辆全部是租用的。因此，沃尔沃物流公司必须通过签订协议和合同，与远洋承运人的货运代理和其他运输公司的物流部门和运输部门保持密切的业务联系，随时通过它们提供的运输服务，把出厂的沃尔沃汽车送到每一个汽车销售点。

（摘自：亚太博宇，“沃尔沃：汽车物流的典范”，《中国物流与采购》，2003 年第 15 期）

## 案　　例

### 伊利的牛奶运输

#### 一、牛奶班列

伊利的发展得天独厚，因为它背靠风景优美、奶源丰富的内蒙古大草原，但伊利也有着自己的“软肋”。

“过去由于厂家离市场比较偏远，伊利的运输成本特别高，因为市场都在沿海地区，而这些市场又是我们的大市场。过去我们都靠汽车运输，成本很高。如果用火车，我们也只知道发货时间，我们的产品什么时间能到客户手里根本就不可控。于是，我们通过跟铁路部门，包括我们呼市铁路局沟通，得到了他们的支持，并实行“五定”，通过这种方式，使我们整个 2005 年这一年节约了大量费用，同时节省了运输时间，过去可能 20 天、一个月才能到货的产品，现在只需要 5～7 天，大大提高了我们产品的竞争力。”潘刚在获得“CCTV 中国经济年度人物”时说。

伊利产品销售覆盖全国并远销港澳地区，而运输问题是制约企业产量和规模扩大的主要瓶颈。2003 年以前，由于主要采取公路—水路联运方式，运输成本居高不下。牛奶运输顺畅与否，直接关系到消费者的需求、企业的效益和内蒙古地区经济发展以及上百万农牧民的利益。2006 年新年伊始，呼和浩特铁路局开出了第 500 列牛奶集装箱“五定班列”，上海等华东地区的消费者可以在几十个小时内喝上草原鲜奶。

开行牛奶集装箱班列大大解决了长期困扰伊利发展的“物畅其流”的问题。以潘刚为首的伊利高层领导把“五定班列”作为企业精确化管理的重要举措。由于伊利是呼和浩特市乃至内蒙古区内响当当的名牌企业，伊利的这一想法立即得到了铁道部、呼和浩特铁路局和中铁集装箱运输有限责任公司等部门、单位的支持。根据牛奶的特殊运输需求，铁道部运输局为牛奶运输铺划了“五定班列”线，即“定点、定线、定时间、定价格、定编组”，开创了牛奶集装箱“五定班列”这一铁路运输的新模式。这趟列车堪称中国铁路第一精品货物列车，运输组织便捷、效率高，班列从草原发车，一站直达。

为了保证日常运输的正常化，伊利与呼和浩特铁路局建立了“直通直报”制度，铁路部门按照“运力资源配置合理化、运输组织高效化、整体经营效益最大化”的原则，优化配置有限的运力资源以满足伊利的运力要求；同时，伊利还与中铁集装箱公司签订

"保证车源、箱源"的"运输服务承诺"，畅通运输通道的中间环节。

目前，伊利销往华东、华南的牛奶80%依靠铁路运到上海、广州，再向其他周边城市分拨，上海的消费者在70个小时内就能喝上草原鲜奶。牛奶集装箱班列也从最初每周1列发展到现在每天1列。

## 二、像物流管理软件的分销系统

早在1996年，伊利集团就花200多万元引进了一套美国四班(Fourth Shift)的MRPⅡ(生产资源计划)系统。但这个豪华的奔驰引擎却带不动伊利，无论如何也跑不快。"这里面既有产品本身的原因，也有企业管理上的原因。因为伊利集团的仓储、物流配送等根本就达不到软件的要求。"专家这样分析。

2000年，伊利集团下辖奶粉、冷饮和液态奶三大事业部，在内蒙古、北京、河北、天津、上海等地有30多家生产厂，60多座大型仓库，近百家销售办事处，上万个分销代理点。而销售领域资金、物流和信息流的不统一，成了制约伊利快速成长的瓶颈。

在这种背景下，伊利高层强力推进伊利的信息化建设，"伊利最终选定了用友伟库提供的ASP方式"。

伊利液态奶事业部信息负责人是让用友的软件工程师最"怕"的一个"刺儿头"。奶粉的保质期很长，而酸奶的保质期只有三天，需要在当天凌晨3点开始配送，6点前摆上超市的柜台。"当时看到这个情形，用友心里一点底也没有。因为ASP系统只适合奶粉的配送，而不适合酸奶的配送。但是，经过激烈的争论，甚至是争吵，在伊利的'逼迫'下，用友的工程师终于开发出了适合酸奶配送的产品。"许多年过去了，曾参与这项工作的工程师们依然"心有余悸"。

从技术上来说，这个ASP更像是一个物流管理软件。以前，业务员收到订单以后要通过手工登记，然后上报经理，出提货单，通知仓库发货；而今业务员收到订单以后，首先在网上对客户进行审查，然后核对库存、付款方式等，上传部门经理。经理确认后，再传到仓库，配送发车全部在网上进行。确切地说，伊利的分销管理系统更像一个物流管理软件。整个系统从分销、库存、多账号管理和配货入手，将传统手工控制，变为信息系统控制，尽可能将企业运行过程中的不确定因素变为可控因素，实现了对企业销售计划指标、合理库存量、保质期、客户信用、人员业绩等指标的控制。从网点到分销点，再到销售中心，然后是订单和库存管理中心，全面审批收集的数据，所有单位都通过上网和相应的权限进行数据的录入、查询、审批和处理工作。目前，只要是能上网的地方，伊利的分销点就可以应用分销管理系统。

从效果上来分析，这套物流管理软件改变了伊利管理的思维方式，实现了数字管理和过程管理，达到了真正的目标管理。同许多企业一样，以前伊利集团的管理方式伊利：草原鲜奶的由来也是逐级汇报，一条消息从代理点传到总部至少要两三天；采用信息系统后，代理点—子公司—事业部—总部实现了7×24小时实时数据的输入和查询，从几十个小时缩减到可以忽略不计的几秒。更重要的是除了必要的沟通外，多数经营数据可以在数据库内直接查询，将事后控制，变成了过程控制。以前，销售经理想知道仓库内还有多少箱酸奶，这个经理不会去仓库数数，而是首先去翻账单，"进了300箱卖了200箱，仓库内就应该还有100箱。但实际上仓库内有多少箱呢？不一定是100箱，因为账单有可能丢了几张。”

按照伊利以前的物流管理，从客户下订单到配送中心的汽车离开仓库，通常需要一周的时间。采用分销管理系统以后，全部订单的配送当天就可以完成，一个订单的流转从一周缩短到不足24小时，优化了业务流程，提高了效率。

伊利的产品多数是冷藏、保鲜食品，对存货管理的时间非常敏感，鲜奶的保质期只有3天，冷饮是3个月，液态奶是8个月，奶粉是12个月。以前，仓库管理员只凭“记忆”管理仓库，经常把即将过期的产品留在仓库，而把刚生产出来的产品发走了。有了分销管理系统以后，根据产品的标号，仓库内哪些产品是即将过期的，哪些是新生产的，一目了然，因而大大降低了过期产品的损失。因此资金周转速度加快、准确预测产量等带来的效益的提高就更多了。

## 三、一切为了压缩“物流成本”

提高效率与效益是伊利2005年营销策略的关键，而物流成本已经成为制约乳品企业销售成长的主要因素，为缩减物流成本，提高市场回报率，伊利将坚持扩张产能、兴建分仓、调整生产布局的策略，这一切都是为了尽可能地降低物流成本。

在资源型乳业逐步走向全国市场的时候，单靠原产地产品的供应已经不能跟上市场扩张的步伐，像牛奶这样有着运输半径的特殊产业，需要有与市场相匹配的合理的产能布局。扩张产能成为降低物流成本的第一步。近几年，伊利由北向南相继投建了十几个分厂，但是在市场面积和容量的快速增长下，伊利产品依然存在供不应求的现象。2005年伊利继续调整生产布局，加快分厂及生产基地的建设，实行特定区域由特定工厂发货。

对于以液态奶为主的乳品企业而言，运输是个老大难问题。2005年，伊利兴起“建仓”运动。在目前14个分仓的基础上，伊利2005年在华中、华南、华东和华北地区各增加一个分仓，通过增设分仓，缩短生产基地与市场的距离，实现减少断货，最大限度地提高产品新鲜度的目的。诚如潘刚所说，“伊利要向二、三线城市进军”，调整生产布局也成为伊利降低物流成本的第三大举措。伊利采用了AC尼尔森监测机构的一份调查报告。2004年，伊利液态奶在省会城市的销量同比2003年增长了28.8%，在特大型城市增长了19.6%，在地市级城市增长了14.6%，在乡镇市场增长了11.2%，地市级和乡镇的增长率远低于省会城市，并且，伊利对地市级以下市场的铺市率不到碳酸饮料的50%。县城及乡镇集中了大量的人口，根据“人口与销量成正比”的快速消费品销售原则，地、县等二三级市场的开发，成为伊利在2005年的重要利润来源。有可能的话，伊利计划深入到发达地区的村和不发达地区的镇。

目前伊利集团在全国共有大约60个大库。由于不同事业部经营的产品的特性不同，因此各种产品对仓库的要求自然也不同。比如说保鲜奶由于保质期只有两天，基本上从产品下线就不进入企业的生产仓库，而直接进入物流配送中的仓库或在非常短的储存后就进入到流通领域。

由于伊利的冷饮及液态奶产品有很明显的淡、旺季之分，因而在旺季来临前有足够数量的产品的储备以及淡季时有合理的储备量就显得非常重要。因此，对于物流配送中的库存管理的要求非常严格。

面对这些特殊的仓储、运输要求，伊利致力于建造一个全国性的一体化仓库，将全国仓库统一管理，并实现仓储商品的合理调配。

目前一般的较为有效的库存管理方法是 ABC 分类，未来系统将能实现仓库群单体和整体的存量 ABC 分类。为此，伊利集团在全国的各个分仓建立统一系统，并实现实时的数据监控。目前伊利的管理者能从系统中看到全国各个事业部库存的总金额和各个商品数量分布(以便商品调配)，各个地区每种商品的存量 ABC 分类，全国每种商品存量 ABC 分类，每种商品安全存量以及每种商品批次的保质期管理等。

熟悉物流的人都说，企业的物流管理理想状态是要实现“零库存”。2006 年，面临新发展的伊利，更着力实现“零库存”，以降低物流成本。而这个“零”正是指没有生产库存积压，以及商品的流转率非常高。当一批商品进入仓库后，负责人能知道它将在几小时后进入到某个商业流通环节去，这样就能安排具体的下一批产品的进库。

(摘自:万莹,“伊利:草原鲜奶的由来”,《中国物流与采购》,2006 年第 6 期)

# 第四篇

## 运输实务

第十章　提高运输效率的措施

第十一章　降低运输成本的技术

第十二章　信息技术在运输物流管理中的应用

第十三章　运输物流系统设计要点

# 第十章

# 提高运输效率的措施

## 第一节　货物运输组织形式

企业完成货物从起点到终点的运输，可以采用多种运输方式，如五大运输方式、多式联运等，而且在每一种运输方式中，又有多种货物运输组织形式可供选择。从提高运输效率方面来讲，企业可采用的货运组织形式包括：直达联运、集装箱运输、干线运输与配送一体化和甩挂运输等组织形式。

### 一、直达联运

直达联运，即吸取铁路、汽车、船舶、飞机等基本运输方式的长处，以车站、港口或机场为货物周转中心，按照运输的全过程，把它们有机地结合起来，实现货物从生产地到消费地的一条龙运输。这种货物组织形式克服了单个运输方式固有的缺陷，从而在整体上保证了运输过程的最优化和效率化。

#### （一）特点

（1）由于采用直达联运形式，货物无需经过物流中心，节约了货物在物流中心停留、装卸时间。此外，这种形式能够压缩车船停留时间，从整体上看，节约了货物的运送时间。

（2）直达联运采用一票到底结算方式，简化了货物在各种运输方式间周转的手续。

（3）直达联运吸取了各种运输方式的优点，如汽车、飞机速度快，火车、船舶运输成本低，这将有利于各种运输方式的综合利用，综合发展，促进合理运输网的形成。

（4）由于多种运输方式联运，货物利用每一种运输方式的时间、地点都事先制定，因此，如果其中一种运输方式的运输可靠性低，运输时间没有保证的话，整个直达联运计划就会受到影响。因此，对运输可靠性要求高。

（5）多种运输方式联运需要多个运输单位参与组织和管理，使协调工作难度较大。

#### （二）类型

1. 汽车、水路干线直达联合运输

汽车、水路干线直达联合运输是通过汽车运输将货物从产地运到港口（码头），集港后再通过水路干线运往目的地。船舶一般是定线定班运输。

2. 铁路、水路干线直达联合运输

铁路、水路干线直达联合运输是由汽车运输将货物从工厂短拨到铁路站，铁路货车将货物运到港口自备火车站点，倒装后用港口自备铁路货车运到港口，再倒装到定班定线的船舶上运往目的地。

有些工厂具有与港口相接的铁路线，这样运输方式可简化，只需铁路与水路干线直达联合运输。

3. 铁路、航空干线直达联合运输

铁路、航空干线直达联合运输是由汽车运输将货物从工厂短拨到铁路站，铁路货车将货物运到主要航空枢纽所在城市火车站，再短拨到机场。铁路与飞机都是定点、定班、定线运行。

4. 汽车、航空干线直达联合运输

汽车、航空干线直达联合运输是通过汽车运输将货物从产地运到主要航空枢纽机场，再运往目的地。飞机一般是定线定班运输。

### 二、集装箱运输

货物在发货人仓库被装到集装箱后，进行铅封，在到达目的地前不拆封。在更换运输工具时，无须将集装箱内的货物倒装，只需将集装箱从一种运输工具挪到另一种运输工具上，减少了货物包装支出，降低了运输过程中的货损和货差。

目前集装箱运输在全球货物运输领域中发展迅速，尤其是进出口运输基本上都采用集装箱运输。我国沿海运输除了采用散货船运输外，集装箱运输也越来越得到企业的认可，集装箱运输是运输方法上的一次革命，是货物运输技术进步的表现，也是使杂货运输实现合理化、科学化、现代化的标志。

#### （一）特点

（1）集装箱使货物成组化，不仅便于使用机械化操作，减轻劳动强度，而且由于转运无须倒装因而减少了装卸作业，缩短了等待装卸时间，加快了货物送达和车船周转速度。在多式联运，尤其是国际多式联运中，集装箱运输发挥重要作用。

（2）集装箱作为一个容器，具有一定的强度，是货物良好的外包装。将散件货物直接装在集装箱内，利用集装箱保护货物，可不必另行包装，因而既节省了包装费用，又减少了货损货差，提高了货物运输质量和安全性。集装箱对装载贵重物品、易碎品、杂件货等的运输，是一个很好的选择。

(3) 集装箱作为一个标准化的容器，体积大、重量重，需要设置专门的集装箱码头和堆场、专门的起吊工具。

**(二) 装箱方式**

1. 整箱

整箱(FCL)是指货主向承运人或租赁公司租用一定的集装箱。空箱运到工厂仓库后，货主把货装入箱内，经承运人确认后，加锁铅封，交承运人运往目的地。

2. 拼箱

拼箱(LCL)是指承运人接受货主托运的数量不足整箱的小票货运后，根据货类性质和目的地进行分类整理，把去同一目的地的货，集中到一定数量，拼装入箱。

对于拼装货物，应当轻、重货物配搭。为使配装效果较好，配装货物的品种宜少，以一种重货与另一种轻货配装为有利。拼装货物应是发至同一到达站的货物。同时，必须使所装货物的加权平均单位体积重量等于或接近于集装箱的单位容重，从而使集装箱的容积装满，标记载重量也得以充分利用。

目前的集装箱运输基本上都采用这两种装箱方式。大货主采用整箱运输方式比较多，小货主的运输一般通过外包给第三方物流，将小批量货物积少成多而得到较低运价的优惠。

**(三) 集装箱类型选择**

除了标准的20尺和40尺集装箱外，我国铁路还保有1t、6t、10t等类型的集装箱。不同集装箱类型，其收费标准不同，因此在采用集装箱运输时，要合理选择集装箱类型。选择箱型，一般考虑的内容包括以下几项：

1. 货物外形尺寸

如果采用整箱装箱方式时，必须充分考虑货物外形尺寸与集装箱容积的匹配问题。货物外形和尺寸，决定其积载能力和集装箱容积的利用率。因此，根据货物外形和尺寸选定集装箱类型，设计货物在集装箱内部宽度和高度方面的装载方案，尽可能使其接近集装箱内部的宽度和高度。

2. 货物重量

一次运输的货物重量，决定着选择集装箱的类型。如果一次运输量能够正好装满一个集装箱时，建议采用整箱装箱方式。如果一次运输量不能装满集装箱时，可以采用拼箱装箱方式，有利于运输费用的节省，但同时要考虑货物的性质。如果货物具有容易腐烂变质的特性，需在时间上考虑集装箱类型的选择。

## 三、干线运输与配送一体化

一般情况下，当产地与销地距离很长时，为了避免销售风险，企业往往采用在销地建配送中心，然后再由配送中心根据客户需求进行配送的运输形式。产品从产地到销地配送中心的运输一般是干线运输，从配送中心到客户的运输是配送。干线运输与配送一体化就是指对产品从产地到客户的整个运输过程进行统筹管理和优化，汽车运输是其重要组成部分。

**（一）特点**

（1）通过干线运输信息（如到达配送中心时间、批量、产品种类等）的获得，能够更好地规划配送货物的时间、线路等，使企业有机会实现货物不入库，直接配送给客户的物流管理模式，降低了货物的库存成本。

（2）将干线运输与配送结合起来，能够更有效地利用运输资源，容易产生资源集中效益，提高车辆的实载率和工作率，降低运输成本。

（3）企业需要干线运输信息、库存信息和客户信息的实时交换和共享。

（4）需要从整体上考虑干线运输计划、库存计划和配送计划，使管理工作变得复杂。

**（二）结合方式**

（1）干线运输与区域配送一体化方式。

（2）干线运输、区域配送与城市配送三级联动的一体化运输方式。

干线运输与配送一体化，要求干线运输计划与配送计划统一制定。如果是企业制定，可选用不同的承运人；如果企业运输业务外包，统筹计划由第三方物流公司制定，并安排相应的承运人。企业采用第三方物流可以从更高的角度、更广泛地考虑物流合理化问题，进行合理运输，降低运输成本。

## 四、甩挂运输

甩挂运输，是指利用汽车列车甩挂挂车的方法，减少列车装卸停歇时间的一种拖挂运输形式。在相同的运输组织条件下，汽车运输生产率的提高取决于汽车的载重量、平均技术速度和装卸停歇时间三个主要因素，目前许多运输承运人都采用甩挂运输方式。

**（一）特点**

（1）实行汽车运输列车化可增加汽车每运次载重量，显著提高运输生产率。其中，采用甩挂运输，更可提高车辆在路线上的工作车时。

（2）采用甩挂运输时，在装卸现场要配备足够数量的周转挂车。

（3）采用甩挂运输，使得整列列车的装卸停歇时间减少为主车装卸时间加甩挂时间。

（4）周转挂车的装卸工作时间应略小于列车的行车间隔。

**（二）形式**

（1）两头甩挂运输。在装卸货地点，准备足够数量的周转挂车，列车在装卸货点两端实行甩挂。这种形式的甩挂运输适应于装卸地点变动不大、装卸现场较好、装卸费时的大宗固定货或半固定货源运输。

（2）一头甩挂运输。在装、卸地点只作装车甩挂或只作卸车甩挂。它适应在装车困难卸车较快或卸车困难装车较快的大宗货物运输。这时只在组织甩挂的一端准备足够数量的周转挂车。

采用甩挂运输时，装卸工人在装货现场预先装好挂车。列车到达装货地点后，甩下挂车，装卸工人则集中力量装主车货物，主车装好后，即挂走预先装好货物的挂车。列车开出后，装卸工人即将甩下的挂车装好货物，以备下次拖挂。载重列车到达卸货地点，即将载货挂车甩下，装卸工人集中力量完成主车的卸货作业，然后汽车挂预先卸好的挂车返回另一装货地点。列车开出后，装卸工人再卸甩下挂车上的货物。

甩挂运输适于在装卸能力不足、运距较短、装卸时间占列车运行时间比重较大时的运输条件下采用，并应根据不同的运输条件，组织不同形式的甩挂运输。

在这些运输组织形式中，无论采用哪种形式，一定要考虑运输的均衡、合理和集中化。

## 国外铁路运输业组织模式

1. 货网合一、客货分离的区域性公司模式

该模式是将全国铁路网划分为若干运输区间，每区间组建一个铁路运输公司，该公司负责区间内所有线路经营和客货运输业务，如美国就是采用这种模式。美国的铁路是以多家私营货运公司和一家国有客运公司的形式存在的。各家货运公司均拥有自己的线路所有权和经营权。而且一家铁路公司通过支付线路使用费可以有权在另外一家铁路公司选定的线路上提供界定的竞争性业务。

2. 客网合一、客货分离的区域公司模式

这种模式的基本做法是按区域和专业两种方式组建客、货运公司，客货运分营、客网合一、货网分离。如日本在1987年进行了铁路运输业的重组，就是把国家铁路公司分解成六家区域性客运公司和一家货运公司。日本国铁重组后，实现了扭亏为盈、服务质量改善、运量上升、成本降低、价格稳定。

3. 客、货、网分离的运输组织模式

这种组织模式的基本做法是网运分离，即组建独立经营的路网公司和运输公司。具体做法又有“一对一”和“一对多”。前者以瑞典为典型，其铁路重组后划分成一家路网公司和一家运输公司。后者以英国为典型，英国铁路重组后形成了一家路网公司和多家运输公司的模式，把运输公司划分为长途客运公司、短途客运公司、大宗货物运输公司、集装箱运输公司、行包快运公司、邮政运输公司等。与此同时，英国成立了3个机车车辆租赁公司和3个负责机车车辆修理的列车工程服务公司，并制定了有利于新的经营者进入的法规。

多个机车车辆租赁、维修公司的存在是为了使经营运输业务的公司可以择优选择，使机车车辆公司之间、维修公司之间也产生竞争。英国铁路改革的核心是最大限度地实现铁路的可竞争性。英国铁路重组模式虽引入了竞争机制，但其竞争还是有一定局限性的。因为英国运输业是按专业拆分，各运输公司之间业务互不重叠，因而互相之间的竞争并不充分。而且，根据其经验做法，一般在同一条线路上只授权两家公司经营，在获得特许经营权的竞争结束后，两个公司之间的竞争就弱化了。但即便如此，与重组前比较，其竞争性还是大大地增强了。

（摘自：蒋晓光，“国外铁路运输业组织模式及其启示”，《经济师》，2004年第5期）

# 第二节　车辆调度方式

在实际运输调度中，车辆工作率、实载率、里程利用率是调度计划设计要考虑的重点内容。城市配送中，有时设计的线路很短，车辆完成配送任务后，就处于一种休息状态，使车辆利用率降低，这种现象在实际调度中要尽量避免。从提高运输效率和车辆利用率方面来讲，企业可采用的先进调度方式包括：多班运输、定时运输、甩挂运输和定点运输。

## 一、多班运输

多班运输，指在昼夜时间内车辆工作超过一个工作班以上的货运形式。通常情况下，一个正常班的工作小时是8小时，为了完成运输任务，企业在调度中可采用人休息，但车不休息的多班运输形式。

### （一）特点

（1）采用多班运输，增加车辆在路线上的工作时间，能相应地提高车辆的工作率和利用率。

（2）组织多班运输，主要应解决好驾驶员的组织和车辆的行车调度。

（3）注意安排好驾驶员的工作和休息时间，同时也应考虑到定车、定人和车辆的保修安排。

### （二）方式

（1）双班运输。

（2）三班运输。

采用多班运输，适合距离比较远、客户运送时间要求严格时的运输。一般要求司机有两个或两个以上，车辆上要设置可供司机休息的休息间。

组织多班运输时，由于夜班比日班的条件差，不论道路照明、临时事故的处理、工作联系等方面都不如日班方便。因此，除了工作时间长短有所不同外，在安排日夜班的运行作业计划时，一般应遵守下列原则：难运的安排在日班，好运的安排在夜班。例如零星的货运任务、循环运输等，由于装卸地点较多，情况比较复杂，所以应安排给日班运输，而大宗货运任务以及可组成往复式运输的货运任务，由于任务比较稳定、变动少，牵连的装卸点也较少，因之适合于安排给夜班完成。

## 二、定时运输

定时运输，指车辆按运行计划中所拟定的行车时刻表来进行工作。在汽车行车时刻表中规定：汽车从车场开出的时间、每个运次到达和开出装卸站的时间、装卸工作时间和返回车场时间等。一般情况下，在客户运输需求确定情况下，企业往往采用定时运输。在城市配送过程中，注意运输时间安排要尽量错开交通高峰时段，以免延误运送时间，降低客户服务水平。

### （一）特点

（1）车辆按预先拟定的行车时刻表进行工作，要求运输过程涉及到的每一个环节都要按计划进行准备，运输工作效率得到提高。

（2）由于客户需求的非确定性，因此行车时刻表要随着客户需求的变化而得到及时更新，这给行车时刻表编制带来了一定的难度。企业一般采用利用计算机编制一定算法程序进行行车时刻表的编制，但由于运输问题错综复杂，还需管理人员进行人工修正。

**（二）方式**

（1）按客户接受货物设定的时间窗口进行推算。在制定计划时，依据客户的时间窗口，对路上运行时间、装卸时间和车辆返回时间进行估算，确定行车时刻表。

（2）按车辆完成运送任务的时间顺序进行计算。在对每一辆车确定行车时刻表后，将所有车辆的行车时刻表按完成任务的时间顺序排列，重新确定车辆数，并设计新的行车时刻表。

例　10 辆卡车(载重量都相等,用 I 表示)10 条线路的行车时刻表如表 10-1 所示，根据车辆完成运送任务的时间顺序，重新设计了一个只用 4 辆车完成 10 条线路配送的新的行车时刻表，如表 10-2 所示。

**表 10-1　10 辆卡车 10 条线路的行车时刻表**

| 车辆/路线 | I1/1 | I2/2 | I3/3 | I4/4 | I5/5 | I6/6 | I7/7 | I8/8 | I9/9 | I10/10 |
|---|---|---|---|---|---|---|---|---|---|---|
| 发车时间 | 8:00 | 9:30 | 14:45 | 11:31 | 8:12 | 15:03 | 12:24 | 13:33 | 8:00 | 10:56 |
| 返回时间 | 10:25 | 11:45 | 17:10 | 15:21 | 9:52 | 17:31 | 14:22 | 16:43 | 10:34 | 14:25 |

**表 10-2　4 辆卡车 10 条线路的行车时刻表**

| 车辆/路线 | I1/1，7，3 | I2/9，4 | I3/5，10，6 | I4/2，8 |
|---|---|---|---|---|
| 发车时间 | 8:00，12:24，14:45 | 8:00，11:31 | 8:12，10:56，15:03 | 9:30，13:33 |
| 返回时间 | 10:25，14:22，17:10 | 10:34，15:21 | 9:52，14:25，17:31 | 11:45，16:43 |

## 三、定点运输

定点运输，指按送货或取货地点固定运输承运人，专门完成这些固定区域或线路运输任务的调度形式。企业在运输过程中，经常事先划分运输区域，然后指派固定运输承运人专门经营某一个或几个运输区域(线路)。

**（一）特点**

（1）实行定点运输，使运输承运人能够集中精力经营，有利于运输服务质量的提高和运输成本的降低。

（2）固定区域或线路运输使运输调度计划的设计相对容易，节省了复杂运输调度计划时间，提高运输效率。

（3）定点运输中，送货或取货地点相对比较集中，有利于运输线路优化。

（4）定点运输能够减少运输承运人之间的矛盾，但不利于运输集中效益的产生。

**（二）方式**

（1）定线运输。给运输承运人划分一条或几条固定的运输线路，使其根据这些线路的客户需求，承担这些线路的送货/取货任务。

(2) 定区域配送。对客户地理位置进行区域划分，让承运人承担固定区域的送货/取货任务。定区域配送需要对线路进行优化设计，可由运输承运人根据客户需求自行设计。

## 第三节　汽车货物运输行车组织

汽车运输是所有运输方式中应用最普遍、运输调度最复杂的运输方式。任何运输方式都需要汽车运输帮助，才能实现“门到门”运输。在货物配送中，汽车运输是最主要的运输方式。为提高车辆的运输效率，减少空驶和等待回程货物，必须加强车辆定时运输和衔接运输的组织工作，汽车货物运输行车组织方法常采用直达行驶法和分段行驶法两种。

### 一、直达行驶法

直达行驶法是采用点对点的运输网络，每辆汽车装运货物由起点经过全线直达终点，卸货后再装货或空车返回，即货物中间不换车。采用直达行驶法时，如果运送距离长，车辆在路线上运行时间较长，司机的休息和行车安全是最大的考虑。要合理科学地安排司机和车辆，坚决杜绝疲劳驾驶。

采用直达行驶法时，司机和车辆的匹配安排可根据具体情况采取以下几种方式：

1. 单人驾驶制

单人驾驶制指车辆在整个周转时间内，由一个驾驶员负责和照管。在整个周转结束后，在路线起点驾驶员换班。采用此种工作制度时，车辆的利用率最低，且驾驶员长期脱离固定住所，生活和休息不够安定舒适。但这种工作制度可以完全实现定车、定人，便于对驾驶员考核。

2. 双人驾驶制

双人驾驶制是指车辆在整个周转时间内，由两个驾驶员轮流驾驶，这样可以大大地缩短车辆的周转时间，提高车辆的有效利用程度和货物运送速度。这种工作制度的缺点是驾驶员在行驶的汽车上休息不方便，驾驶员比较劳累，且需配备两名驾驶员。

3. 换班驾驶制

换班驾驶制是指车辆由一组驾驶员共同照管，每个驾驶员负责担任一个固定路段的驾驶任务，换班后再休息。这种驾驶工作制度同时具有单人驾驶制和双人驾驶制的优点，因此是经常采用的一种工作制度。

### 二、分段行驶法

分段行驶法是指将货物全线运输路线适当分成若干段，即称区段。每一区段均有固定的车辆工作，在区段的衔接点，货物由一个区段的车辆转交给下一个区段的车辆接运，每个区段的车辆不出本区段工作。应用分段行驶法时，需要在路段衔接处设置相应的站点、场地和装卸设备，以供汽车换装货物或交换牵引车之用。分段行驶法中、每个货运站各自分管所属路段的车辆和货运组织管理工作。在所属路段中的位置不同，可分为短路段和长路段两种工作方法。

1. 短路段行驶工作法

当货运站设在两个路段的衔接处时，称为短路段行驶。短路段行驶法宜采用单人驾驶制，路段的长度应使车辆能在驾驶员的一个工作班时间内完成一个周转。

2. 长路段行驶工作法

当货运站设在路段中间，且将货运站所属路段分成二个区段时，称长路段行驶法。这种工作方法可使货运站的数目减半。工作制度宜采用换班驾驶制，一个驾驶员负责由货运站到起点这一段，另一个驾驶员负责由货运站到路段终点这一段。

为了缩短装卸货交接时间，在条件允许时，也可采取甩挂运输。采用甩挂运输，货物在路段衔接处只需换牵引车即可。这种行驶方法可避免货物多次倒装，减少货损货差现象，同时应注意各路段相互衔接运输货物的重量与车辆载重量是否相适应，以免车辆亏载或超载。在长途干线组织货物运输采用分段行驶法，可保证驾驶员的正常工作条件和休息时间，有利于安全行车和提高车辆工作效率。

## 第四节　零担货物运输行车组织

汽车货物运输规定，托运人一次托运货物计费重量 3t 及以下的，为零担货物运输；铁路货物运输规定，托运人向铁路托运一批货物的重量、体积或形状不够整车运输的，为零担托运。按零担托运的货物，一件体积最小不得小于 $0.02m^3$（一件重量在 10kg 以上的除外），每批不得超过 300 件。零担货物运输是各种运输方式提供的一类运输服务种类，是运输服务的一个重要组成部分。零担运输与生产和生活密切相关，运输组织程序和过程相对整车运输来讲比较复杂，而且运输成本较高。

### 一、汽车零担货物运输行车组织方式

汽车零担货运适合商品流通中品种繁杂、批量小、价值高、时间紧迫、到达站点分散等特殊要求的货物，是整车运输的一种补充，其业务流程见图 10-1 所示。此外，零担运输在旅客行李、包裹的运输方面提供了极大的方便条件。由于零担运输中涉及零担站（点）、零担货运班车和零担货运班线三要素，在行车组织方面比较复杂，因而开展零担货运业务必须采用合理的车辆运行组织形式，其行车组织方式主要有

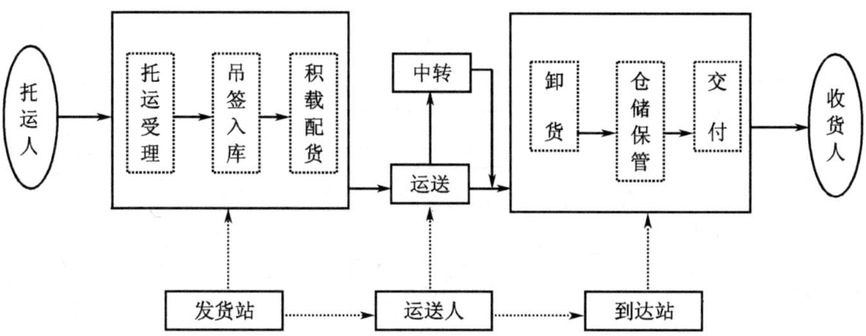


图 10-1　汽车零担货运业务流程

固定式和非固定式两种。

### (一) 固定式

固定式是指车辆运行采取定线路、定班期、定时间的一种组织形式。

这种组织形式要求根据营运区内零担货物流量、流向等调查资料，结合历史统计资料和实际需要，在适宜的线路上开行定期零担货运班车。固定式零担运输组织形式为广大零担货主提供了许多方便，有利于他们合理地安排生产和生活。对汽车运输部门来讲，固定式零担货物运输有利于实行计划运输，常用的零担货运班车包括以下几种方式：

1. 直达式

直达式指在起运站，将各发货人托运到同一到达站，而且性质适合配装的零担货物，同一车装运直接送至到达站，途中不发生装卸作业的一种组织形式(如图 10-2 所示)。

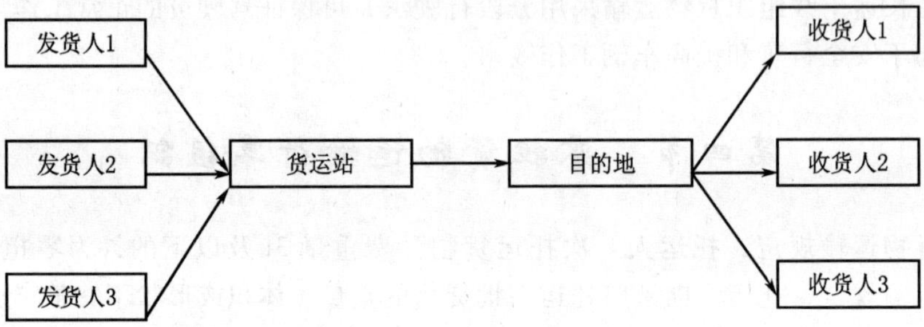


图 10-2　直达式运输组织方式

直达式零担货运与整车货运基本相同，货物在中途无须倒装，降低了运输成本和提高运输服务质量，具体表现在：①避免了不必要的换装作业，节约了中转装卸作业成本，有利于减少货损货差；②减少了货物在途时间，提高运送速度，有利于加速车辆周转。

2. 中转式

中转式零担班车是指在起运站将各个托运人托运的同一路线，不同到达站，且性质允许配装的各种零担货物，同车装运到规定的中转站，另行配装，继续运往各到达站的一种组织形式，见图 10-3 所示。

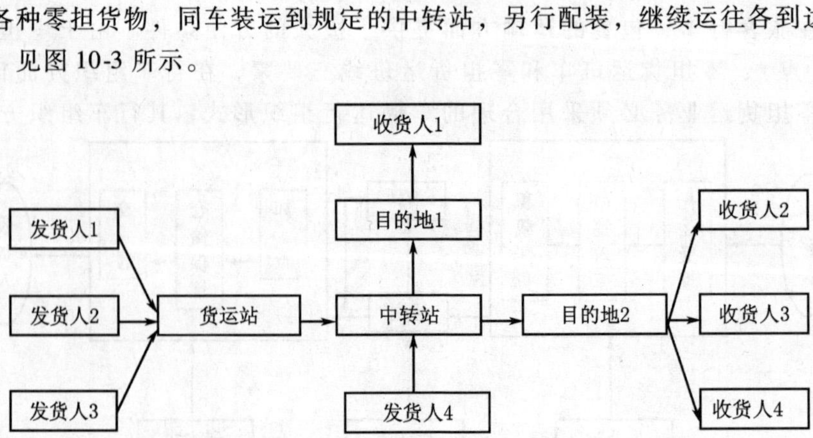


图 10-3　中转式运输组织方式

中转式与直达式是互为补充的两种不同的组织形式。直达式效果较好，但它受到货源数量、货流及行政区域的限制。而中转式可使那些运量较小、流向分散的货物通过中转及时运送，所以它是一种不可缺少的组织形式。但中转式耗费的人力、物力较多，作业环节也比较复杂。因此，必须根据具体情况，合理组织这两种运输方式，使他们各得其所，充分发挥各自的优势。

零担货物的中转作业方法有三种：落地法、坐车法、过车法。

(1) 落地法(卸下入库,另行配装)。即将到达车辆上的全部零担货物卸下入库，按方向类别或到站类别在货位上进行集结，然后重新配装组成新的零担车。

这种方法简便易行，车辆载重量和容积利用较好，但装卸作业量大，仓库和场地的占用面积大，中转时间长。

(2) 坐车法(核心货物不动,其余货物卸下,另行配装)。即将属于某一到达站的货物留在车上不动，作为核心货物，而把其余站点的货物卸下(落地或过车)，然后加装与核心货物属同一到达站的货物，组成一个新的零担车。

这种方法其核心货物不用卸车，减少了装卸作业量，加快了中转作业速度，节约了装卸劳力和货位，但对留在车上的核心货物的装载情况和数量不易检查清点。

(3) 过车法。即将零担货物由一辆车直接换装到另外的运输车上。过车时，既可以过向空车，也可以过向留有核心货物的重车。

这种方法在完成卸车作业的同时也完成了装车作业。提高了作业效率，加快了中转速度，但对到发车辆的衔接要求紧密，易受意外干扰而影响运输计划。

3. 沿途式

沿途式是指在起运站将各托运人发往同一线路不同到站，而且性质适宜于配装的零担货物同车装运后，按计划在沿途站点卸下或装上零担货物，运往各到达站的一种组织形式，如图 10-4 所示。

沿途式组织工作比较复杂，车辆途中运行时间比较长，但能满足沿途各站点的需要，充分利用车辆的载重及容积。

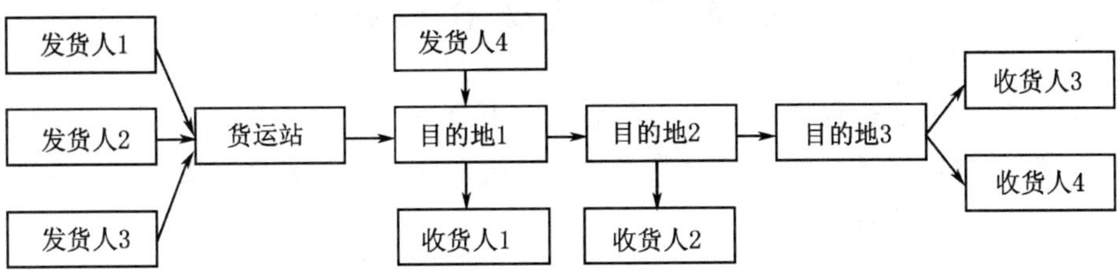


图 10-4　沿途式运输组织方式

### (二) 非固定式

非固定式是指按照零担货流的具体情况，根据实际需要，随时开行零担货车的一种组织形式。

这种组织形式由于缺少计划性，必将给运输部门和客户带来一定的不便。因此只适宜于在季节性或在新辟零担货运线路上作为一种临时性的措施。

## 二、铁路零担货物运输组织方式

零担货物是铁路货物运输的重要组成部分，是整车运输的扩延和补充。对运输批量小，运输的速度、时间、灵活性要求较高，且对运输价格的承受能力较高的货物，适合于零担运输。由于零担运输涉及到铁路零担货运办理站、中转站等因素，使其货运组织也相对复杂。根据《铁路零担货物运输组织规则》中的规定，装运零担货物可组织整装零担车(简称整零车)或沿途零担车(简称沿零车)。

### (一) 整零车

1. 直达整零车

直达整零车是指所装货物全部直接到达货物的到站，包括一站直达整零车和同一最短径路上两个或三个到站的直达整零车。

2. 中转整零车

中转整零车是指装有需经中转站中转的货物，包括一站中转整零车和同一最短径路上两个或三个到站的中转整零车。

零担货物中转站要根据零担货物的流量、流向及中转货物的货源情况，按照“先直达、后中转”和“能装一站、不装两站”等配装原则，采取坐车、过车、落地等方法，组织好零担货物的中转作业。

### (二) 沿零车

沿零车主要装运其挂运区段内各站到、发的货物。

(1) 开行沿零列车的区段，应实行固定运行线、固定沿零车数、固定编挂位置、固定接车线路的运输办法。

(2) 装入沿零车内一件货物的最大重量由铁路局确定。跨局沿零车的挂运和交接工作，以及一件货物的最大重量，由有关铁路局商定。沿零货物的货车装载清单应填制一式两份，凭以交接和签证。交接时应按批检查货物件数和现状。

# 第五节　运输合理化

企业在运输和配送过程中，经常会发生一些不合理的运输组织和安排，如空车回程、对流运输、配送线路交叉、配送区域重叠等。这些不合理的运输与配送组织，增加了企业物流成本，降低了企业效益。

## 一、运输合理化概述

### (一) 运输合理化概念

运输合理化就是指企业运输资源能够优化配置，并且能够以最经济的手段和方法完成客户的运输要求。

### (二) 运输合理化的影响因素

运输合理化的影响因素很多，有五方面因素起决定性作用，即合理运输的“五要素”，包括运输距离、运输环节、运输工具、运输时间和运输费用。

1. 运输距离

运输时，运输时间、运输货损、运费、车辆或船舶周转等运输的若干技术经济指标，都与运距有一定比例关系，运距长短是运输是否合理的一个最基本因素。

2. 运输环节

每增加一次运输，不但会增加起运的运费和总运费，而且必须要增加运输的附属活动，如装卸、包装等，各项技术经济指标也会因此下降。所以，减少运输环节，尤其是减少同类运输工具的环节，对合理运输有促进作用。

3. 运输工具

各种运输工具都有其使用的优势领域，对运输工具进行优化选择，按运输工具特点进行装卸运输作业，最大发挥所用运输工具的作用，是运输合理化的重要一环。

4. 运输时间

运输是物流过程中需要花费较多时间的环节，尤其是远程运输，在全部物流时间中，运输时间占绝大部分，所以，运输时间的缩短对整个流通时间的缩短有决定性的作用。此外，运输时间短，有利于运输工具的加速周转，充分发挥运力的作用，有利于货主资金的周转，有利于运输线路通过能力的提高，对运输合理化有很大贡献。

5. 运输费用

运输费用在全部物流费中占很大比例，运费高低决定整个物流系统的竞争能力。实际上，运输费用的降低，无论是对货主企业来讲还是对物流经营企业来讲，都是运输合理化的一个重要目标。

## 二、不合理运输的表现

不合理运输是在现有条件下可以达到的运输水平而未达到，从而造成运力浪费、运输时间增加、运费超支等问题的运输形式。不合理运输大致可分为以下六类：①与运输距离有关的不合理运输，主要包括迂回运输和过远运输。②与运输方向有关的不合理运输，主要包括对流运输和倒流运输。③与货物运量有关的不合理运输，主要包括返程或起程空驶和重复运输。④与运力有关的不合理运输，主要包括运力选择不当和托运方式选择不当。⑤与线路设计有关的不合理运输，主要包括线路交叉和配送区域重叠。⑥与运输工具使用有关的不合理运输，主要包括运输工具类型与货物运输需求特性不匹配等。

### （一）与运输距离有关的不合理运输

1. 迂回运输

迂回运输是指舍近求远的一种运输，是本可以选取短距离进行运输，却选择路程较长路线进行运输的一种不合理形式。迂回运输有一定复杂性，不能简单处之，只有当计划不周、地理不熟、组织不当而发生的迂回，才属于不合理运输，如果最短距离有交通阻塞、道路情况不好或有对噪声、排气等特殊限制而不能使用时发生的迂回，不能称为不合理运输。

2. 过远运输

过远运输是指调运物资舍近求远，近处有资源不调而从远处调，这就造成可采取近程运输而未采取，拉长了货物运距的浪费现象。过远运输占用运力时间长、运输工具周转慢、货物，占压资金时间长，易出现货损，增加费用支出。

**（二）与运输方向有关的不合理运输**

1. 对流运输

对流运输亦称“相向运输”、“交错运输”，指同一种货物，或彼此间可以互相替代而又不影响管理、技术及效益的货物，在同一线路上或平行线路上作相对方向的运送，而与对方运程的全部或一部分发生重叠交错的运输称对流运输。已经制定了合理流向图的产品，一般必须按合理流向的方向运输，如果与合理流向图指定的方向相反，也属对流运输。

2. 倒流运输

倒流运输是指货物从销地或中转地向产地或起运地回流的一种运输现象。其不合理程度要甚于对流运输，其原因在于，往返两程的运输都是不必要的，形成了双程的浪费。倒流运输也可以看成是隐蔽对流的一种特殊形式。

**（三）与货物运量有关的不合理运输**

1. 返程或起程空驶

空车无货载行驶，可以说是不合理运输的最严重形式。在实际运输组织中，有时候必须调运空车，从管理上不能将其看成不合理运输。但是，因调运不当，货源计划不周，不采用运输社会化而形成的空驶，是不合理运输的表现。

2. 重复运输

本来可以直接将货物运到目的地，但是在未到达目的地，或目的地之外的其他场所将货卸下，再重复装运送达目的地，这是重复运输的一种形式。另一种形式是，同品种货物在同一地点一面运进，同时又向外运出。重复运输的最大毛病是增加了非必要的中间环节，这就延缓了流通速度，增加了费用，增大了货损。

**（四）与运力有关的不合理运输**

1. 运力选择不当

运力选择不当是指未选择各种运输工具优势而不正确地利用运输工具造成的不合理现象，常见有以下若干形式：

弃水走陆。在同时可以利用水运及陆运时，不利用成本较低的水运或水陆联运，而选择成本较高的铁路运输或汽车运输，使水运优势不能发挥。

铁路、大型船舶的过近运输。不是铁路及大型船舶的经济运行里程却利用这些运力进行运输的不合理做法。主要不合理之处在于火车及大型船舶起运及到达目的地的准备、装卸时间长，且机动灵活性不足，在过近距离中利用，发挥不了距离优势。相反，由于装卸时间长，反而会延长运输时间。另外，和小型运输设备比较，火车及大型船舶装卸难度大、费用也较高。

运输工具承载能力选择不当。不根据承运货物数量及重量选择，而盲目决定运输工具，造成过分超载、损坏车辆及货物不满载、浪费运力的现象。尤其是“大马拉小车”现象发生较多。由于装货量小，单位货物运输成本必然增加。

2. 托运方式选择不当

托运方式选择不当是指对于货主而言，在可以选择最好托运方式时而未选择，造成运力浪费及费用支出加大的一种不合理运输。例如，应选择整车未选择，反而采取零担托运，应当直达而选择了中转运输，应当中转运输而选择了直达运输等都属于这一类型的不合理运输。

#### （五）与线路设计有关的不合理运输

1. 线路交叉

线路交叉是指在同一区域进行配送时，设计的线路之间相互交叉，增加了车辆行驶距离的一种方式。

2. 配送区域重叠

配送区域重叠是指在设计配送区域时，两个或两个以上配送区域有部分区域重叠，使运输线路交叉，车辆行驶距离增加，从而造成运力浪费的一种形式。

#### （六）与运输工具使用有关的不合理运输

运输工具类型与货物运输需求特性不匹配。有些货物在运输过程中，经常需要特定的温度和湿度，对车辆运输条件要求很高。如果运输工具达不到货物运输要求时，必定会造成货物的腐烂和变质。

在分析一个运输方案设计合理与不合理时，客户服务水平、市场竞争因素、需求的非确定性、道路交通条件等因素，都会影响运输方案合理化的判定，如线路交叉被视为不合理运输，但是为了满足客户需求(客户时间窗口)，必须这样设计行驶路线。因此，判断运输合理与不合理，不能简单地得出结论，应从物流系统整体最优角度出发进行综合分析。

### 三、运输合理化的措施

#### （一）合理路线和时刻表制定的一般原则

（1）在不考虑客户时间窗口限制和优先客户配送情况下，安排车辆负责相互距离最接近站点的货物运输。

（2）安排车辆各日途经的站点时，应注意使站点群更加紧凑。

（3）卡车的行车路线应合理规划，避免交叉。

（4）根据一次运输批量的大小，尽可能使用载重量大的车辆进行运送。

（5）取货、送货应该混合安排，不应该在完成全部送货任务之后再取货。

（6）对过于遥远而无法归入群落的站点，可以单独进行配送。

（7）避免时间窗口过短，必要时与客户协商时间窗口的设定。

#### （二）运输合理化的措施

1. 提高运输工具实载率

充分利用运输工具的额定能力，减少车船空驶和不满载行驶的时间，减少浪费，从而求得运输的合理化。

2. 减少动力投入

主要是在动力一定情况下，增加运输能力，如铁路运输中采取加长列车、多挂车皮办法，在水运中采用水运拖排和拖带法、顶推法，在汽车运输中采用汽车挂车。

3. 发展社会化的运输体系

统一安排运输工具，避免对流、倒流、空驶、运力不当等多种不合理形式，不但可以追求组织效益，而且可以追求规模效益。

4. 尽量发展直达运输

直达运输是通过减少中转次数，减少装卸费用，降低中转货损，从而减少运输时间，直达的优势，尤其是在一次运输批量和用户一次需求量达到了一整车时表现最为突出。此外，应强大的零售商要求，或者在提前期很关键的情况下，也考虑使用。

5. 配载运输

货运配载是针对车辆空驶严重和吨位利用率不高提出的一种寻求运输合理化的手段，其目的是通过车辆与货物的匹配、货物与货物的匹配，合理安排装载的货物及载运方法，实现车辆在运输过程中实载率和里程利用率的提高。

一次运输过程中，可能包含多种不同质量、不同特性的产品，需要这些产品的合理搭配才能提高车辆载重量利用率，这就是货物配载问题。货物配载问题是零担运输和连锁超市门店配送中经常遇到的问题，这个问题的解决将有助于配送成本的降低。

在水路运输中，为了保证航行安全，尤其是运送轻泡货物时，船舶配载是不可缺少的一个重要环节。船舶配载图是港口装船、卸船的依据，也是发生货损货差时进行索赔、划分责任的重要依据。

6. “四就”直拔运输

“四就”直拔是减少中转运输环节，力求以最少的中转次数完成运输任务的一种形式。“四就”直拨，就是就厂或就站(码头)、就库、就车(船)将货物分送给用户，而勿需再入库了。这种形式目前在许多大中型供应商运输管理中，有所应用，减少物流成本的效果比较显著。

7. 通过流通加工使运输合理化

有不少产品，由于产品本身形态及特性问题，很难实现运输的合理化，如果进行适当加工，就能够有效解决合理运输问题，例如将造纸材在产地预先加工成干纸浆，然后压缩体积运输，就能解决造纸材运输不满载的问题。轻泡货物预先捆紧包装成规定尺寸，装车就容易提高装载量；水产品及肉类预先冷冻，就可提高车辆装载率并降低运输损耗。

## 思 考 题

1. 企业采用干线运输与配送一体化模式时，需要事先考虑哪些内容？

2. 常用的运输调度方式有哪些？企业如何根据运输任务安排运输调度方式？

3. 企业长距离货物运输常见的不合理运输现象有哪些？如何改进？

4. 不合理运输给企业带来的后果是什么？如何设计合理的城市配送运输线路(以连锁超市配送为例)？

## 阅读资料

### 联程航班的平衡配载

平衡配载工作关系到飞行安全，同时也影响运输效益。目前，我国民航企业大多为客货机，即先满足客座再考虑货物，所以相对于货物而言，只要有座，旅客不存在载量限制问题，因此一般剩余业载的多少仅影响可装货量的多少。同时，在旅客一定的情况下，货物的装载情况又会影响到飞机的重心与平衡。所以，确定可用货物业载，合理安排货物装载舱位，是影响平衡配载整体工作好坏的关键。

联程航班就是存在一个或几个经停站的航班。它的特点是：在每一个经停站，飞机起飞前，载重平衡都要重新填画。如：东航 MU2701（南京—青岛—哈尔滨）航班、MU2705（南京—长沙—昆明）航班。这些联程航班始发站的问题最为复杂，因为在始发站的平衡装载情况不仅影响到本站的起飞，而且还影响到经停地的起飞。所以，基于以上两个方面，现就联程航班始发站客货机的货物配载问题讨论如下：

#### 一、载量的控制问题

由于联程航班对始发站而言涉及到两个以上到达站，在总载量一定的情况下始发站到经停站、目的站货物载量如何分配是首先要解决的问题。原则是：①按照货物的轻重缓急来安排舱位。这是民航运输普遍遵循的规则。②确保整个航班的收入最大化。由于距离不同货物的运价也不同，所以就相同重量的货物而言，载量优先于价高的货物。一般目的站货物价高于经停站，所以载量优先给目的站货物，但同时要考虑给后续航站留足可利用舱位和载量。

#### 二、舱位的安排问题

由于联程航班涉及到不同到达站的货物，所以如何将它们合理地安排在一个航班上，并且区分明显、搭配恰当，是我们要解决的中心问题。我们处理问题的总原则是要避免航班在外站由于载量或平衡等原因倒舱，因为倒舱要将货物全部拉下再重新调整装机，而航班在经停站一般只有45分钟的过站时间，所以这样一来会延误航班，这是目前民航企业要避免的问题。一般按如下原则安排：

（1）先到后上，后到先上。即目的站的货物一般装在里舱，经停站货物一般装在外舱。这样在经停站货物靠在舱门口便于卸下。如南京—青岛—哈尔滨航班，一般先装哈尔滨货再装青岛货，卸货时先卸下青岛货，再卸下哈尔滨的货物。

（2）考虑外站的平衡问题。始发站要考虑飞机能够在经停站起飞时也能够二次平衡。一般始发站对本站的平衡问题较为重视，因为始发站若不平衡，飞机就起飞不了，而对于经停站的平衡问题一般关心不够。经常会出现在经停站飞机载量没有超出范围但重心偏出，需要倒舱的情况。这主要是由于飞机在经停站卸下货物或又装上新的货物后重心改变所致。

往往这种情况在始发站平衡配载时是可以控制并加以避免的。如：A320-214 型飞机，前货舱（11、12、13 舱）与后货舱（31、32、41、42、51、52、53 舱）对重心的影响正好相反。该型飞机的飞行指数一般在 55 ~ 57 左右，重心偏后，当人数在 120 人以上时，若飞机前货舱货物不能平衡后货舱货物，则必然会出现重心偏出的情况。例如：南京—青岛—哈尔滨航班，A320-214 飞机前舱装青岛货：11 舱 500kg，12 舱 500kg，13 舱 1000kg，后舱装哈尔滨货：31 舱 500kg，32 舱 500kg，41 舱 500kg，42 舱 500kg。在南京起飞由于前舱有 2t 货物正好与后舱的 2t 货物平衡，所以整体可以平衡，但在青岛机场卸完货后，前舱重量为零，而后舱仍有 2t 哈尔滨的货，由于前舱不能平衡后舱的货物，所以此时飞机重心必然偏后而不能平衡。但如果在始发站注意到以上问题，将 2t 哈尔滨货装前舱，2t 青岛货装后舱（由于该型飞机重心偏后，青岛起飞时前舱 2t 哈尔滨货刚好可以平衡重心）就可以避免以上问题的发生。所以始发站不仅要考虑本站的平衡问题，还要考虑飞机能够二次平衡。

（3）根据实际情况，灵活应对。有时会出现至经停站货相对较多而至目的站货相对较少的情况。例如上例若：南京—青岛 3t，南京—哈尔滨 2t，若将青岛货放前舱，哈尔滨货放后舱，则在南京可以平衡，但在青岛起飞时则不能平衡。但若对调一下，则在南京就平衡不了。解决方法有两条：①可以考虑混舱，即将一个舱内既装青岛货又装哈尔滨货，但这有一个条件就是青岛与哈尔滨货要区分明显，不至于搞混。如：将青岛 1t 和哈尔滨 2t 同时放前舱，而将青岛另外 2t 放后舱。这样在南京、青岛都可以平衡。②只考虑本站平衡。有时即使混舱还是不能解决问题，这时则只能考虑本站的平衡，确保飞机在本站可以起飞。不过在飞机起飞后应及时拍发装载报，通知外站做好倒舱准备，必要时可以告诉外站货物的特征及最佳调整方法。如：A320-214 飞机一般 5 舱移动 200kg，重心移动 1% MAC，而 3 舱要移动 500kg，才能使重心移动 1% MAC。所以达到同样的效果移动 5 舱要比移动 3 舱来得简单。

在实际配载工作中遇到的联程航班问题还有很多、也比较复杂，如：鲜活货物、超大、轻泡货物的处理等，这些都需要根据实际情况与工作经验灵活解决，但以上的原则是适用的。

（摘自：孙金禄，“联程航班配载工作需要注意的两个问题”，《江苏航空》，2005 年第 1 期）

# 第十一章

# 降低运输成本的技术

## 第一节 集中运输

企业追求尽量少的库存和及时性的供货，使得订单规模越来越小，订货频次越来越高，这在客观上要求运输部门必须完成小批量、多频次的运输，必须根据生产企业的要求制定新的运输计划和运输方式。小批量、多频次运输的一个明显缺点就是运输成本增加，这对企业竞争力提高是一个很大的障碍。如何使这些零担运输形成规模效益，降低运输成本，集中运输是目前广泛采用的一种运输组织形式。

### 一、集中运输概述

#### （一）概念

集中运输(Shipment Consolidation)是运输承运人为了降低运输成本，将几个小订单的货物(往往是零担货物)集中在一起形成较大的运输批量后，再进行运输的一种运输组织方式。

一般来说，由于零担货物运输车辆利用程度低，在同样的运输距离情况下，运输成本比整车运输成本高。通过货物在时间和空间上的集中，使零担运输变成整车运输，成本就会降低。运输在时间上的集中，可通过降低运送频率来实现，但需要进行运送频率降低导致的罚款与正常运送频率下的运输成本之间的权衡；运输在空间上的集中，可通过设计货物集散中心(仓库、配送中心)实现，运输网络设计是需要考虑的问题。

### (二) 原理

企业为提高零担货物运输车辆的利用程度，可适当选择较小载重量的货运车辆，但是很难形成规模效益。

集中运输就是采用运输规模经济原理，它最突出的功能就是将企业客户提出的小订单加以集中，待规模足够大时再进行运输。货物从零担运输到整车运输，运量越大，每单位重量货物分摊的成本越低，形成规模效益，其运输费用下降。所以，面临当前生产制造企业零库存和即时性运输压力的情况下，运输承运人可以考虑将大量出现的这些小批量订单进行合并，采取集中运输，形成规模效益。

### (三) 实现方法

(1) 运输车辆合并。将几个小吨位车辆合并成 1 个大吨位车辆，或通过提高车辆运送各种产品的通用性，实现运输车辆的合并。

(2) 配送中心合并。将同一区域或同一城市的配送中心进行合并，减少配送中心数目，使每一个配送中心的利用率提高。

(3) 运送时间合并。通过减少配送频率，实现货物在时间上的聚集，形成规模效益后再配送。在使用运送时间合并技术时，一定要权衡延误配送的处罚与配送频率减少带来的配送成本降低之间的平衡。

## 二、集中运输实施

在实际企业运作中，集中运输可通过三种途径进行实施：①企业自己运作。企业自己对所获得的订单进行集中处理之后，再进行运输。②多个企业合作。多个企业之间签订合同，将同类或同时段的订单所对应的货物进行集中处理，然后再运输。③第三方物流企业运作。第三方物流企业对企业客户的订单按一定的标准分类之后进行的集中运输。在每一种实施途径中，都可以考虑集中运输三种方法的应用。

### (一) 企业自己运作

企业为了实现规模运输效应，必须等到积累了一定数量订单之后才能实施运输工作，因此订单的延迟时间较长，响应性较差，这样，虽然可以有效地降低运输成本，但其服务水平低，与现代生产的及时供货要求是不一致的。另外，面对激烈的市场竞争，企业这种为了降低运输成本而等待订单的做法，很容易使企业陷入落后被动的局面。作为供应商的企业，一旦出现服务水平低于客户预期水平的情况时，客户往往会转移到别的供应商处，使企业丧失掉宝贵的客户资源，造成得不偿失的结局。

### (二) 多个企业合作

在众多供应商的小批量订单中，会有相类似的订单，如运输产品种类相同、运输时间接近、运输地点相同或相邻。对于这部分订单，供应商之间具有进行合作的可能性。将这些具有小批量订单的企业组织起来，形成规模运输，有利于企业在运输成本降低的同时，维持客户服务水平。供应商之间可以以契约的形式，将这些订单集中起来，由其中的一家单独负责运输，形成企业间的合作关系。

每个供应商都会收到很多小批量订单，都会面临如何组织集中运输问题。采用多个企业合作使每个企业都可以寻找到有意向、有共同利益的合作伙伴，摆脱被动等待的局面。但是，采用多个企业合作的结果，可能使降低运输成本的程度有限。一方面，集中运输是将具有相同或相似运输特征的货物用同一个运输工具从始发地运往目的地的运输活动，对于同时参与运输的货物特点、运输地等都有严格的要求，例如容易腐烂变质的食品、电子器件和衣服鞋帽等货物即使运输时间相同、运输路径有交集，也是不能进行集中运输的，另一方面，企业为了寻找合作伙伴通常需要花费大量的时间、精力和财力，而且通过契约形式进行的合作也常常会面临合作者违约的风险，这些额外支出的出现甚至会使运输成本的降低得不偿失。

### （三）第三方物流企业运作

以第三方物流企业为主体的合并运输，在接到各个企业客户的运输委托时，根据各客户的运输要求将符合要求的订单加以合并，形成规模运输，并在订单要求的时间范围内选择最合适的运输工具、运输路线来实施运输。

第三方物流企业提供的运输服务是面向社会的，能够集中大量的各式各样的客户运输订单，有足够的选择范围，可以对所有的订单实施最有效的合并与集中，形成规模化运输，它本身就具有实现集中运输的功能；第三方物流企业作为专业的运输服务提供商，它在运输工具、运输路线的选择以及各种应用软件的使用上都比非专业承运商更具优势。借助于这些优势，第三方物流企业可以最大限度地降低运输成本。

在上述提到的三种可行的集中运输实施方式中，以第三方物流企业运作为主的集中运输组织是最合理和最有效益的。

## 三、集中运输的意义

集中运输作为企业降低运输成本的一种重要手段，在企业物流管理中应用非常广泛，其重要意义表现在以下几个方面：

### （一）降低供应链成本

企业采用准时制生产方式和对零库存的要求，将使供应链上的库存成本降低和因大量生产所造成的浪费减少，但同时企业运输成本增加。采用集中运输将有效降低运输成本，使货物运输的成本相对降低或者尽量保持在与传统的运输方式成本相当的水平上，使整个供应链上的成本不至于因为大量的小批量订单的存在而上升。

### （二）提高社会效益

集中运输除了可以给企业带来经济效益外，还可以带来一定的社会效益。集中运输将那些零星的货物进行集中，减少了在途的车辆数量，在一定程度上缓解了城市交通拥挤状况。同时，车辆减少了，排放的各种废气废物也相应的减少了，居民生活环境和质量也相应得到改善。

另外，正如上文所分析的那样，正是企业生产中大量的小批量运输的存在使得对于集中运输的要求越来越迫切，而由第三方物流企业运作的集中运输优势越来越明显，因此企业运输外包业务和第三方物流企业的发展都得到了有效促进。

## 第二节　共同配送

面对客户订单的日益多样化和高客户服务标准，企业在配送过程中越来越感到运输资源集中效益的重要。将多个企业的运输资源集中起来，共同组织配送，企业将实现用有限的车辆完成客户服务需求，实现企业物流成本的降低。

### 一、共同配送概述

#### （一）概念

共同配送（Common Delivery）的定义，有几种不同的说法，如日本标准工业的定义是"共同配送是为了提高物流绩效，对许多企业一起进行配送"，日本运输省的定义是"在城市里，为使物流合理化，在几个有定期运货需求的货主合作下，由一个卡车运输业者，使用一个运输系统进行的配送"。在这些共同配送定义中，均强调通过多个企业的合作，提高物流绩效和使物流合理化。因此，共同配送可定义为：由多个企业为了实现配送规模经济和运输资源共享，而联合组织实施的配送活动。

#### （二）原理

共同配送采用运输规模经济原理和资源集中效益原理。企业承担配送业务，一方面是应客户要求，另一方面是企业考虑能通过配送中心进行集货，形成规模运输经济。但是，就一个企业来讲，运输资源（如运输车辆、配送中心等）是有限的，要完成客户多个地点、多样化送货需求是有困难的。通过多个企业联合，可以最大限度地提高人员、物资、资金、时间等资源的利用效率，取得最大化的经济效益。同时将运输资源共享，能够以有限的车辆完成客户服务需求，取得运输资源集中效益。

#### （三）实现方法

1. 运输车辆共享

参与共同配送的多个企业，将拥有的运输车辆集中起来，进行统一调度和支配。一些中小物流企业，由于受资金、人才、管理等方面制约，运量少、效率低、如果独自承揽业务，在物流合理化及效率上受限制。如果彼此合作，采用运输车辆共享方式，能够提高车辆利用率，从而降低成本。

2. 共同打造配送中心

由参与共同配送的多个企业共同出资，建立配送中心。企业货物通过共同配送中心进行合并，由一家企业或第三方物流进行统一配送。中小货主一般配送的量小、效率低、成本高，采取多个中小货主共同打造配送中心方式，可以很好地实现企业少量配送、多频率配送，而物流成本降低的目标。

### 二、共同配送的实施

与集中运输相类似，共同配送根据其在企业的实施情况，也可以分为三种实施方式，即多家企业平等地组织共同配送，由第三方物流企业完成的共同配送和以一家为主体、多家参与的共同配送。

### （一）多家企业合作

在这种方式下，多家企业共同投资、设计、建造配送中心且负有同等的管理责任和义务。通过多家企业之间的协调和博弈，可以创造出令所有参与企业都比较满意的配送，从而从整体上提高配送的服务水平，有效降低成本。但其缺点在于各商家由于经营背景、企业理念、文化等的差异，在合作和协调上需要花费大量的时间和精力；另外，各商家经营的商品品种不同，对配送的要求也会存在差异，这也给共同配送带来了难题。

### （二）第三方物流企业为主体

采用第三方物流企业为主体的共同配送方式，各企业将货物交给专业的第三方物流公司来进行配送，充分利用第三方物流公司专业的现代化设施设备，发挥规模化效益，同时，各企业还可以专注于自己的核心业务，充分提高其核心竞争力，是一种很理想的共同配送方式。

### （三）一家为主多家参与

一家为主，多家参与，表示其中的一家具有闲置的配送能力，其他各家企业以租赁或其他方式利用这部分闲置的能力，其缺点是这种共同配送的能力有限且其余多家企业容易受到控制，服务水平受到影响。

## 三、共同配送的意义以及需要注意的问题

### （一）实施共同配送的意义

通过实施共同配送，不管是货主还是承运商，在提高服务水平同时，物流成本都会有所下降，取得满意的经济效益。对货主来说，在配送成本不变情况下，能够降低库存成本；对第三方物流企业来说，能够提高配送效率，改善服务水平。

此外，与集中运输相同，实施共同配送之后，车辆的装载率得到提高，运送同样多的货物所需要的车辆数比以往减少，不仅节约了运力，而且可以有效缓解交通堵塞、车辆尾气排放等问题，保护环境，提高了企业社会效益。

### （二）实施共同配送需要注意的问题

毫无疑问，共同配送给企业和社会都带来了很大的好处，但在具体实施时，仍然需要注意多方面的问题。

当采用多家企业平等地组织共同配送或者一家为主、多家参与的方式进行共同配送时，往往会涉及到利益的共享或者费用的分摊，这些都必须事先在合同中作出明确的规定，否则就会引起各种纠纷，影响共同配送的效率。

共同配送的源头在于仓库或者配送中心，要想更好地实现共同配送，就必须有一定数量的大型的规范而综合的配送中心出现。而这些大型配送中心的投资兴建需要耗费巨资，单纯依靠一家企业的力量是不现实的。解决这一问题，要么通过企业间的合作，要么通过政府的力量，其中前一种方式以利益为纽带，更符合市场规则，后一种方式则更便于操作，二者各有利弊，在实际运作中到底采用哪一种方式则需要根据企业所面临的实际情形而定，也需要企业不断地进行摸索。

## 共同配送的组织形式

目前共同配送的组织形式主要有四种：

1. 由一个配送企业对多家用户进行配送，亦即：由一个配送企业综合各家用户的要求，对各个用户统筹安排配送时间、次数、路线和数量等，在用户可以接受的前提下，全面规划、合理计划地进行配送。这种方式不但可满足不同用户的基本要求，又能有效地进行分货、配货、配载、选择运输方式、选择运输路线、合理安排送达数量和送达时间。这种对多家用户的配送，可以充分发挥科学计划、周密计划的优势，实行起来较为复杂，但却是共同配送中水平较高的形式。

2. 仅在送货时尽可能安排一个配送车辆上实行多货主货物的混载，然后将集中送往按照用户要求联合设立的配送货物接收点。这种共同配送方式的优势在于，以一辆送货车代替了以往多货主分别送货或分别自运货物的多辆车，以一辆较大型的且可满载的车辆，代替了以往多货主、多辆车且多辆车都难以满载的弊病。由于只在订货时实行多货主货物混载而无需全面、周密的计划，所以这种共同配送方式较第一种更为简单易行。

3. 在一个城市或一个地区中有数个不同的配送企业时，配送企业可以共同利用配送中心、配送机械等设备，对不同配送企业的用户共同实行配送。这种配送方式，配送企业可选择离用户最近的配送中心，这配送中心可能并非隶属本配送企业，而是隶属于另一家配送企业，但由于离用户最近，可降低配送成本。同样，另一个企业的某些用户，如果也是距离别家配送企业较近的话，也可由别家实行配送，这就形成了一种共同协作实行配送的方式。

4. 在用户集中的地区，且该地区较为拥挤，在各个用户单独准备接货场地或货物处置场地有困难的情况下，多用户联合设立配送的接收点或货物处置场，这样一来不仅解决了场地的问题，也大大提高了接货水平，加快了配送车辆运转速度。且集中接货点有可能集中处置废弃包装材料，多个用户又可共同安排接货人员数量。

（摘自：李建民，"共同配送"，《中国物流与采购》，2004 年 4 月）

# 第三节　多点停留

企业供应链实际运作中，往往是一个节点企业（除最终消费者以外）在采购中要面对向多个供应商的收货问题，在销售过程中要面对同时向多个客户送货问题。在这些供应商或客户中，必然存在一些地理位置分布相邻，货物一次运输量小，且货物种类相似的情况。为了减少运输成本，企业可以将这些供应商或客户连接起来，在一次运输过程中同时完成。

## 一、多点停留概述

### （一）概念

多点停留（Milkrun）是将地理位置分布接近的客户点连接起来，形成一条线路，利用一辆卡车，一次完成这些客户点的配送。多点停留是配送线路设计的一门技术，也被称为“牛奶路线”、“循环取货”等。目前这一技术被广泛应用到各种行业的采购和销售运输物流中。

### （二）原理

货物在配送过程中，经常会遇到一些客户地理位置分布接近，而一次货物需求量很少的情况。这种情况下，车辆利用率低，货物属于零担运输，运输成本高。采用多点停留技术，将相邻客户组织起来，形成一条取货/送货线路，提高车辆利用率，使零担运输变成整车运输，从而降低运输成本。

## 二、多点停留的实施

多点停留在实施过程中，基本上有三种模式，即多对一、一对多和多对多。

### （一）多对一

多对一模式是指由多家供应商到一家客户，是供应运输中用到的线路设计技术。多家供应商组成多点停留路线，卡车沿着多点停留路线取货，然后送货到客户，如图 11-1a 所示。

采用多对一模式，客户往往需求种类和数量都很多，需要同时得到多家供应商的供货。客户根据自己的生产作业计划对多家供应商下订单，然后由供应链上的第三方物流提供商用多点停留的方式来实现货物的收发。

### （二）一对多

一对多模式是指由一家供应商到多个客户，零售行业中大型超市或卖场对其周边的多家便利店的配送就属于此类，另外，服装行业中对连锁性服装专卖店的配送也可以采用这种模式。多个客户组成多点停留路线，卡车从供应商处出发，沿着多点停留路线依次送货，如图 11-1b 所示。

以服装行业为例，根据各个专卖店的需求情况，运输车辆在服装制造厂装载相应数量的服装，沿着预定的路线依次将这些服装送到对应的门店，同时将各家门店要求退换的货物以及其他不合格的货物装入车中，送完最后一家门店后，车辆又载着沿途收到的需要退换的货物返回到生产厂家，完成一次循环。这种做法使来回的车辆都提高了满载率，有效降低了运输成本。

### （三）多对多

多对多模式是指由同一个产业内（或者相关的不同产业间）的多家供应商、多家客户以及独立的第三方物流提供商共同参与的，多家供应商到多家客户。多家供应商和多家客户分别组成多点停留路线，卡车沿着供应商的多点停留路线依次取货，然后沿着客户的多点停留路线依次送货，如图 11-1c 所示。

这种方式提高的不单是某一条供应链的效率，而是整个产业的运作效率，使整个产业更加休戚相关。在现实中，这种模式也是很有操作性的，因为同一个行业的制造商常常都会共用相同的供应商，这就使得从供应商到客户之间形成了一张紧密相连的供需网，借助于多点停留，使这张网内的需求和供给物流顺序有效地运转起来，必然会减少大量的交叉运输，从而降低物流成本。

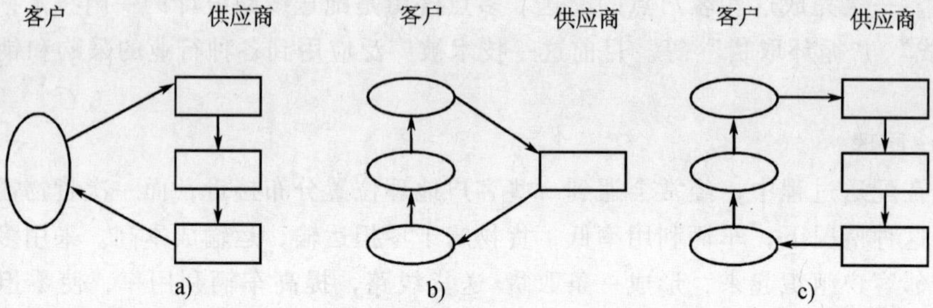


图 11-1　多点停留的三种不同形式

但是，在运作中要注意多点停留的实施需要参与方之间大量的信息共享，包括一部分的生产计划，而同一产业内的多家生产商(供应商)大多数时候都是竞争对手，要想让他们之间共享内部信息是相当困难的。因此，正确处理好各方参与者的利益平衡，是多对多模式实施的前提。

除了上述三种基本模式外，如果企业采用货物先运输到配送中心(仓库)，然后再到客户的运输网络，同样可采用多点停留技术，如图 11-2 所示。

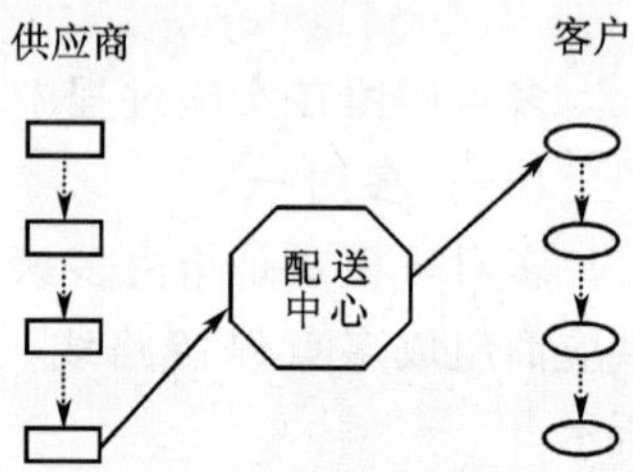


图 11-2　有多点停留的配送中心式运输

## 三、多点停留的意义及需要注意的问题

### (一) 意义

多点停留既可以有效地将小批量的运输合并实现规模效益，又可以对供应链上多个节点进行统筹考虑设计出最合适的运输路线，形成包括供应商和客户的多个闭环。同时，还可以使供应链上的行动更加一致敏捷，上下游企业间联系紧密。

### (二) 需要注意的问题

多点停留是一种新的物流技术，它对生产制造企业和供应商的管理水平都提出了很高的要求。以生产制造企业为例，原材料被要求直接运送到生产线上，这就需要管理人员有组织即时生产的丰富经验，且生产计划的安排要非常周密。

一般说来，参与到多点停留中的供应商间的距离客户不要太远，且在地理位置上的分布不要太发散，邻近一些，集中一些，则会取得更好的效果。

多点停留实施需要企业与供应商之间进行频繁的信息沟通和信息共享，如供应商只有能够提前知道生产商近期的生产计划(可能是接下来的一个月、一周等不同的时间周期)，他才能够相应地制定自己的生产计划，并保证准时准量地提供给生产商。作为实施多点停留的供应商和生产商，他们之间的合作是长期的战略性的，大量频繁的信息交流如果没有一个先进的物流管理信息系统来支持是很难实现的。

另外，实施多点停留以后，运输任务常常是由第三方物流公司承担的，所以供应商和生产商之间在财务上的结算也与以前有所不同。在现有的企业实际操作中，第三方物流公司完成运输后，其财务部门核对发货单、提货任务单，汇总每个供应商的交货报表，然后交给生产商仓库核对并签字，签字确认后，第三方物流公司凭交货报表向供应商结算运款，同时供应商凭交货报表向生产商结算货款。可见，这个过程比传统的只涉及供应商和生产商的财务处理要复杂得多，利用物流管理信息系统将提高运款结算效率。

## 第四节 越库技术

### 一、越库技术概述

#### （一）概念

越库(Crossdocking)技术是指货物运输到配送中心后，直接送到出货月台至配送货车上出货的一种管理技术。越库管理是货物配送中采用的一种技术，目的是减少库存成本。我国对 Crossdocking 有多种不同的翻译，如“接驳技术”、“交接运输”、“经过型物流”、“过栈交易”等。

#### （二）原理

在配送中心采用越库技术，货物无需进行传统的“接受—储存—分拣—发送”的四步式货物处理程序，而简化为“接受—发送”两步，缩短甚至消除了货物在配送中心停留的时间，使物料处理时间降低和实现零库存。其基本原理就是通过货物在配送中心处理流程的简化，实现货物的零库存和高处理速度，提高企业物流效率，降低物流成本。

#### （三）实现方法

1. 手工方式

手工方式是指货物送达后由搬运人员卸下，必要的情况下还要对部分货物拆包重新组装，然后再被装载到发货车辆上发送到客户处。

2. 自动方式

自动方式是指应用了叉车、自动输送机等自动化机械并利用信息技术完成公司之间的信息和单据交流。

美国 Ace Hardware 公司已经有 90% 的物料使用这一技术处理，且收效明显，在使用这一技术之前，从供应商发出货物到公司处理完进入到下一个环节的时间一般为 18 至 19 天，使用越库技术后，这个时间缩短到了 7 天以内[㊀]。

注意在企业实际中，自动化并不是绝对的，大部分的公司都是将那些体积比较小、规格适合机械搬运的物料进行自动化处理，而将体积不规格或体积过大等不适合机械处理的物料仍然人工处理。

### 二、越库技术实施中要注意的问题

#### （一）货物选择

一般来说，使用越库技术所需的货物必须满足两个条件，即货物必须具有足够和稳定的需求量。需求量固定时，时间和进货量都可以固定，工作人员只需简单地把货物从入口

㊀ Crossdocking Comes of Age. By: Langnau, Leslie. Material Handling Management, Jul2004, Vol. 59 Issue 7, p49-56, 3p, 2c

搬到出口就可以了。除了需求量稳定以外，需求量也要足够。需求量太低，就会导致运输成本相对较高，配送中心会选择库存而不是越库。

货物的质量同样要保证。越库技术的目标就是使货物马上转移到外面的送货车上，免去了在货物运输过程中的检查，所以在整条供应链上货物在供货的源头就要对质量有所保证。

**（二）供应链关系**

越库是个十分复杂的过程，需要配送中心和供应商、顾客之间高度的协调。完成其运作通常也意味着供应链中有些合作者会增加成本。如，供应商会被要求小批量但多频次的运输或在将货物交给客户之前要求贴上标签等。而对需求方来说，顾客可能被要求在固定的时间提货或送货时间会延长等。所有的要求都会增加额外的成本，这都需要供应链的参与者之间进行良好的协商，对于成本的分摊能够达成一致的意见。

当前，大部分已经成功实施了越库技术的企业在加强供应链的关系时，都采用了网络技术和一些电子技术。

**（三）实施越库技术的物理空间大小和位置选择**

在配送中心，常常涉及到大量的货物和运载车辆，这些车辆的调度和货物的处理都需要有足够的空间，太过狭小的空间和进出口都会制约其效率的发挥。同时，根据客户的地理位置和空间分布，首先也要对配送中心有一个很好的选址，使其能很好地覆盖所有的客户又能取得良好的经济效益。

**（四）机械设备**

配送中心目前常用的硬件设施的类型有托盘、叉车和各种输送设备等，它们通常决定了车辆装载的速度和效率，也决定了越库技术的实施效果。

越库技术作为一种新的物流技术，给各行各业的企业，包括制造、运输配送都带来了新的发展机会，随着时间的推移，相信会有越来越多的企业使用到这一技术。

## 三、越库使用的关键技术

越库系统之所以能够减少库存，主要是由于大量的信息技术的应用使得供应链上上下游之间的供需信息及时沟通得以共享，用信息流代替了静止的库存，其中条形码技术以及电子数据交换技术（EDI）等的一些信息技术的应用是越库系统能够成功实施的关键。

**（一）条形码技术**

条形码是由一组宽度不同、反射率不同的条和空按规定的编码规则组合起来的，用以表示一组数据和符号，条形码技术是研究如何把计算机所需要的数据用一种条形码来表示，以及如何将条形码表示的数据转变为计算机可以自动采集的数据[㊀]。在物流活动中，为了能够迅速准确地识别商品、自动读取有关商品的信息，条形码技术被广泛运用。使用条形码技术后，所有贴有指定规格条形码的货物的相关信息都可以被连在计算机上的读码器快速读出，从而极大地提高货物中间处理和出货的效率，提高库存管理的及时性和准确

㊀ 条形码技术及其应用，锦程物流网，2005-4-21

性。把条形码技术和货物数据库联在一起，还可以及时更新货物数据库，了解货物的最新信息。

**（二）电子数据交换（EDI）**

根据国际标准化组织的定义，EDI是一种电子传输方法，使用这种方法，将商业或行政事务处理中的报文数据按照一个公认的标准，形成结构化的报文数据，经由网络从一台计算机传输到另一台计算机，目前EDI技术在电信、金融、医疗、贸易等各个领域都得到了广泛应用。对于越库系统来说，EDI技术是不可或缺的。沃尔玛与其主要的供应商都是通过电子数据交换来进行订单下达和财务单据传递的。每天早上固定时间，沃尔玛的采购信息系统会自动生成一系列补货的建议订单，经管理人员核实审定后系统自动生成标准格式的订单，然后进入电子数据交换系统中，在系统内，将订单转换为供应商的标准订单格式。在进行财务单据传递时，系统的处理与此类似。

另外，为了保证越库技术的良好运行，完备的地理信息系统，全球定位系统以及智能交通系统的应用也很重要。不同企业具有不同的实际情况：不同的硬件基础，不同的供应商（或者客户）的分布情况，所以，企业在决定使用Crossdocking技术时，一定要注意根据自己的实际情况，设计适合自己的软件，充分利用先进的信息技术，形成一个完整的运输和配送信息系统。

## 四、越库的实例㊀

在越库技术的使用上，沃尔玛是最具典型性和代表性的。下面以其一家分销中心内的货物交接为例，简要介绍这一新技术的使用情形。当供应商将沃尔玛订购的货物运输到该分销中心时，其中的某一栈已被提前通知负责接收，货物一旦到达，立即进入接受状态。随着送货卡车和栈口的对接，若干名全副工装的运输人员上车卸下货物，同时贴上带有条形码的标签，将产品标签面朝上放在主传送带上。产品缓缓远离了栈口，被传送带载向高处。空中的主传送带每隔不远都会出现一个细小的分支传送带，安装在分支转角处前上方的条形码扫描仪有规律地发出轻轻的嘀嘀声。产品错落有致地分别自动转向不同的分支，而分支传送带连通到另外的双号栈口，十几个印有沃尔玛标记的货柜连接着十几个栈口。在那里，产品被另外的运输工人重新摆放到货柜上，等待发运到不同的门店。

产品为什么会自动地流向不同分支的传送带呢？这是因为产品上的标签及条形码在发挥指导作用。就是说，在产品被贴上标签的那一刻起，它已经被指定到了不同的栈口，乃至不同的门店；而这些信息被条码所传递，被传送带上方的条码扫描仪所读取，并用来指导传送带的走向。这种高效对接的产品处理形式就是沃尔玛的“过栈交易”。

除了上述提到的降低运输物流成本的四大措施外，企业还可以采用许多简单的方法，达到运输成本降低的目的。这些方法是：①江（河）海联运过程中，内贸物流采用只换船

---

㊀ 实例来源于“供销合作的未来：一个完美的链”，《中国商贸》，2003年3月号

不换箱运输方式，可降低运输成本。②采用卡车运输方式时，尽量挑选大吨位卡车，使一次运输量大。③在划分配送区域时，不要出现配送区域交叉现象，对个别没有划分到区域中的客户，采用小吨位车辆进行配送。

## 思考题

1. 集中运输如何降低供应链成本？
2. 根据共同配送的实现方法，如何设计可能的共同配送网络？
3. 共同配送实施过程需注意的问题有哪些？如何解决？
4. 越库技术实施前，需要考虑哪些因素？
5. 一个供应商从A城到D1、D2和D3这三个城市运送货物，其相应运输数据见表11-1所示。供应商可以每一天运一次，可以每两天运一次，或每三天运一次。每一天延误处以0.20元/千克罚款，合并载运量能够从大规模的装运中获得较低的运输成本，但是由于延误将导致处罚，为使总成本最小的运送频率是多少？

**表11-1　三个城市的运输数据**

| 到达城市 | 每天运输量/t | 运输费率/(元/t) | |
|---|---|---|---|
| | | LTL < 3t | TL≥3t |
| D1 | 0.8 | 1.20 | 1.00 |
| D2 | 1.5 | 1.05 | 0.80 |
| D3 | 0.7 | 2.00 | 1.20 |

## 阅读资料

### 沃尔玛的卡车运输成本降低措施

沃尔玛公司是世界上最大的商业零售企业，2001年《财富》杂志公布的美国500强排行榜上，沃尔玛公司高居榜首。在零售业，无论销售额还是净利润沃尔玛公司都位居全美第一和世界第一。什么样的经营战略使得沃尔玛公司如此辉煌，天天低价背后的重要支撑是什么？沃尔玛公司低成本的物流理念，无疑是其走向成功的关键之一。

在物流运营过程中，尽可能地降低运输成本已是其经营的哲学。在运输方式选择上，沃尔玛采用灵活的运输方式，有时采用空运，有时采用船运，还有一些货品采用卡车公路运输。但在中国，沃尔玛百分之百地采用公路运输，所以如何降低卡车运输成本，是沃尔玛物流管理面临的一个重要问题，为此它们主要采取了以下措施：

(1) 沃尔玛使用一种尽可能大的卡车，大约有16m加长的货柜，比集装箱运输卡车更长或更高。沃尔玛把卡车装得非常满，产品从车厢的底部一直装到最高，这样非常有助于节约成本。

(2) 沃尔玛的车辆都是自有的，司机也是它的员工。沃尔玛的车队大约有5000名非司机员工，还有3700多名司机，车队每周每一次运输可以达7000~8000km。沃尔玛知道，卡车运输是比较危险的，有可能会出交通事故，因此，对于运输车队来说，保证安全是节约成本最重要的环节。沃尔玛的口号是“安全第一，礼貌第一”，而不是“速度第一”。在运输过程中，卡车司机们都非常遵守交通规则。沃尔玛定期在公路上对运输车队进行调查，卡车上面都带有公司的号码，如果看到司机违章驾驶，调查人员就可以根据车上的号码报告，以便于进行惩处。沃尔玛认为，卡车不出事故，就是节省公司的费用，就是最大限度地降低物流成本。由于狠抓了安全驾驶，运输车队已经创造了300万km无事故的纪录。

(3) 沃尔玛采用全球定位系统对车辆进行定位，因此在任何时候，调度中心都可以知道这些车辆在什么地方，离商店有多远，还需要多长时间才能运到商店，这种估算可以精确到小时。沃尔玛知道卡车在哪里，产品在哪里，就可以提高整个物流系统的效率，有助于降低成本。

(4) 沃尔玛的连锁商场的物流部门，24小时进行工作，无论白天或晚上，都能为卡车及时卸货。另外，沃尔玛的运输车队利用夜间进行从出发地到目的地的运输，从而做到了当日下午进行集货，夜间进行异地运输，翌日上午即可送货上门，保证在15~18个小时内完成整个运输过程，这是沃尔玛在速度上取得优势的重要措施。

(5) 沃尔玛的卡车把产品运到商场后，商场可以把它整个地卸下来，而不用对每个产品逐个检查，这样就可以节省很多时间和精力，加快了沃尔玛物流的循环过程，从而降低了成本。这里有一个非常重要的先决条件，就是沃尔玛的物流系统能够确保商场所得到的产品是与发货单上完全一致的产品。

(6) 沃尔玛的运输成本比供货厂商自己运输产品要低，所以厂商也使用沃尔玛的卡车来运输货物，从而做到了把产品从工厂直接运送到商场，大大节省了产品流通过程中的仓储成本和转运成本。沃尔玛的集中配送中心把上述措施有机地组合在一起，做出了一个最经济合理的安排，从而使沃尔玛的运输车队能以最低的成本高效率地运行。当然，这些措施的背后包含了许多艰辛和汗水，相信我国的本土企业也能从中得到启发，在中国创造出沃尔玛式的奇迹来。

(摘自:马绝尘,“沃尔玛降低运输成本的学问”,《中国物流与采购》,2003年第19期)

## 案　例

### 上海通用公司的多点停留项目

#### 一、案例背景

上海通用在实施多点停留之前，国内零部件供应商的供货主要依靠供应商自己供货，其供货方式有：

（1）一些大件供应商实施“门对门”式的直接供货，即供应商直接将零件排序送到上海通用装配车间门口，如座椅等。

（2）一些供应商将零件送到上海通用附近的仓库，进行存储、排序、再送到上海通用，如车门外饰板等。

（3）绝大多数的供应商先把零件送到上海通用的第三方物流RDC，即零件再包装中心，然后由RDC配送到上海通用。

但是，随着车型的增加，以及供应商绝对数量的增加，其弊端越来越严重。主要表现在以下几个方面：

（1）随着国内供应商绝对数量的增加，使得零件配送中心及上海通用的接受更复杂、更繁忙。

（2）供应商虽然根据上海通用的物料拉动送货，但实际上还是一种“PUSH”推动式送货；供应商在均衡生产、库存、运输效率的考虑中，在可能情况下，会尽量地增加整车厂的库存。

（3）运输效率——运输成本和容积率，有些生产小零件的供应商在运输成本的压力下，会一次生产产量大、输送运输成本最低、容积率最高的零件，其结果要么是库存高，要么是运输成本高。

（4）安全供货风险高。目前许多供应商把零件的运输外包委托给社会运输单位；而这些运输单位由于在管理技术、服务方面有种种差距，不得不在价格方面恶性竞价，其结果是车况差、司机素质差、安全运输差、及时性差，造成安全隐患层出不穷。

在这种情况下，上海通用公司决定采用多点停留技术，解决上述问题。

## 二、多点停留取货方式设计

多点停留取货是由一家(或几家)运输承包商根据预先设计好的取货路线，按次序到供应商A、B、C取货，然后直接输送到上海通用或零件再分配中心RDC，如图11-3所示。

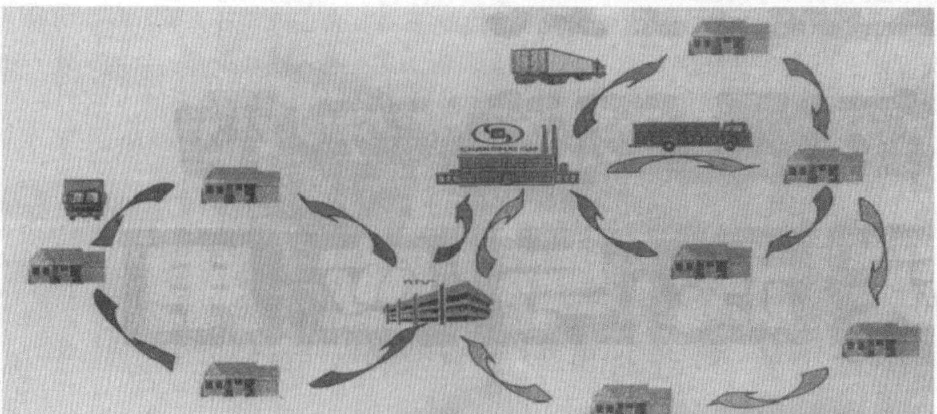

图11-3 上海通用的多点停留

在这里，多点停留是一种闭环拉动式取货，其特点是多频次、小批量、及时拉动式的取货模式；它把原先的供应商送货——推动方式，转变为上海通用委托的物流运输者取货——拉动方式，其取货流程如图 11-4 所示。

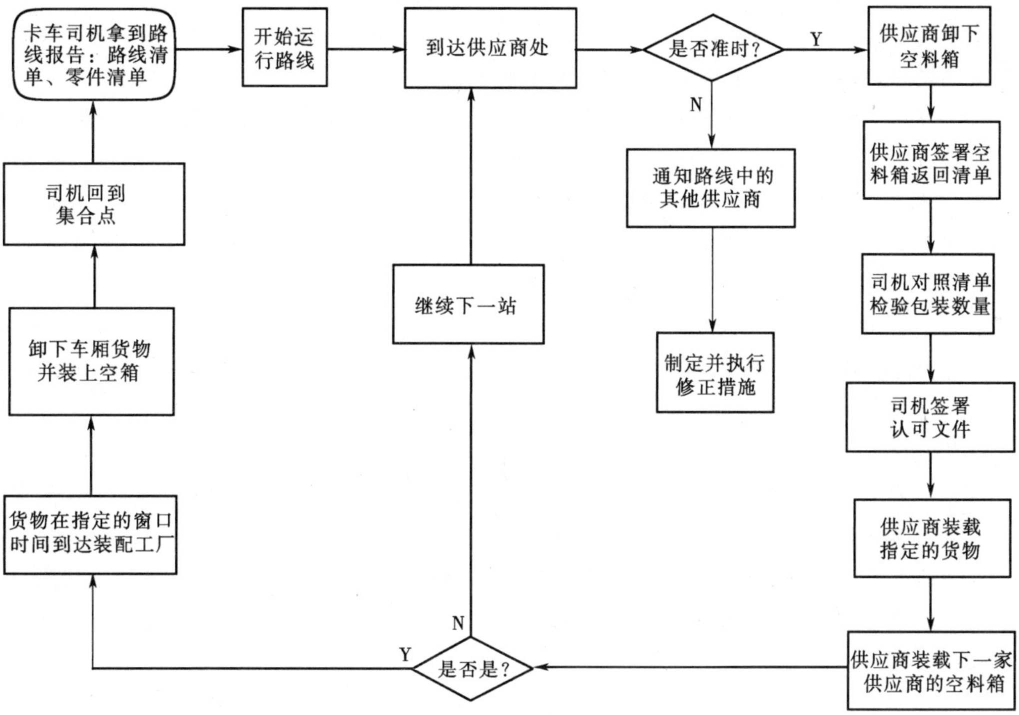


图 11-4　上海通用多点停留取货流程图

这种新方式的优点表现在以下几个方面：

(1) 有利于空箱周转。

(2) 有利于标准化作业，同一种零件、同一条路线、同一时间可以按小时计取货。

(3) 有利于运输效率及容积率的提高；在相同的产量下，运输总里程将大大下降，容积率可以事前计划和在实施中尽量提高；从而运输成本将大大下降。

(4) 循环取货有利于准时性的提高，使取货、到货窗口时间计划更合理，零件库存更少、更合理。

(5) 循环取货是由整车厂委托专业物流运输承包商进行运作，运输车辆的状态、司机的素质和专业要求以及培训等因素得到保证，从而使安全供货得到保证。

## 三、设计多点停留时的一些考虑

多点停留的方案设计是成功的关键。上海通用是委托富有国际化经验的 PYDER 公司来承担物流策划管理的。在设计过程中主要考虑的因素有以下几点：

(1) 在设计路线之前首先要了解国内供应商的地理位置。在本案例中，经调查显示，上海通用的国内供应商有 75 家位于上海，占供货比例的 80%；有 25 家分布在江苏，占供货比例的 16%；有 13 家分布在浙江，占供货比例的 3%。由此可见，上海通用的供货商都集中在江、浙、沪一带，给多点停留多点循环取货的实施创造了有利条件。

（2）分析供应商依不同车型供货的情况。在上海通用的供应商中，有 40% 同时向四种车型供货，87% 同时供应两种车型以上的零件。这个结果为共线生产的车型平衡以及循环取货的路线稳定性和装载率创造了较好的条件。

（3）为运输选定合适的车辆。运输车辆的选择要充分考虑国内交通状况，运输成本以及供应商的实际情况。国外往往采用集装箱卡车来进行循环取货，但考虑到国内的集装箱卡车成本高、且国内供应商的送货平台都没有专门为集装箱卡车而设计；所以上海通用最终选用的是 12m 和 8m 以及 5m(主要用于市内)的卡车改装成的开启式箱式车，并采用侧面开启方式，以扩大装卸工作面、提高装卸效率。

另外，上海通用还为之设计了一些相应的参数：①平均时速：市区 9km/h，郊区 35km/h，长途 60km/h。②对供应商和司机的业务操作时间进行了限制，规定车辆在每一站停留时间不能超过 30 分钟。③司机配置情况，为长途运输设置了两个司机，为上海市内的运输设置一个司机。

在以上设计思路的指导下，上海通用最终在上海，江苏，浙江三地确定了循环取货的方案，共计 46 条线路。从 2001 年 9 月份开始试运行的两条路线，6 条供应商的情况来看，运输成本节约了 30%，送货准时率、正确率都明显提高，没有出现物料短缺问题。

（摘自：徐秋华，“循环取货方式在上海通用汽车的实践与应用”，《上海企业》，2002 年第 11 期）

# 第十二章

# 信息技术在运输物流管理中的应用

## 第一节　运输的信息化管理

随着信息技术的发展和在物流管理中的进一步应用，物流信息化管理已是现代物流发展的必然趋势。在物流信息化管理发展过程中，运输业务在很大程度上也实现了信息化管理，如车辆跟踪、货物追踪、车辆调度、路线选择，以及运输作业排程等。不仅如此，运输的信息化管理使跨国、跨地区运输组织、多种运输方式衔接、运输全过程管理得以实现。

### 一、现代物流管理的信息化发展趋势

1. 运作管理信息化

网络技术、通信技术、计算机技术等现代信息技术的不断完善，极大地提高了物流管理的效率，改善了物流服务水平。物流信息的商品化、数据库化和代码化、处理的电子化和计算机化、传递的标准化和实时化，以及物流信息存储的数据化等等，标志着物流运作管理已进入信息化时代。

物流信息化管理所用技术主要包括：条形码技术（Barcode）、射频技术（Radio Frequency）、数据挖掘技术（DM）、数据库技术（Database）、电子数据交换（Electronic Data Interchange，EDI）、计算机网络技术（Computer

Network)、多媒体技术(Multimedia)、企业资源计划(Enterprise Resource Planning, ERP)、地理信息系统(Geographic Information System)、全球定位系统(Global Positioning System, GPS)和智能运输系统(Intelligent Transportation Systems, ITS)。这些信息技术在不同物流管理领域中的应用，给物流运作管理注入了新的活力。

2. 过程管理自动化

由于物流的信息化管理，使物流系统许多功能实现了自动化，如利用条形码技术，物流管理系统能够自动读取货物信息；利用电子标签，物流管理系统能够自动识别货物种类，跟踪货物的运输；利用 GIS 和 GPS，物流系统能够自动跟踪车辆的运行情况；利用计算机，物流系统能够自动进行运输路线设计和运输排程。信息技术的应用，使物流管理的某些功能实现了自动化，提高了整个物流系统的管理和监控水平。

3. 信息传递网络化

网络技术、通信技术的发展，使物流系统个体之间的联系和信息传递成为可能。企业外部的物流网络化管理，能够使企业与企业之间、企业与消费者之间实行 BtoB 和 BtoC 交易模式，而且托运人、承运人和客户能够及时了解货物状态、货物运送行程，有利于货物的跟踪和管理；企业内部物流的网络化管理，使企业内部各部门之间的信息传输方便，信息共享程度高，有利于企业及时制定出合理的物流决策。

## 二、物流信息化管理的作用

1. 外包业务的有力支持

企业物流业务外包后，如何监控产品的流动过程，一直是外包企业关注的焦点问题。通过物流信息化、网络化管理，使企业能够与承运商、客户及时进行信息交换，及时了解产品在供应链上的流动过程。物流信息化管理，一方面使物流业务外包成为可能，另一方面，也加速了企业物流业务外包的步伐。

2. 运输业务实现了高效化

运输系统管理中的运输线路规划、运输过程管理，由于物流管理的信息化使之能够设计较优的运输路线，降低运输成本。通过 GPS 和 GIS 系统可以对运输车辆和货物进行实时监控，随时掌握货物的流动状态，使企业能够有效地制定生产、销售等计划。

3. 有利于建立起合理的物流系统

通过物流的信息化，产品的市场销售情况通过库存量的变化信息，能及时地反映到上游厂商，使得厂商能对自己的采购、生产等计划进行相应地调整，建立起面向市场需求的采购、生产与物流一体化系统，如图 12-1 所示。物流一体化系统是指企业不断适应市场需求，促使生产、采购、物流与市场保持同步的管理系统。

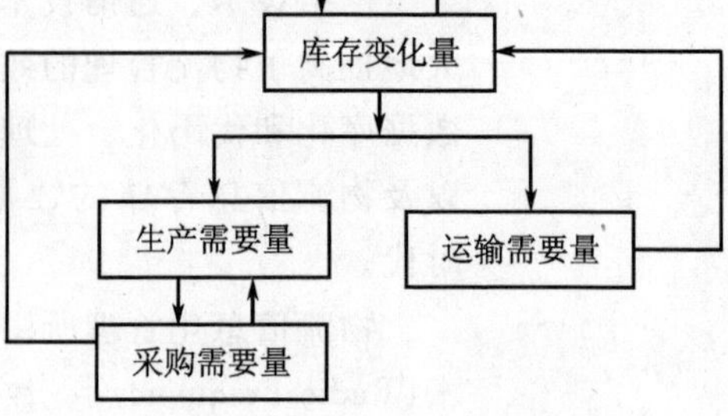


图 12-1 企业物流一体化系统

在图 12-1 所示的企业物流一体化系统中，包括了生产、采购和运输三个子系统，其管理的核心是库存。企业为了使库存保持在一个合适的水平上，需要不断地补充库存。补充库存可通过对现有货品的运输(移库)和增加生产量来解决。在一体化系统中，运输多少、货物流向、生产什么、生产多少、采购什么和采购多少均由市场决定，物流运输的目标就是要维持一定的库存水平，而不是由生产量来决定的。通过这样一个逐渐补充库存的过程，使企业生产、采购、物流与市场同步，最大限度地保证了企业库存始终维持在一个理想水平上。

反映企业销售情况的发货信息对企业库存管理、物流管理、生产和采购管理非常重要。如果没有发货信息，在库存管理方面，企业就可能担心销售损失而持有大量库存，导致库存成本增加；在物流管理方面，就可能造成盲目送货，仓库之间库存分配不合理，影响销售，且增加了运输浪费；在生产和采购管理方面，生产只考虑达到规模效益，降低生产成本，也同样造成了生产浪费。

在企业物流一体化系统中，市场销售情况和库存情况必须及时反馈到生产部门、采购部门和物流部门，而且需要这三个部门能够同时获得信息以做出相应决策，因此需要建立一个公共信息平台，企业各部门能够通过平台及时获得销售信息和库存信息。

企业实现信息化管理使物流一体化系统得以实现。发货信息通过信息平台成为公共资源，库存管理系统按照发货情况发出需要补充的库存量信息，物流部门、生产部门和采购部门通过信息平台协商各自需要的工作量情况。

## 三、运输物流的信息化管理

在运输全过程管理中，众多方面实现了信息化管理。企业实现运输信息化管理的途径分为两条：①自建物流信息管理系统。一般大企业采取自建物流信息系统，物流信息系统可以是独立的系统，也可以利用ERP骨架开发一个模块实现。②利用政府公共信息平台。一般中小运输企业采用这种方式实现企业运输信息化管理。

企业运输信息化管理主要涉及到的内容有：运输基础档案、运输业务处理和运输跟踪查询等的信息化管理。

1. 运输基础档案

在运输基础档案信息化管理中，车辆基础档案、驾驶员基础档案、配送中心(仓库)基础档案是物流企业最基础的信息。此外，企业对码头、火车站、机场等信息也要作为基础信息建档。如果第三方物流公司需要与其他承运商一起组织运输，那么外协的承运商信息也要建立数据库。

2. 运输业务流程

第三方物流公司的运输业务流程可通过信息化管理实现，如网上接收托运人订单、送货单确认、车辆预定、车辆配载、运输线路优化、发车管理、途中监控、到站管理、回场管理、运输异常录入、运输签收单维护等。

企业内部运输业务流程(以销售物流为例)的信息化管理为：网上接收销售需求订单、确定是配送中心发货还是厂发、运输方式确定、车辆预定、车辆配载、运输线路优化，途中监控、到站管理、客户确认等。

3. 运输跟踪查询

托运人、承运人和客户都可以通过运输的信息化管理，对运输作业、可用车辆、车辆行驶路线、货物移动情况和运费等查询和跟踪。对车辆和货物的跟踪，可利用 GPS 和 GIS 实时掌握运行中车辆的位置。GPS 可以跟踪车辆的运动轨迹，通过 GIS 以及可视化技术，可以把车辆的行动轨迹显示在屏幕上。

## 第二节　运输管理中的信息技术

随着先进的信息技术的发展和完善，运输信息化管理已在很大程度上提高了企业运输管理效率。从目前国内外运输信息化管理发展趋势看，利用 ITS 提供的实时道路和交通信息进行车辆实时调度、利用电子标签使各种货物信息化而进行的实时货物跟踪、利用 GPS 和 GIS 实时掌握运行中车辆位置而进行的实时车辆跟踪和利用物联网络技术实现生产、仓储、采购、运输、销售及消费的同步进行，已引起全球许多著名企业的重视。

### 一、GPS 和 GIS 技术

1. GPS

GPS 全称是全球定位系统，是利用导航卫星星座(通信卫星)、地面控制部分和信号接收机对对象进行动态导航定位、定时、测速的一个系统。它是美国历时 20 年，耗资 200 亿美元，于 1994 年全面建成的实时三维导航与定位能力的新一代卫星导航和定位系统，与阿波罗登月计划、航天飞机并称为美国三大航天工程。

GPS 由三大子系统构成，即空间卫星系统、地面监控系统和用户接收系统。空间卫星系统由均匀分布在 6 个轨道平面上的 24 颗高轨道工作卫星构成，使得在全球的任何地方，任何时间都能对运动的物体进行定位和导航；地面监控系统由一个主控站、三个注入站和五个监测站组成，对空间卫星系统进行监测、控制，并向每颗卫星注入更新的导航电文；用户接收系统主要由以无线电传感和计算机技术支撑的 GPS 卫星接收机和 GPS 数据处理软件构成，对所接收到的 GPS 信号进行变换、放大和处理，实时地计算出测站的三维位置、速度和时间。

2. GIS

GIS 即地理信息系统，是在地理学、地图学、测量学和计算机科学等学科基础上发展起来的一门多种学科交叉的产物。它以地理空间数据为基础，采用地理模型方法，适时地提供多种空间和动态的地理信息，是一种解决空间问题的工具、方法和技术集成的系统。

GIS 具有空间数据的获取、存储、显示、编辑、处理、分析、输出和应用等功能，其诞生改变了传统的数值处理信息方式，将表格型数据转换为地理图形显示，使信息处理由数值领域步入空间领域。

### 二、ITS 技术

ITS 即智能交通系统，是将通信传输技术、控制技术及电子技术等综合运用于整个交通运输管理系统和交通工具中。通过这些技术的应用，使交通管理者能够监控和管理路网交通流状况，降低拥挤，为出行者提供可替换路线信息，从而提高运输系统效率、降低出行成本。

ITS 自其提出以来，已引起全球发达国家的高度重视，目前许多国家已把 ITS 发展列为国家交通运输发展的长期目标，中国也不例外。从目前各国提出的智能运输系统研究内容来看，基本上包括以下七大系统：

1. 先进的出行者信息系统(Advanced Traveler Information Systems,ATIS)

ATIS 是建立在完善的信息网络基础之上的，通过装备在道路上、机动车上、换乘站上、停车场上以及气象中心的传感器和传输设备，向交通信息中心提供全面的交通信息。ATIS 对各类信息加以处理后，向社会提供实时的道路交通信息、公共交通信息、换乘信息、交通气象信息、停车场信息以及与出行相关的其他信息，出行者可根据这些信息确定自己的出行方式和选择路线。

2. 先进的交通管理系统(Advanced Traffic Management Systems,ATMS)

ATMS 系统有一部分与 ATIS 共用信息采集、处理和传输系统，但是 ATMS 主要是给交通管理者使用的，对道路系统中的交通状况、交通事故、气象状况和交通环境进行实时监视，根据收集到的信息，对交通进行控制，如控制信号灯、发布诱导信息、进行道路管制、对事故进行处理与救援等。

3. 先进的公共交通系统(Advanced Public Traffic Systems,APTS)

APTS 系统的主要功能是改善公共交通工具(包括公共汽车、地铁、轻轨列车、城郊铁路和城市间的长途汽车等)的运行效率，使公共交通运输更便捷、更经济、运量更大。

4. 先进的车辆控制系统(Advanced Vehicle Control Systems,AVCS)

AVCS 还处于研究试验阶段，从当前的发展看，可以分为两个层次：一是车辆辅助安全驾驶系统，系统由车载传感器(微波雷达、激光雷达、摄像机、其他形式的传感器等)、车载计算机和控制执行机构等组成，行使中的车辆通过车载传感器测定出与前车、周围车辆以及与道路设施的距离，系统会及时向驾驶员发出警报，在紧急情况下强制制动车辆。二是自动驾驶系统，装备了这种系统的汽车也称为智能汽车，它在行使中可以自动导向、自动检测和回避障碍物。在智能公路上，能够在较高的速度下自动保持与前车的距离。

5. 商业车辆运营系统(Commercial Vehicle Operation Systems,CVOS)

该系统是以高速道路网和信息管理系统为基础，利用物流理论进行管理的智能化的物流管理系统。它综合利用卫星定位、地理信息系统、物流信息及网络技术有效组织货物运输，提高货运效率。

6. 电子收费系统(Electronic Toll Collection,ETC)

使用者可以预交一笔通行费，领到一张电子通行卡，将其安装在汽车的指定位置，这样当汽车通过收费站时可实现不停车收费。这种电子收费系统可以使道路的通行能力提高 3~5 倍。

7. 紧急救援系统(Emergency Management Systems,EMS)

该系统是一个特殊的系统，它的基础是 ATIS、ATMS 和有关的救援机构和设施，通过 ATIS 和 ATMS 将交通监控中心与专业救援机构联成有机的整体，提供车辆故障现场紧急处置、拖车、现场救护、排除事故车辆等服务。

在 ITS 中，应用比较广泛的技术包括：车载导航系统、碰撞确认系统、电子付费系统、路基传感器、交通视频/控制技术、天气信息服务、可变信息标识和车队跟踪与不停车称重技术。这些技术的应用，使 ITS 实现了交通运输安全水平的提高、交通拥挤的减少、运输网络通行能力的改善、交通运输对环境污染程度的降低、交通运输生产效率和经济效益的提高。

### 三、电子标签 RFID

1. RFID 的概念

RFID 是 Radio Frequency Identification 的缩写，即无线射频识别，由电子芯片、阅读器和微型天线三部分组成，在物流管理中常称为电子标签。RFID 射频识别是一种非接触式的自动识别技术，其中，电子芯片保存货物的有关信息，阅读器通过发射射频信号自动识别目标对象并获取相关数据，最后在计算机系统中显示出来。

利用 RFID 对货物识别的基本原理是：由耦合元件及芯片组成的超薄集成电路标签进入磁场后，接收阅读器发出的射频信号，凭借感应电流所获得的能量发送出存储在芯片中的产品信息，或者主动发送某一频率的信号，阅读器读取信息并解码后，送至中央信息系统进行有关数据处理，实现对货物的识别。识别工作无须人工干预，可工作于各种恶劣环境。RFID 技术可识别高速运动物体并可同时识别多个标签，操作快捷方便。

2. RFID 的特点

与目前在商品物流管理过程中，广泛使用的条形码相比，RFID 具有：①无须直线对准扫描，读写速度快，可多目标识别、运动中识别。②存储信息量大，可反复读写且扇区可以独立一次锁定，并能根据用户需要锁定重要信息。③使用寿命长（≥10 年或读写 10 万次），无机械磨损、无机械故障，可在恶劣环境下使用（工作温度：-25 ~ +70℃）。④超薄和多种大小不一的外型，能柔性封装在纸张、塑胶制品（PVC、PET），可应用于不同场合，也可再层压制卡。

3. RFID 与物联网

物联网（Internet of Things）是将定位技术、电子产品编码 EPC（Electronic Product Code）、无线射频 RFID 电子标签与互联网技术融合在一起的一种新兴技术。在物联网中，RFID 存储着规范而具有互用性的产品信息，通过数据通信网络，将这些信息传递到中央信息系统，进而完成对产品的识别和通过 Internet 的信息交换和共享。

物联网是 1999 年美国麻省理工学院一位教授提出来的，被认为是能够使产品的生产、仓储、采购、运输、销售及消费的全过程同步进行，可以真正实现物品的可标识性、可追溯性和可继承性，实现物流、信息流的同步和协调，有效地降低库存成本，减少供应链的“牛鞭效应”。

## 第三节 GPS/GIS 在运输中的应用

现代化的运输物流离不开信息技术的支撑，GPS 具有的提供持续实时的三维定位、三维速度及精确的时间信息功能和 GIS 强大的地理数据处理功能结合起来，在运输物流技术完善和科学化管理方面发挥重要作用。

## 一、基本工作原理

### （一）GPS 定位的基本工作原理

GPS 由空间卫星、地面监控和用户接收三大系统组成，这三个系统的相互配合，能够解决物体的导航、定位和监控问题。

利用 GPS 进行物体定位，可分为静态定位和动态定位两种。在一些城市中，标志性建筑物的三维坐标的确定，就是静态定位。静态定位中，GPS 接收机在捕获和跟踪 GPS 卫星的过程中固定不变，接收机高精度地测量 GPS 信号的传播时间，利用 GPS 卫星在轨的已知位置，解算出接收机天线所在位置的三维坐标。

动态定位是对移动载体（如航行中的船舰，空中的飞机，行走的车辆等）的定位。载体上的 GPS 接收机天线在跟踪 GPS 卫星的过程中相对地球而运动，接收机用 GPS 信号实时地测得运动载体的状态参数，如瞬间三维坐标，确定载体的空间位置。

GPS 移动载体监控系统包括车载接收机、通信系统、监控中心三部分。移动载体上的 GPS 接收机，通过接收和处理 GPS 信号后，显示移动载体的具体方位，同时通过接口和电台向监控中心发送编码信号。监控中心经过解调、计算机处理等，将载体的动态位置在电子地图中显示出来，允许查询载体位置、状态、速度、方向、司机姓名等相关信息，并对电子地图上的地理信息进行查询显示等，实现对载体的监控和引导其运行的作用。

### （二）GIS 的基本工作原理

GIS 主要由地理数据库、地图和地理模型这三个关键部分组成。地理数据库是用地理术语描述世界的结构性数据库，是 GIS 工作的基础；地图是进入数据库的窗口，支持地理信息的查询、分析和编辑，是可视化的地理信息；地理模型是应用分析函数对现有数据集合进行分析处理，推导出新的数据集合的分析工具。这三部分的集成，构成了 GIS 的不同应用。

## 二、GPS/GIS 的应用

随着我国物流业的发展，利用 GPS 和 GIS 对车辆进行实时调度已成为企业运输物流管理的发展趋势。GPS 和 GIS 在企业运输管理中经常是成对使用的，即根据 GPS 对车辆进行定位，通过在 GIS 平台上的演示，企业管理者可以观察车辆的运动轨迹和地理位置，以便在出现紧急的情况下（如交通拥挤、车辆故障等），及时进行运输调度，满足客户需求。

### （一）GPS/GIS 的应用领域

在运输物流过程中，凡是涉及到空间地理位置变化的载体的管理都可以应用这两个系统技术的集成进行，如车辆运动轨迹监控、货物运输网络设计、商品配送路线设计、车辆途中调度等。

1. 车辆运动轨迹监控

通过车载 GPS 接收机，驾驶员能随时知道自己的具体位置，同时车载电台可以将 GPS 定位信息发送给调度指挥中心，调度指挥中心通过 GIS 便可及时掌握各车辆的具体位置。

通过互联网建立一个公共GPS/GIS监控平台。在公共监控平台上，各托运人、承运人和客户都可以运用自己的权限，进入网络监控界面，对车辆运行情况进行监控。

2. 货物运输网络设计

应用GIS，可以清晰地看到货物起点到终点的地理距离和可能经过的货物集散点(如火车站、港口码头、配送中心等)，便于货物运输方式选择、运输网络设计。

3. 商品配送路线设计

当商品由配送中心向客户配送时，应用GIS可以清晰地显示出配送中心到客户、客户与客户之间的相对距离。配送调度者可根据GIS提供的这些信息，利用路线规划的一些方法，就可方便地确定商品的配送路线。

4. 车辆途中调度

车辆在配送过程中，经常会发生一些非确定性事件，如车辆故障、客户需求变更、新的客户等等。利用GPS/GIS可以清楚地知道车辆的位置，使之能够及时分派车辆到达故障车辆地点，继续货物的运输，从而最大程度上减少运送时间的延误；对有新的客户需求和客户需求的变更，利用GPS/GIS，可以就近指派车辆到达客户处，既满足了客户需求，又减少了物流配送成本。

### 铁路行包专列的跟踪监控

行包专列具有快速、安全、灵活、方便和价格便宜等特点，按客车点运行，中途不上下货，从始发站出发直达终点后，方可开门卸货。铁路系统自成一体，因此对于行包专列的跟踪监控应有区别于公路运输车辆的跟踪监控。

1. 行包专列跟踪的特点及跟踪要求

行包位置状态信息追踪是行包信息追踪的一个主要目标，行包在运输过程中的位置序列构成行包轨迹。在任一时刻，行包处于两种位置状态之一：在车站(点上)或在途(线上)。只有把行包在点上和在线上的状态变化结合起来，才能综合反映行包运输过程的完整动态信息。因此，必须寻求适当的点线结合点，在这一结合点上记录行包状态信息。

2. 行包专列跟踪方案

确定行包专列的点状态，可有轨道电路、GPS、多普勒雷达、累计车轮旋转数加应答器等。目前，我国的铁路行包专列跟踪系统多采用轨道电路方式下的定点自动车辆识别系统。自动车辆识别是当车辆通过某一特定地点时，自动将该车的身份识别出来的技术统称。通过在特定地点(一般为铁路线路分界点)设置地面识别设备，在货车和机车上安装识别标签，通过无线射频识别(RFID)技术将车辆信息读出，并传输给信息系统进行数据处理。由于车辆识别系统可在列车运动过程中实时正确地识别出机车、车辆的标识信息，并提供给相应的各管理系统，起到了保证基础信息源准确无误的重要作用。

(摘自：于绪利、关伟，“公铁联运条件下物流实时跟踪系统设计”，《交通运输系统工程与信息》，2005年8月)

### (二) GPS/GIS 应用实例

上海交通—陆上运输网提供的车载式卫星定位系统，如图 12-2 所示。

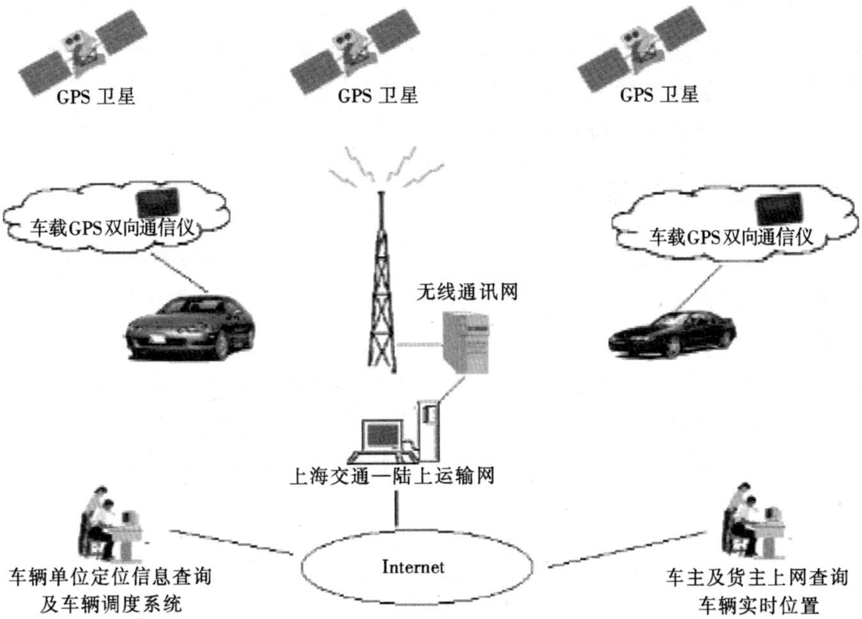


图 12-2　车载式卫星定位系统

系统为用户提供主要功能有以下几种：

1. 三种车辆位置监控方式

位置立即回报：车台接到调度指令后，立即回报其即时实际位置信息。

实时跟踪：车台根据调度指令设定的回报时间间隔和跟踪时间长度，发回其实际位置信息，在电子地图上显示行驶轨迹。

非实时跟踪：车台根据调度指令设定的回报时间间隔和跟踪时间长度，发回其实际位置信息，保存于网站。调度可事后从网站下载这些信息，并在电子地图上回放历史行驶轨迹。

2. 二种报警功能

主动报警：在遭到劫车等突发事件，无法正常通信的紧急情况下，驾驶员可通过车台向基地发出紧急报警信号，为行车安全增加一重保障。

自动报警：下一步将开发超规定区域、超载、超温、超压和防盗等自动报警功能。

3. 两种通信方式

(1) 无线电话。

(2) 文字交换：驾驶员可通过车台接收或发送文字信息。为方便用户起见，系统备有常用语句表，可供用户直接选用而不必输入汉字。

(资料来源：http://hygps.shjt.net)

# 第四节 ITS在运输中的应用

ITS对运输物流的影响主要体现在利用ITS技术采集、处理、传输和发布与物流相关的信息，并将其用于运输物流管理中，使货物运输过程信息化和可视化，提高运输物流的安全性、可靠性和运行效率，降低物流成本。

## 一、ITS的基本应用原理

在ITS实施的七大系统中，先进的出行者信息系统ATIS和商业车辆运营系统CVOS的集成，将为企业货物运输的信息化、智能化和及时调度提供高效的解决方案。

### （一）基本原理

ATIS通过对道路交通数据的实时采集、分析和处理，提供企业运输所需要的信息，如路网中各个路段当前时段的运行时间；企业根据ATIS提供的信息，根据客户数据和企业运输能力制定运输调度方案，即出发时间和出行路线，如图12-3所示。

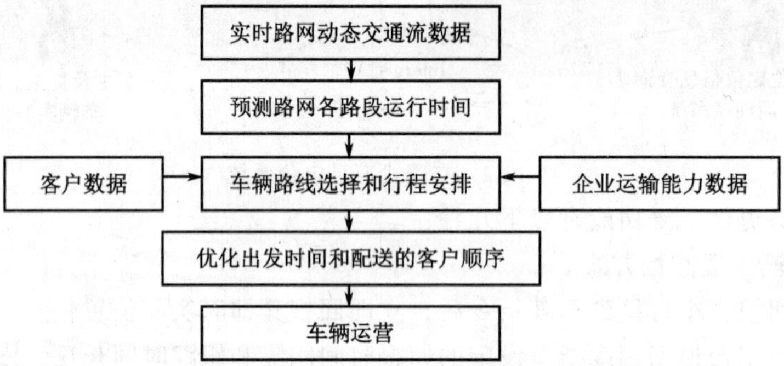


图12-3 ITS在运输中应用的基本工作原理

在图12-3中，企业运输调度，即路线选择和行程安排，考虑了路网动态交通条件、客户和企业运输能力三方面因素。路网动态交通条件由ATIS提供，客户和企业运输能力这些关于物流理论应用的基本数据，由CVOS进行综合考虑。通过对这三方面因素的综合分析，企业就能够设计出既满足客户要求，又能适应变化的交通环境的最优路线，提高了企业物流运输的效率。

### （二）ITS提供的信息

智能运输系统是通过信息技术将驾驶员、车辆、道路设施集合成为一个综合的系统，实现实时的运输跟踪，提高物流运输的准确性、及时性。

ITS发布的出行信息从信息种类上主要分为交通状况信息、道路状况信息和出行服务信息三大种类，从信息发布的时间上可分为出行前信息和途中信息。在ITS提供的信息种类中，交通状况信息主要包括交通流状态信息、交通安全信息、特殊交通管制信息、路径诱导信息和突发事件信息等，道路状况信息主要包括道路几何形状、交叉口的分布、道路等级信息和道路规划建设信息等，出行服务信息主要包括沿途所经交叉口的数量和控制方式、紧急电话的分布、停车场等各种基础服务设施的服务时间、收费信息等。

## 二、ITS 的应用

### （一）ITS 的应用领域

1. 车辆诱导

物流车辆在运输过程中，经常会遇到运行前方道路交通拥挤情况。通过 ITS 动态诱导技术的应用，驾驶员可及时获得实时的交通信息和交通流诱导信息，及时调整其行驶路线，避开拥挤路段，以便在客户需要的时间内尽快完成运输和配送任务，降低能耗和运行成本。

2. 车辆跟踪和定位

ITS 技术的应用为车辆的安全行驶提供了保障。物流管理者通过车辆跟踪和定位可实时地对在途货物进行监控，利于保证运送货物的安全性，也利于对驾驶员进行监督。此外，当在途车辆或货物出现意外情况时，物流管理者可以根据监测到的信息迅速做出对策。

3. 运输调度

ITS 强大的处理和发布信息能力，为企业运输调度提供了决策支持。在全球道路网络交通越来越拥挤的情况下，企业运输调度必须考虑道路交通条件的变化。企业运输调度中的线路优化和运送时间的确定，在很大程度上受道路交通条件的制约，ITS 能够实时提供企业运输调度所需的道路交通信息。

### （二）应用

1. 美国

美国半数以上的卡车运输公司均已采用了商业车辆管理系统。借助于这类系统，卡车公司可以实时地获取由公司车辆上的车载设备传送的数据，如发动机温度、行驶时间等，并将这些数据应用于安排线路以及调度工作中。另外，车辆和集装箱识别系统在多式联运中发挥着重要作用。

机动车管理信息系统是联邦政府进行路边调查所使用的有关机动车使用者安全的国家级数据库。在路边调查及称重工作中使用了一些先进技术，如机动车识别以及车辆运动中称重等。机动车在通过检查站时无需停车，即可通过铺设在地下的传感装置测量出车辆的重量；路边调查尽管还摆脱不了手工的方式，但目前已开发出一种笔式记录仪，将大大减少路边调查时车辆所需停留时间。更为先进的车辆调查方法和设备正在开发之中。

2. 日本

特殊的商业运输车辆，如超长和超重车辆，可以向道路管理中心提出申请，道路管理中心根据路面管理数据库和车辆所载货物状况，安排行车时间和路线，目的是即完成运输任务，又保证道路设施不被毁坏，同时不影响交通。该系统包括车辆动态称重设备，以减少车辆在称重站停留的时间。

商业车辆运营辅助系统可以改善运输效率、减少商业车交通量和提高运输安全。系统收集与卡车运输和旅客客车运输相关的信息，实时地提供给运输公司，辅助其运营和管理。同时，该系统还可建立先进、自动、系统化的物流中心，提供配载、联运等信息服务。

商业车辆自动队列行驶系统可以有效地提高运输效率、减少商业车交通量，并提高运输安全。该系统可为商业车辆提供自动行驶功能，使车辆之间在保持适宜距离的前提下，以车队的形式行进。

中国目前 ITS 在运输物流中的应用方面，主要是通过政府建立城市公共物流信息平台实现企业运输调度、诱导和跟踪等功能。图 12-4 是公共物流车辆监控调度系统构架，系统实现的主要功能包括车辆实时监控、动态调度、车辆导航、路径优化等。这个构架中包含了 ITS 的应用，如路径优化子系统是根据实时道路交通信息数据完成的，能够为企业运输调度、车辆途中转道决策的制定提供实时决策支持。

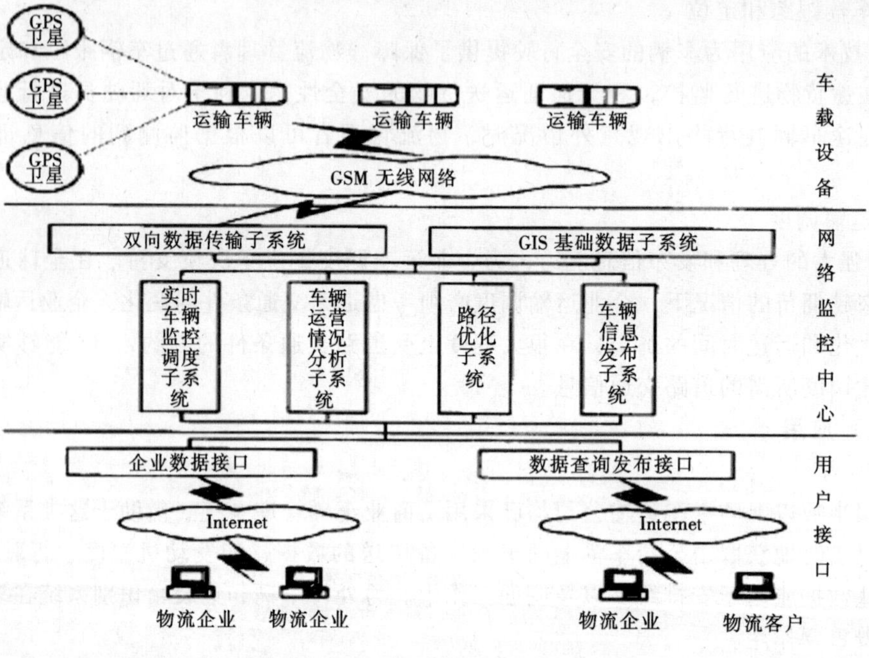


图 12-4 公共物流车辆监控调度系统构架

（摘自：谢毅、刘仲英，公共物流车辆监控调度系统及其应用前景，《商品储运与养护》，2005 年 10 月）

## 思 考 题

1. 运输过程中，哪些环节可应用信息技术提高运作效率？
2. 铁路货物运输过程中，如何实现对货物的跟踪？
3. 企业运输管理中包含的基础信息数据有哪些？如何获得？
4. 企业动态运输调度需考虑哪些因素？如何调度？

## 阅读资料

### 铁路运输调度指挥管理系统

铁路运输调度指挥管理系统(DMIS)是1996年铁道部党组决定实施的铁路信息化建设项目，是综合通信、信号、计算机网络、多媒体等多门学科技术的系统工程。其目标是提高运输效率、保证行车安全、挖潜提效、减轻调度人员的劳动强度、提高行车指挥的技术水平和实现铁路运输调度指挥现代化。DMIS按照现行铁路运输调度管理体制，设计为四层体系结构，如图12-5所示。

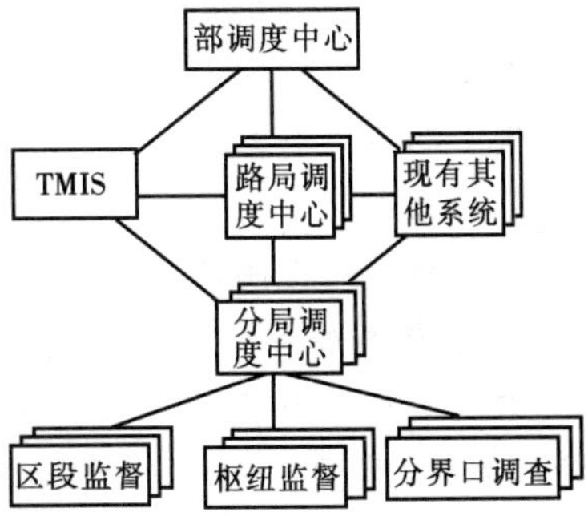


图12-5　DMIS四层网络体系结构

最上层是部调度指挥中心调度指挥管理系统，是DMIS的核心。它与14个铁路局调度中心远程连接，进行信息交换。在部调度指挥中心，能获得全路主要干线、分界口、重要枢纽等的运输状况、信号设备显示状态、列车早晚点、计划运行图、实际运行图、施工、气象、事故及灾害等信息，为铁道部各专业调度提供实时监视和统计查询功能，为各级领导的决策提供真实可靠的信息。

铁路局调度指挥中心处于第二层，在各铁路局所在地，建有路局调度指挥中心局域网。路局调度中心通过专线与铁道部及其所属各分局调度中心远程连接，进行信息交换。铁路局调度中心具有铁道部调度中心的所有功能，对于新体制中的不设分局的铁路局调度中心，其功能就不仅是指挥和管理中心，同时也是行车控制中心。

第三层为铁路分局调度指挥中心，在各铁路分局所在地，建有分局调度指挥中心局域网。由于铁路分局不仅是一个管理层，同时也是直接调度指挥行车的指挥层，因此铁路分局调度中心不仅要完成基层网信息的汇总、处理和标准化，给分局各级调度提供监视的同时，按要求将基层信息通过专线传送到上层路局调度中心，而且，按照铁路跨越式发展规划，在调度集中区段，分局调度指挥中心具有对管辖范围内的信号设备集中控制的能力。

最下层是基层网，主要包括车站联锁系统、区间闭塞系统、调度监督系统、调度集中系统、无线车次号校核系统、无线调度命令传送系统和车站值班员终端等等。

经过几年的研制开发，DMIS实现了列车运行自动报点、早晚点统计、交接车统计、列车运行阶段计划的生成、自动调整和实际运行图的自动生成、调度命令自动下达到车站和机车、车站行车日志自动填写等主要功能，解决了车次号的自动输入、自动校核跟踪等技术关键问题。到目前为止，已经完成了沈阳、北京、郑州、济南、上海、南昌、广州、柳州、成都、昆明、兰州和乌鲁木齐12个铁路局部分分局的DMIS建设，其中兰州局全局4个分局全部建成了DMIS，实现了行车调度员无纸化办公。

(摘自:李萍,“铁路运输调度指挥管理系统”,《铁路计算机应用》,2003年8月)

## 案 例

### 安达尔公司的运输信息化管理

美国某五百强企业(位于美国一个小镇上)的服务器由日本长野的一家工厂供应，其物流业务委托美国安达尔公司负责。美国安达尔公司以供应链管理为自己的物流服务手段，在为这家企业服务时承担的任务是：在运输规定时间内，将一些优势的物流企业，如空运公司、货运代理、陆地承运人等集成起来，组成物流供应链，完成物品从日本到美国的移动。

整个物流过程如下：首先要从日本工厂用卡车将货物运到日本国际机场，再用飞机运送到美国国际市场，从美国国际市场用卡车运到美国的工厂。

对于这样一个物流过程，安达尔公司提供的运输供应链解决方案为：

1. 参与的公司

参与的公司有日本通运公司(货运代理公司)、美国的集装箱处理商 BAX 全球公司(空运公司)和运输公司(美国陆地承运人)。其中，日本通运公司的作用是雇佣滕津物流公司承担卡车运输，选定的航空公司飞机，通知安达尔公司在美国的集装箱处理商 BAX 全球公司及地面承运人，向美国海关报送，提前安装接货设备；美国的集装箱处理商 BAX 全球公司的作用是负责美国本土空运，通知安达尔公司和运输公司；运输公司的作用是直接运货到用户车间，跟踪货物，与安达尔公司保持通信联系。

2. 运输全过程方案

(1) 在长野工厂，由安达尔公司的进出口人员将产品包装好。

(2) 货物在长野交给日本通运公司。日本通运公司是供应链里三家公司的第一家。货物从进入供应链开始，所有链上的企业都可以得知货物途中的信息。

(3) 从长野到成田机场，卡车运输由滕津物流公司承担，第一站到达承运人的室内集装箱仓库。

(4) 装入日本通运公司选定的航空公司飞机。停留时间不超过 12 小时。

(5) 安达尔公司事先订好货物中转次数，飞机一起飞，电子邮件就能通过因特网发送出去，通知下一个环节。

(6) 日本通运公司通知安达尔公司在美国的集装箱处理商 BAX 全球公司及地面承运人，同时向美国海关报送，提前安装接货设备，一般只需 3 小时。

(7) BAX 全球公司接到货后，通过电子邮件通知安达尔公司和运输公司，准备下一个接货环节。

(8) BAX 全球公司的货运飞机起飞后，通过电子邮件通知运输公司，再由运输公司通知车队准备接货。

(9) 运输公司在全球范围配备高科技运输车队，由安装 GPS 功能的拖车接运。

(10) 运输公司接到货物，直接送到用户的车间拆卸，在那里有安达尔公司的人员在场监督。

(11) 在这个运送过程中，运输公司通过 GPS 和电子邮件，向安达尔公司通告交货过程，通过因特网，每一小时更新一次货物进展情况。

（12）运输公司的卡车定位系统，每隔30m就能标记新的所在位置。

从案例中可以看出，整个运输供应链的信息流动过程如图12-6所示。在这个运输供应链中，参与的各成员之间通过信息进行沟通，信息通畅是运输及时完成的基础。

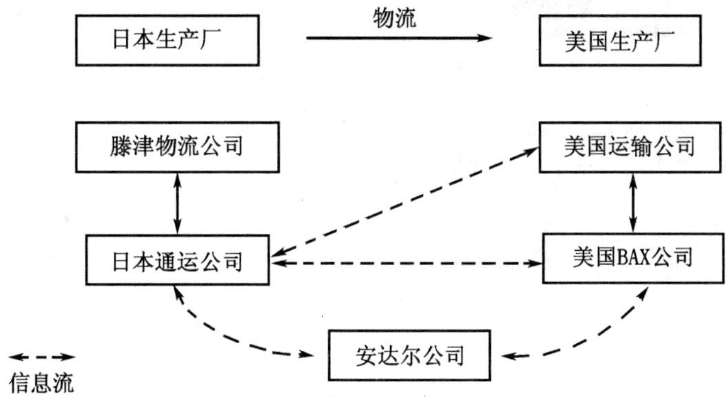


图12-6 运输供应链的信息流动过程

（摘自：牛鱼龙，《世界物流经典案例》，海天出版社，2003）

# 第十三章

# 运输物流系统设计要点

## 第一节　精益运输系统的设计要点

### 一、精益供应链

#### （一）精益供应链概念

精益供应链思想来源于精益生产思想，是企业供应链管理追求的一种理念，这种理念的核心思想是通过减少和消除浪费或无价值的附加活动，而缩短从产品订单开始到产品到达客户的交货期，为企业带来较高的收益回报。

任何企业的供应链中都存在浪费，如不必要的时间和库存等，这种浪费可能在企业内部也可能在企业外部，可能在生产环节，也可能在流通环节，消除这些浪费的方法就是设计一个理想的供应链，改善采购、生产、物流、销售等各个环节的实施技术。精益供应链就是企业追求的理想供应链，其核心是 JIT 物流和 JIT 生产方式。

#### （二）JIT 物流

1. 概念

JIT 物流是精益供应链的一个重要组成部分，是指通过消除生产和供应过程中的非增值的浪费，以减少备货时间，提高客户满意度。在具体操作中，JIT 物流是一组活动的集合，其目的在于原材料、制品及产成品保持最小库存的情况下，能保持连续、高节奏的大批量生产，零件从上道工序准时到达下道工序，并被下道工序迅速加工和转移。

2. 原则

JIT 物流的原则是：以客户需求为中心，从客户的立场，来确定创造价值的环节；对价值链中的产品设计、制造和订货等的每一个环节进行分析，找出不能提供增值的浪费所在；根据不间断、不迂回、不倒流、不等待和不出废品的原则制定创造价值流的行动方案；及时创造仅由顾客驱动的价值；一旦发现有造成浪费的环节就及时消除，努力追求完美。

3. 特点

JIT 物流强调准时、准确、快速、低成本高效率和信息化。在准时方面，强调信息流动的准时和物品在流动中的各个环节(交货,运输,中转,分拣,配送等)按计划按时完成；准确方面主要指准确的信息传递，准确的库存，准确的客户需求预测和准确的送货数量；快速一方面指物流系统对客户需求的反映速度，另一方面指货品在流通过程中的速度；低成本高效率重点强调物流系统通过合理配置资源，采用先进的物流技术和经营策略，提高物流效率和降低物流成本；信息化方面强调信息在供应链各环节的流动和信息共享，是 JIT 物流系统赖以生存的重要手段。

### （三）精益供应链实现的三要素

精益供应链是为消除浪费而设计的，在供应链的每个环节中都要做到“精益”，只有每一个环节都达到“精益”，才能实现精益供应链，其实现的三要素为：JIT 采购、JIT 运输和 JIT 生产方式，其中 JIT 采购与运输是 JIT 物流的重要组成部分。

1. JIT 采购

JIT 采购，即准时采购，其特点是小批量采购、频繁交货、买卖双方良好合作、有效的通信网络和做到“3 个正确”(正确的数量、正确的时间、正确的品质)。

JIT 采购在实施过程中面临的问题包括：一次采购规模的确定、众多供应商在不同区域上的分布、通信和信息共享、供应商质量的不一致，以及买卖双方关系的不和谐等。这些问题是客观存在的，是企业必须解决的问题。

通常来说，供应商都要求有足够的制定生产计划时间、公平的利益回报、订单的定时和平稳下达、变化的订单数量最小化等等，制造商在制定采购计划时要很好地考虑供应商的这些要求。

2. JIT 运输

JIT 运输包括 JIT 配送内容，是根据生产计划和采购计划的安排而制定的运输计划，强调多频率、小批量运送和无库存经营，其目标是“在需要的时候，将需要的物品以正确的数量送到指定的地点”，其主要特点包括：长期合同运输作为运输的重要模式，重点在许多零件的小批量多频率的配送，运送和处理设备根据需要进行改进，采用小吨位和侧面装载的卡车等。

企业在实施 JIT 运输时，在运送过程上要从传统的运输过程转变为适合 JIT 生产的运输过程，在货物包装上要从一次性包装转变为可重复利用的包装，在运输排程方面要做到有规律和可重复。JIT 运输适合于近距离企业间的输送。如果供应商与生产商之间距离较远，要实施 JIT 运输，成本就会大大增加。因此，许多有实力的制造商要求供应商就近设厂。

3. JIT 生产方式

JIT 生产方式，就是按照顾客需要，在必要的时候以必要的数量，生产和交付必要的产品和服务，强调一种高质量、低成本、并富有柔性的生产方式。JIT 生产方式不同于传统的生产方式，它以市场需求拉动生产，由需求方决定供应货物的品种、数量、到达时间和地点，供应方按订单供应需要的货物，是“多品种、小批量”的生产方式。

JIT 生产方式包含的主要内容为：采用拉动式库存管理思想，采用单元化生产方式，设备布局考虑物料流动效率，建立浪费降低管理体系，全面质量管理和持续改进，原材料处理标准化和料箱化，完全的预防性维护，柔性的工作人数和团队工作等。

## 二、JIT 运输系统设计要点

### （一）JIT 运输过程

在供应链过程中，传统的运输过程大致包括十个环节，如图 13-1 所示，非常繁琐，需要很多时间完成物品从供应商到制造商的运输任务。JIT 运输情形下，有些环节(如检验、包装和存储)可认为是非必要的环节，产生浪费的环节，因此可以将这些环节在运输过程中去掉，精简为生产—运输—生产这样简单的运输过程，如图 13-2 所示，以适应 JIT 运输的要求。

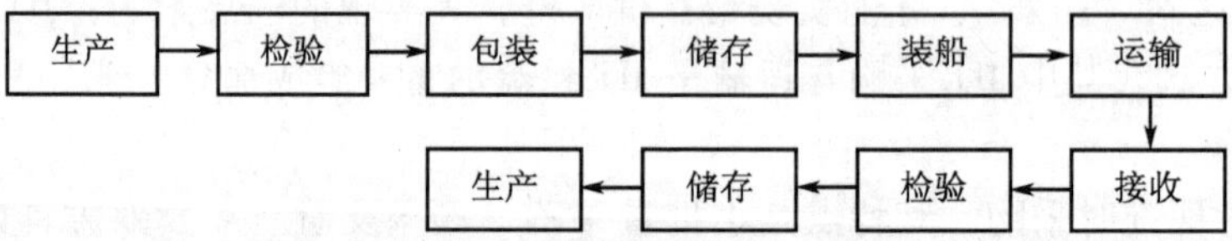


图 13-1　传统的供应链中的运输过程

图 13-2　JIT 运输过程

### （二）JIT 运输系统设计要点

JIT 运输系统基本上都是在制造企业实施，尤其在汽车制造行业 JIT 运输系统更成为其供应链高效率低成本实施的关键系统。JIT 运输系统需要组织内部进行变革，重新设计组织结构，同时对运输商评选与运输系统的选择也是非常重要的因素，因此企业应尽量减少运输承运人的数目，谈判合同要明确和制定处罚条款，明确各种运输方式使用的条件，随时检查运输系统的可靠性。此外，在运输系统设计中，要包括信息系统的设计，不仅使运输决策信息化和及时化，而且与所有承运商能够进行信息沟通和共享。设计 JIT 运输系统的要点包括以下几点：

1. 改变企业现有组织结构

运输是企业连续生产的保证，在企业追求精益供应链情况下，运输的重要性必须认识上去。企业对运输的重视程度要反映到组织结构的变革方面，如目前许多企业专门设置物流副总经理职位，设置物流管理部门，这样有助于在战略高度上认识物流对供应链的作用。

2. 精简运输商个数

精简运输承运商个数，有利于企业对运输的集成化管理，不仅能够降低管理运输承运商的成本，而且有助于形成运输规模效益。此外，通过与少数运输承运商的合作，更容易建立密切关系。

3. 合同运输

JIT 物流需要一个高度可靠的运输系统，通过与第三方物流签订运输合同，有利于与承运商形成良好的关系，规范其运输行为。此外，合同运输比临时购买运输也会在价格上占有一定优势。

4. 运输调度信息化和排程化

为了节约线路规划时间和车辆配置时间，运输调度必须通过计算机系统进行实时制定。此外，运输选择的线路和排程应该相对稳定。

## 三、JIT 物流与汽车物流

### （一）汽车行业的供应链特点

1. 汽车制造企业为供应链的核心企业

在采购—制造—销售—服务组成的汽车供应链系统中，汽车制造企业作为供应链的核心企业，不但可以拉动上游供应商的原材料供应，也可以推动下游分销商的产品分销及客户服务，在供应链整合、协调，战略合作伙伴关系构建，供应链物流模式创新，供应商与分销商的管理，以及产、供、销关系的协调与控制等方面发挥重要作用。

2. 制造商与供应商关系密切

汽车制造商和供应商之间形成共同开发产品的组织，持久合作。供应商提供具有技术挑战性的部件；伙伴成员共享信息和设计思想，共同决定零部件或产品以及重新定义能够使双方获益的服务。

3. 汽车供应链成本高

目前中国整车生产厂和关键零部件制造商大都是合资企业，为保证产品质量，原材料采购中绝大部分都是采用进口件，进口件的采购比重较大，生产筹措阶段和运输周期延长，物流组织难度加大，费用增加。另一方面，国产件供应商过于分散，在全国各地，尤其是沿海城市几乎都有汽车零部件制造厂，也增加了运输组织和调运的成本。

4. 物流配送功能专业化

原材料及汽车零部件供应商、汽车制造商的物流配送体系与其主业剥离，社会化、专业化的物流体系逐步完善，以汽车物流为纽带整合供应链，第三方物流配送中心完成汽车供应链物流配送功能。

5. 供应链管理信息化

利用计算机网络技术全面规划汽车供应链中的物流、商流、信息流、资金流，构建电子商务采购和销售平台，通过应用条码技术、EDI 技术、电子订货系统、POS 数据读取系统等信息技术，做到供应链成员能够及时有效地获取需求信息并及时响应，以满足顾客需求。

**（二）汽车物流**

汽车供应链是最为复杂的供应链系统，汽车零配件和产品品种繁多，供应商和客户分布广阔，物流活动遍布全世界，高水平的零部件物流与整车物流是汽车厂家提升生产效率、控制产品成本的先决条件，汽车物流已是汽车行业赖以生存和发展的关键。

汽车物流是指在满足客户需求条件下，以最小的物流费用，将汽车零部件和整车从供给地向需求地转移的过程。这个过程包含运输、仓储、保管、搬运、包装和物流信息传递等众多内容，是沟通原材料供应商、生产厂商、批发商、零件商、物流公司及最终客户的桥梁，是实现商品从生产到消费各个流通环节的手段。对汽车制造企业来说，汽车物流包括生产计划制订、采购订单下放及跟踪、物料清单维护、供应商管理、运输管理、进出口、货物接收、仓储管理、生产线的物料管理和整车发运等内容，其中汽车整车及其零部件的物流配送是国际物流业公认的最复杂、最具专业性的领域之一，对汽车产业发展具有很强的制约或促进作用。

**（三）JIT 物流**

汽车制造企业由于零部件供应周期长而难以表现出对市场需求的快速反映，但汽车制造企业必须主动地改变自身来适应多样化产品和服务的市场需求，众多汽车制造企业采用了柔性化生产，即把不同平台、不同配置的产品在同一生产线上进行共线生产，市场需要什么就生产什么，市场需要多少就生产多少。这种柔性化生产要求物流运输必须做到 JIT 物流，保证在准确的时间、准确的地点把正确的物料提供给不同车型生产，同时又要保证较低的物流供应成本。

就目前欧美日国家汽车制造巨头间的竞争状况而言，以日本丰田汽车为首的实施“JIT 制造系统”的企业取得了压倒性优势，据统计，日本丰田公司 2003 年度的公司盈利总额是欧美汽车制造巨头总和的 2 倍还要多。在分析日本丰田汽车公司的竞争优势时，除了认为“JIT 制造系统”是它成功的关键外，JIT 物流管理保证了日本丰田公司更好地适应市场需求和对 JIT 生产的强有力支持。

**（四）第三方物流对 JIT 物流的作用**

由于汽车制造业普遍采用 JIT 生产制，对零部件配送要求非常高，要求专业化的汽车物流配送服务。此外，随着汽车消费需求个性化、供应全球化、贸易电子化和交货迅捷化，对汽车物流提出新的挑战。第三方专业汽车物流企业有其自身的专业化物流运作经验与技术，有专业的物流网络及设施、专业化的物流运作管理人才和现代化的物流管理信息系统，有利于促进汽车产品总体物流效率的提高和物流合理化，第三方物流模式将成为未来的主导型物流形式。

汽车行业的未来趋势是加强行业分工，充分发挥自身优势，集中精力提高企业核心竞争力，其零部件生产和物流配送等功能都将从制造企业中剥离出来。汽车生产企业应该更新观念，把物流管理业务委托给第三方物流企业管理，利用第三方物流企业自身的优势和专业化运作，降低物流成本，提高物流效率。

## 第二节　采购物流的运输系统设计要点

采购管理在企业里占据着非常重要的地位，对于一般性制造企业，采购物料的金额占到最终产品销售价值的40%~60%。在采购方面降低成本对利润产生的影响要大于企业其他成本降低给利润带来的影响。由于采购货物的运输方式对整个输入运输策略的巨大作用以及运价对采购货物总成本的巨大效用，采购和物流专业人员往往需要共同对运输方式和运费进行决策，而且要共同参与与运输相关的决策。

### 一、采购与运输一体化

#### （一）采购物流

采购管理是指为了保障企业生产所需的物料供应而对企业整个采购过程进行的计划、组织、指挥、协调和控制等活动，包括购买、储存、运输、接收、进厂检验及废料处理等内容，其管理目标主要是探讨如何在正确的时间、以适合的价格、恰当的数量和良好的质量采购原材料、服务和设备。

当前，采购职能已经从公司生存的必要条件变成了提升管理的一个要点，迫使人们更加深入地探索采购领域潜在的改进机会。而对于采购人员来说，在采购中不能仅仅考虑到物料购买的价格因素，而要从供应链角度和物流角度考虑整个采购过程中的成本降低。

制造企业供产销经营活动过程，按照物料输入输出动态过程，总体上可以把物流分为采购物流、生产物流和销售物流。从物流角度看，最初的采购流程运行的成功与否，将直接影响到企业生产和销售的最终产品的定价情况和整个供应链的获利情况，采购物流在制造型企业供应链管理中的重要性日趋明显。

#### （二）采购与运输一体化

1. 企业采购成本控制转向采购供应过程的全面控制

随着第三方物流市场的兴起和竞争的加剧，运输服务商之间激烈的竞争导致运费降低并且价格不稳定，运输服务商开始向托运方提供低于公开运费的折扣。如果采购物品的运输费用包含在采购成本中，采购商无法确定作为直接托运人的供应商的具体运输价格，在与供应商谈判过程中，难以取得优惠的采购价格。在这种情况下，采购商可以直接联系运输服务商并安排采购货物的运输，从而获得优惠的运费并把运输功能变成一个利润中心。

2. 企业实施先进的生产方式

企业先进的生产方式的实施需要采购与运输（配送）的共同协作，尤其是采购物品的输入运输必须引起足够的重视，这是决定企业生产连续性和准确性的关键。在输入运输系统中，企业直接控制和选择运输服务商，能够充分利用运输服务商的运输能力，根据采购物品的品种和数量，以及生产计划的要求，控制购入货物、托运货物的数量与频率、搬运距离、运输方式、运输工具的使用和配送模式。

3. 企业注重供应链整体质量

企业在重视采购产品质量的同时，也逐渐认识到运输服务质量对供应链整体质量的影响。输入运输的配送时间、物品灭失程度、物品的准确性等与选择的运输服务商密切相关，选择优秀的运输服务商，使用连续的运输服务商评价系统是确保可靠、准时、无损地接收采购货物的关键。通过企业选择运输服务商，并设计 KPI 指标对运输服务商进行考核，同时要求供应商遵从企业运输条例，使用指定的运输服务商，为运输服务商提供合理的路线以及对运输货物进行合适的包装。这样，企业就能对输入运输系统进行控制，确保输入运输质量。

### （三）采购中的运输成本

一般来讲，企业采购中涉及到运输成本主要指输入运输发生的所有成本。在企业输入运输系统中，分为直接运输到企业和通过采购中心再到企业两种情况。通过采购中心再到企业是一些跨国公司采购的一种策略，采购中心一般设在供应商聚集的国家（或城市），采购后通过采购中心将采购的物品运送到本土进行生产，这种情况发生的运输成本包括由供应商到采购中心的成本和由采购中心到生产厂家的成本。

## 二、采购物流的运输系统设计要点

### （一）运输模式

1. 传统的采购运输模式

传统采购中，货品运输模式是与所有供应商签署购买合同的运输条款是到仓库价，每个供应商按照订单的要求，将货品运送到企业（采购中心），运输费用包含在采购费用中，如图 13-3 所示。对企业来说，供应商等同于输入运输服务商，有多少数量的供应商就有多少数量的输入运输服务商，而且由于供应商的核心能力并不是运输，不能有效地降低运输成本。这样的运输模式，使企业难于控制采购价格，降低采购成本，同时对运输的可靠性难于把握。

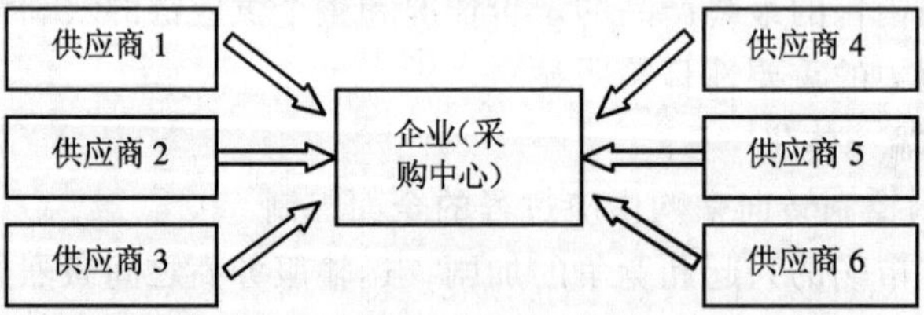


图 13-3 传统的采购运输模式

2. 采购与运输一体化的运输模式

企业在实施采购与运输一体化策略时，在签署采购合同时，要求供应商提供出厂价，供应商只负责将产品生产完毕并按企业要求包装好，由企业指定的运输服务商到供应商的仓库提货并送到企业（采购中心），如图 13-4 所示。这种运输模式使企业可以直接同运输

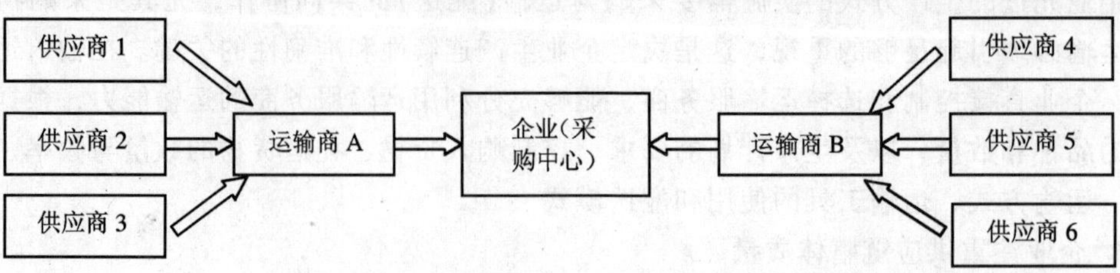


图 13-4 采购与运输一体化的运输模式

服务商确定具体的运输费用，不受制于供应商。在充分利用运输服务商提供的低成本和高效率服务的同时，对货品输入运输质量和成本进行有效控制。企业与供应商和运输商之间的信息流程如图 13-5 所示。

在图 13-5 所示的信息流程中，企业采购部门根据生产需求将采购订单传给供应商，供应商按订单组织生产并包装后放入产品仓库，同时企业运输部门将与采购订单对应的运输订单给供应商所在区域的指定运输服务商；运输服务商收到信息后与供应商联系并确定到供应商仓库的提货时间，同时运输服务商将相应的运输计划反馈给企业运输部门，确认后，运输服务商就会按计划安排车辆到供应商仓库提货并送到企业仓库。在这个信息流程中，企业可以精简组织结构，将采购部门与运输部门合并成一个物流部门，使信息能够更有效、更好地传递。

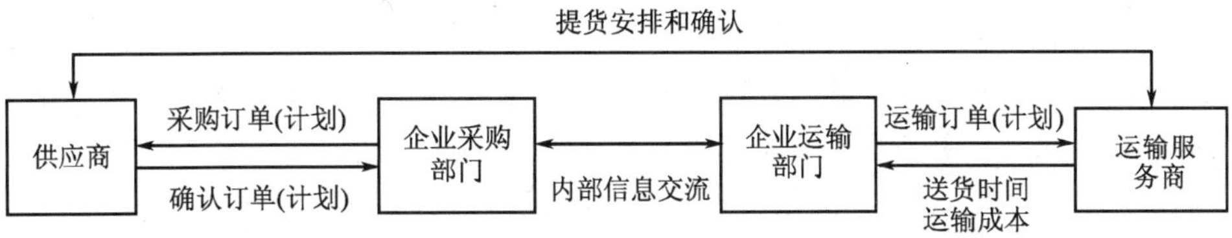


图 13-5　采购物流的运输信息流程

### （二）采购物流的运输系统设计要点

1. 采用多对一运输模式

供应商到企业（采购中心）的物品采购运输可分为两种模式：一是每个供应商独立将企业采购的物品送到企业，运输服务商由供应商指定，即一对一运输模式；二是由企业（采购商）指定几家运输服务商按照采购的要求到各个供应商处取货，即多对一运输模式。多对一运输模式能够充分利用运输资源，便于形成运输规模效益，降低运输成本，而且有利于企业（采购商）对运输过程进行监控和质量控制。

2. 可建立转运中心（配送中心）

当供应商与企业（或采购中心）的距离较远时，小型车辆长距离点对点的运输成本将显著增加，这时可考虑建立转运中心（或配送中心），形成 hub-spoke 运输网络。转运中心（或配送中心）可根据需要采用企业自建或租用，也可由供应商自建或租用，或运输服务商自建或租用。

3. 选择合适的运输方式

航空运输，公路运输，铁路运输和水上运输是企业通常使用的运输方式，如何选择运输方式要根据企业运输物品的性质、运送时间、成本和批量等的要求，分别对不同运输方式进行评价，选出最能满足企业运输要求的运输方式。

4. 运输线路规划和整合

由于运费的高低和运输线路的长短成正比关系，因此对运输线路进行合理整合和选择将对运费的降低有着积极意义。最简单、最直接的方法就是最短路径法。通过在地图上标出各个停留点以及其相对的距离，在尽量避免重复路线和迂回路线出现的情况下，经过多次的运算和叠加，得出最佳的路线。对于有多个讫点的情况，还可以运用线性规划方法，利用计算机软件来计算出最佳的路线，此外还可以运用扫描法和节约法等其他手段来对运输线路进行规划和整合。

5. 运输资源的充分利用

货物运输中，运输批量越大费率越低，将小批量货物合并成大批量货物进行运输是降低单位重量运输成本和有效利用运输资源的主要方法。集中运输就是一个有效地降低采购成本的方法，可通过四个途径实现，即库存合并、运输车辆合并、仓库合并和时间合并。

**戴尔的供应物流与销售物流**

1. 供应物流

戴尔公司的供应物流主要是指公司的物料采购运作，涉及到商务计划和物流采购等环节，其目标是在保证物料供应的基础上库存最小。深谙外包精髓的戴尔公司没有在零部件生产上花精力，而将这些工作交由Intel等硬件生产厂家完成，因此，供应物流能否敏捷响应直接影响戴尔的后续乃至整体生产运营。

戴尔的供应物流采用第三方物流模式，其实施关键是供应商管理库存(VMI)和信息共享。戴尔先和供应商签订合同，要求每个供应商都必须按照它的生产计划，按照8~10天的用量将物料放在由第三方物流企业管理的VMI仓库里(在我国,第三方物流企业是伯灵顿全球有限公司)。戴尔确认客户订单后，系统会自动生成一个采购订单给伯灵顿，伯灵顿在90分钟内迅速将零部件运送到戴尔的装配厂(戴尔称之为客户服务中心)，最后由供应商根据伯灵顿提供的送货单与戴尔结账。为了使自己和供应商的库存都尽可能降到最低，告诉供应商真实的需求，所有交易数据都在互联网上不断往返，实现“以信息代替库存”。通过敏捷的供应物流，戴尔的零部件库存周期一直维持在4天以内，远低于行业30~40天的平均水平。零部件库存的减少是戴尔增加利润的一个重要来源，也是规避因IT行业零部件和产成品更新加快而贬值风险的一种重要手段。

2. 销售物流

由于自营物流具有分散资源、送货不经济、物流成本增加等缺点，戴尔的销售物流也采用外包形式。目前，在全球承担戴尔销售物流的有联邦快递、伯灵顿和敦豪等企业。在销售物流环节，其敏捷性体现在产品是直接从戴尔的客户服务中心运送到客户手中，省掉了中转环节，极大地缩短了产品送达的时间，降低了物流成本。第三方物流企业早在戴尔的客户订单确立时，就已被告知货物物流要求，提前制定配送计划、运输路线、车辆调度及人员配备等，使戴尔产品可以立即送往客户处。在整个物流过程中，戴尔可以通过第三方物流企业的信息管理系统实施跟踪，监控销售物流的质量和效率。

(摘自:李燕,刘志学,“戴尔的敏捷物流管理模式”,《中国物流与采购》,2006年第6期)

## 第三节　销售物流的运输系统设计要点

企业销售物流活动牵涉到许多部门(如销售、生产、物流、财务等部门)之间的运作，良好的销售物流系统有助于企业有效及时地围绕客户进行整合服务，促进和协调生产与销售之间的配合，满足客户对产品现在及未来的需求。运输是销售物流的关键组成部分，在将产品由生产地运送到销售地的过程中，对销售节奏、销售成本、销售量和客户满意度等指标有着重要影响。

## 一、销售与运输一体化

### （一）销售物流

销售历来被认为是企业生产经营中最具挑战的环节，随着市场需求差异化、个性化和竞争的加剧，众多企业不只关心从销售中获得利润的可能性，而且关注如何从与销售密切相关的物流中获得利润，销售物流的重要性越来越得到企业的重视。

销售物流是指在销售过程中，产品经过一系列计划、预测、储存、运输和签收的流转服务活动最终到达顾客手中，同时又将顾客相关产品存量信息反向传递给企业的循环过程。销售物流在生产企业物流中处于衔接生产企业和经销商或消费者的地位，通过与企业销售系统配合，共同完成产品的销售任务。市场需求的非确定性，客户分布的不均匀性、空间远近、时间随意性等多种不确定因素客观存在，要求企业销售物流系统能够及时准确反馈终端市场信息，配合销售计划，提供及时高效的产品配送。

### （二）销售与运输一体化

1. 销售过程全面成本控制

运输使产品增值，不同的运输成本导致产品的增值情况不同。在市场竞争激烈的情况下，低价格销售是大多数企业采用的行业竞争策略，如果运输成本过高的话，产品销售价格相应要高，影响产品销售量的增加。许多企业生产效率已很高，生产成本降低幅度下降，然而产品在流通领域中的费用下降仍存有很大的空间，尤其在产品运输过程中。因此，将销售与运输结合起来考虑，通过控制运输成本，实现产品销售过程的成本控制，将有利于企业市场竞争力的提高。

2. 客户满意度的提升

当企业与客户签订销售合同后，运输是面对客户的最后销售环节，其运输质量及其达到的服务水准，如递送时间准确性、货物灭失程度等，最直接而又具体地反映了企业销售系统对客户需求的满足程度。如果在递送过程中，出现递送时间不及时、货物损失程度较高等情况时，客户满意度下降，企业形象受损，销售努力有可能失败。

### （三）销售中的运输成本

一般来讲，企业销售中涉及到运输成本主要指输出运输发生的所有成本，根据产品从产地到销售地的流向分为两种情况：一种是直销，即产品由生产地直接运送到销售地客户处发生的运输成本；另一种是库销，即产品由生产地直接运送到销售地的物流中心（或配送中心）发生的运输成本和根据销售情况从物流中心出货到客户处的运输成本。

直销发生的运输成本，影响销售价格，在销售过程中，已考虑可能采取的运输方式；库销发生的由生产地直接运送到销售地物流中心的运输成本包含在销售价格中，由物流中心到客户处递送发生的运输成本一般不包含在销售价格中，可根据客户的要求单独协商配送价格。

## 二、销售物流的运输系统设计要点

### （一）运输模式

1. 制造业的销售运输模式

制造业的销售运输从市场销售计划开始。一般来说，企业销售部门将市场销售计划发给运输部门(或物流部门)，运输部门按照销售要求和市场仓库的货物情况，制定调运计划，并落实运输承运人；承运人将货物由生产地运送到销售市场时，又分为两种情况：一种是直接运送到客户处，客户签署收货单，收货信息同时传递给销售部门和运输部门；另一种是承运人将货物运送到市场仓库，由仓库验收货物，并同时通知销售部门和运输部门。

2. 连锁零售业的销售运输模式

连锁零售业本身就是销售部门，一般设有配送中心。其销售运输模式是，根据各门店的补货要求，由配送中心向各门店进行配送。对门店销售的大件物品，需要送货到客户处的，由配送中心直接运送。

### （二）销售物流的运输系统设计要点

1. 考虑商物分离的运输网络

商品的交易流程与商品的实体流程按照自己的规律和渠道独立运行的现象叫“商物”分离，企业在销售过程中可以采用商流与物流一致的模式，也可以采用商流与物流分离的模式。这两种模式各有其优缺点，企业采用商流与物流一致的模式，便于控制销售节奏，更好地把握销售目标，但同时这种模式容易造成大量库存集中在销售点，各个销售点之间争夺畅销货，难于形成优化的调运方案；对商流与物流分离的企业，专业化分工明确，有利于提高销售效率和进行物流系统整体优化，但由于商物分离，交货期难于控制和存在销售风险是企业不得不面临的问题。

2. 多种运输网络同时存在

按照商品的流向，企业销售存在直销和库销两种方式，相应的运输网络也可设计为两种类型，一种是直接运输网络满足直销的要求，另一种是经过仓库(物流中心)再库发的运输网络。直接运输网络就是点对点的运输网络，产品由生产厂直接运到客户处；经过仓库(物流中心)再库发的运输网络要考虑在销售市场建立物流中心，可以建立单层次物流配送网络，也可以建立多层次物流配送网络，视具体销售情况而定。

3. 配送中心之间的移库

在销售市场建立物流配送网络时，由于市场需求的随机性和非确定性，往往会出现有的市场销售情况良好，需要及时补货，而同时也存在一些产品滞销的市场，产品积压在配送中心。在这种情况下，将产品滞销市场配送中心的产品调往销售情况好的市场配送中心，不仅可以及时缓解供需矛盾，提高销售量，而且能够节约运输成本。仓库产品根据市场销售情况进行的仓库之间的转移，就是销售物流中特有的移库作业。

## 思 考 题

1. 如何设计面向产品市场的企业采购、销售、生产和物流一体化系统？
2. JIT 运输的特点是什么？如何降低运输成本？
3. 浅谈 JIT 运输与物流业务外包的相互关系。
4. 如何设计销售与物流一体化系统？

## 阅读资料

### VMI 与汽车零部件采购物流

在制造型企业的供产销产业链中，采购的重要性日趋明显，这其中有两个主要因素。基本因素是采购支出很大，从战略方法到管理活动过程中有很大的节约资金的潜力。如北美的生产厂家，1 美元的销售收入中，购买商品与服务的开支平均大约占 55 美分，生产过程中的平均直接人工成本只占约 10 美分。据统计，电脑和汽车行业的采购成本占产品总成本的 60%~80%，降低采购成本，对提升企业竞争力至关重要。举例来说，本田公司汽车产品总成本的 80% 都是外部采购生成的，这在全球汽车制造商中比例是最高的。

另一因素是对外包运作的强调，即越来越多的整车生产商将产品生产的部分职能交由供应商来完成。如通用汽车公司利用第一级供应商网络和第三方物流提供商完成组件的装配，并且以 JIT 的方式对完工部件实施运输，然后在装配线上完成汽车产品的组装。

对汽车行业的整车生产商来说，每辆国产汽车要使用 12000~13000 种零配件，其零部件采购的重要性和采购物流的复杂程度可想而知。而采购物流必须做好的仓库设置、存货类型、采购理念实行、运输整合、物料管理、订货方法等工作，整车生产商想要做到尽善尽美，其实施难度是相当大的。

#### 一、VMI 在汽车零部件采购物流中的应用

就汽车整车制造企业的物流层面而言，采购物流、生产物流和销售物流是主要物流环节。目前国内的状况是汽车零部件的采购物流处于弱势，而销售物流相对来说，国内外都已具备比较完备的较高水平的实施系统。如 Ford 与 UPS 合作，由 UPS 对 Ford 从工厂到经销商的 400 多万辆汽车实行在途跟踪监控。国内则有三年前上汽工业销售总公司与荷兰 TNT 公司组建的国内首家汽车物流合资企业——安吉天地汽车物流公司，该公司的整车配送系统也已比较完善。

汽车零部件采购物流的发展现状则由美国雷米国际公司可窥见一斑。作为北美汽车零部件百年老店、美国最大的旋转电气产品(如电动机和发电机)制造商美国雷米国际公司，在深圳建成的独资企业雷米电机(中国)有限公司已于2005年5月正式投产。据了解，美国雷米公司在北美、墨西哥区域的生产基地已比较成熟地应用了VMI，而在中国内陆该公司尚未实行任何程度的VMI技术，并且预计在一两年内国内也很难能比较系统地应用这一技术。

据了解，目前运用VMI(供应商管理库存)的汽车生产商只有上海通用、风神汽车等少数几家企业。并且风神汽车公司的VMI技术的应用应该说还处于比较基础的层次。

## 二、VMI及其特点与目标

供应商管理库存(Vendor Manaqed Inventory,VMI)是以掌控销售资料和库存量，作为市场需求预测和库存补货的解决方法，借由销售资料得到消费需求信息，供应商可以更有效地计划，更快速地反应市场变化和消费者的需求，即由供应商代理客户行使库存管理的决策权。

VMI(供应商管理库存)、JITD(Just-In-Time Distribution,即时配送)与ECR(Efficient Consumer Response,有效客户反应)概念相近，只是在食品杂货和服装领域一般用ECR，而在汽车领域一般用JITD和VMI。

海尔、上海通用、联想以及众多世界500强企业的供应链管理实践证明，连续补货技术(CRP)是实现有效用户响应战略(ECR)的优秀方法，该技术注重改善供应链上需求方和供应方的总体物流环节。在实施连续补货策略过程中，供应商管理库存技术(VMI)被广泛应用。在AIAG与IBM的报告中也指出，三分之二以上的受调查公司表示愿意改进其业务流程，以实行库存管理、更加准确的生产规划以及条形码标记跟踪。

VMI有如下特点：缩短供应链；集中预测；频繁的数据交流——EDI；没有制造商督促；卡车装运有优先顺序。因此，VMI可以用来降低库存量，降低库存存置成本，增加资金周转，增加库存周转，降低因塞货造成的退货等，进而维持库存量的最佳化。

VMI必须实现的目标有如下几点：

(1) VMI是为了减少补充生产单元库存所需的周期时间和改善“拉动式”生产方法，使生产有效率。其目的是以需求“拉动”生产，及时补充库存和提高客户服务水平。

(2) VMI是为了保持或减少由于库存的增加导致的负债(如工程变更订单的延迟损失、废料风险的增加、库存持有成本的增加等)。

(3) VMI是为了在成品生产过程的前期通过不调拨原料来维持生产的最大灵活性。以JIT采购为目标实施VMI建立汽车零部件采购物流系统。

为达到汽车零部件采购物流中“精益”的目的，要实施JIT采购，而JIT采购的特点是：①买方和卖方都承诺零缺陷。②按照严格的质量，送货绩效标准进行多批次小批量的送货。③更紧密甚至是合作的买卖关系。④定期向供应商送交一个稳定的生产计划。⑤供应链各成员之间扩大的信息共享。⑥与供应商进行电子数据交换的能力。

针对JIT采购的特点，结合VMI，建立一个适用于汽车零部件采购的物流系统(包括供应库的优化、库存、运输、物料管理、供应商的发展、订货等)。该物流系统以实现五项目标为准则：①确保汽车零部件的持续供给。②将汽车零部件的库存投入最小化。③提高汽车零部件的产品质量。④注重供应商的发展。⑤实现最低的所有权总成本即TCO（包括购买价格和折扣、服务定价和拆分、产品生命周期成本等）。

在实际应用VMI时需注意的几个方面：

第一，在供应商管理库存VMI的实施技术中，最广泛应用的是EDI技术，应结合全球应用比较广泛的SAPR/3等系统，专门针对其系统中有关采购的模块进行创新，以使VMI在实用性方面有更强的实践基础。

第二，商业活动的全球化刺激了全球范围的采购活动，特别是对于原材料的采购更是全球化。1990年全球采购的采购量占总采购量的9%，而在2003年以前全球采购则达到了占总采购量的30%。而在激烈市场中全球采购面临的竞争主要有：①基础设施不完备。②道德、法律和管理差异。③缺乏可依赖的数据。④退税的难度。⑤对销交易的要求。⑥当物料跨国界运输时不同国家间的差异。⑦关税和税收。⑧滞后的商业系统。⑨长的运输路径、不协调的运输责任、保鲜期。这些也正是在汽车零部件JIT全球采购中应用VMI必须跨越的障碍。

第三，应把VMI的思想扩展至整个供应链，在实现整车制造商“零库存”采购的同时，尽量做到零配件供应商的“零库存”。

在上海市嘉定区上汽大众汽车厂区方圆2.5km之内，分布着数十个或大或小的仓库。这些仓库绝大部分并不是上汽大众所有，而是属于上汽大众众多零配件供应商的。整车制造商为实现“零库存”，一般会要求零配件商在其工厂的周边设立配套厂，或者至少租一个仓库。在一汽、二汽、上汽通用厂区的周边，零配件供应商的仓库无不鳞次栉比。但这一现象导致了由零配件供应商的大量库存为牺牲代价的所谓整车制造商的“零库存”。因此，VMI应是整个供应链各环节的VMI。

（摘自：康阅春、宋炳良，“VMI与汽车零部件采购物流”，《中外物流》，2006年4月）

## 案　例

### 沃尔沃：汽车物流的典范

汽车全球物流运作过程中大量原材料、半成品、零部件和成品，均承受沉重的费用负担，大幅度降低成本是当务之急；同时客户对汽车物流提出越来越高的标准，迫切要求供应商随时提供有关订货情况和所订货物的实时位置信息。因此，提高客户满意程度的关键因素就是有关实物分销或者供应运作的信息，还有传递这种信息的能力。而瑞典沃尔沃汽车集团下属的沃尔沃物流公司的物流方式就很值得汽车物流企业借鉴。

1. 周密研制的系统，为物流提供一条龙的服务

在过去几年中，经过一番市场调查和专家咨询，沃尔沃物流公司拨出巨额投资，推出为出口物流提供合作物流操作的全新物流信息系统，这套系统把汽车制造、汽车零部件生产商、承包商、托运人、承运人和运输公司全部连接在一起。像沃尔沃集团这样的国际著

名汽车厂商，越来越重视数据处理、信息系统，积极地在通信基础设施上投资，以便利用信息系统更好地管理物流运作。目前，他们首先在欧洲地区做到的是，把汽车生产到交货的全过程时间从5~15天减少到2~6天。

这套物流信息电子系统于2001年正式引进，同年10月份在沃尔沃集团全面推广，名称叫A4D的配送应用信息系统，是一种全新的、覆盖面非常广泛的出口物流信息系统网站。从汽车生产流水线车间到交货地点，凡是出口链上的部门和外商合伙人都能访问该网站的电子商贸平台，确保供应链的高度透明。该系统的性能主要包括：确保向消费者提供优良、精确的交货信息；降低从汽车订货到交货的所谓前导时间；为购买汽车的客户提供灵活、优先和变通的交易操作；能够同时交易沃尔沃和其他汽车厂商生产的汽车；降低管理成本、产品库存量和经营成本；明确显示产品的详细情况，从开始生产到完成生产的时间和从订货到交货的时间，物流配送操作和周边成本，还有就是在交货时汽车的质量；及时参与新产品的物流规划。

这套配送技术应用信息网络系统由沃尔沃集团自己研制设计，通过A4D信息系统和数字交换系统，沃尔沃物流公司不仅与新老客户保持密切的联系，而且提供从沃尔沃汽车订货到交货的一条龙服务。

2. 售后服务和消费者投诉集中处理，给客户更快的服务

在通常情况下，一些大型的汽车制造厂商，专门设立负责听取消费者投诉和负责提供售后服务的客户服务部或信息技术部门，但是沃尔沃集团自从推出A4D信息网络和数字交换系统以后，所有的售后服务和消费者投诉的受理，全部由网络信息系统一并解决，因为沃尔沃物流公司配送中心总经理，就是负责网络电子商贸应用系统的兼职总经理，消费者的投诉信息一到他的手里，他有权立即着手处理，从而让消费者和网络的其他使用者得到很快的回应，并且取得更大的实惠。

3. 先进的网络系统，保障交货质量和低销售成本

在沃尔沃汽车厂商用2~4年时间设计沃尔沃X90车身时，沃尔沃物流公司同时着手为X90提前安排物流操作计划和运输规则，这方面的业务全部由沃尔沃物流公司自己做。现在的汽车用户主要关注的已经不是交货时间，而是交货质量和汽车的销售成本。对汽车产品进行全程监视的A4D电子信息系统可以解决这个问题，特别是与运输公司和承运人商谈汽车运输质量的时候，A4D电子信息系统所记录的材料可以证明汽车质量问题应该属于哪一方的责任。

通过电子数字交换或者通过A4D系统互联网，取得对每1辆汽车进行跟踪和监督的有关实时数据。这一套系统可以实际应用到客户订货合同中规定的每一项细节，把生产厂商提供的产品、客户的订货和市场销售系统有机地结合起来。汽车零售商能够通过A4D系统互联网络，清楚地了解汽车产品的信息。与A4D互联网系统和数字交换系统相密切联系的配送系统，随时向承运人和其他有关运输公司提供信息。每当汽车零售商把客户的订单输入信息系统以后，A4D网络系统立即开始计算出“交货许诺”，根据这个“许诺”，有关汽车从生产、装配、包装、运输一直到交货的每一步，全部都可以安排好。沃尔沃集团在A4D信息系统中设立的“前期程序”，把订单上每一辆汽车从生产点到交货点的路线都编制成信息，再把信息发给零售商或者销售商。如果交货所在地国家遇到节假日、发生

罢工或承运人的运输船舱一次装不下那么多汽车等情况时，该信息系统会自动调整交货时间。

4. 运力源自对社会资源的整合利用

具有多种运输方式选择的沃尔沃汽车物流公司，通过网络与多家承运人保持密切的联系，有足够的能力优化组织交货。现在的沃尔沃汽车集团不再像以前那样由于盲目生产和配送汽车，造成汽车产品库存积压，而是改由网络信息系统指导，以产定销，生产的汽车数量、型号、内饰、配件、外部颜色等等全部由消费者来定，并且不再通过当地的进口商，而是由沃尔沃集团直接向当地销售商供货。目前沃尔沃汽车在欧洲的销量仍然高于北美和亚洲。

在联合承保和提供物流等方面，沃尔沃物流公司积极发展与其他汽车生产厂商的合作，如福特公司、雷诺公司和美国麦克货车公司。但是沃尔沃物流公司本身并不拥有对外运输的承运工具，所有的对外运输车辆全部是租用的。因此，沃尔沃物流公司必须通过签订协议和合同，与远洋承运人的货运代理和其他运输公司的物流部门和运输部门保持密切的业务联系，随时通过他们提供的运输服务，把出厂的沃尔沃汽车送到每一个汽车销售点。

（摘自：亚太博宇，“沃尔沃：汽车物流的典范”，《中国物流与采购》，2003年第15期）

# 参考文献


[1] 唐纳德 J 鲍尔索克斯，戴维 J 克劳斯. 物流管理——供应链过程一体化[M]. 林国龙，等译. 北京：机械工业出版社，2001.

[2] Ronald H Ballou. 企业物流管理——供应链的规划、组织和控制[M]. 王晓东，胡瑞娟，等译. 北京：机械工业出版社，2002.

[3] 李维斌. 公路运输组织学[M]. 北京：人民交通出版社，2000.

[4] 胡思继. 综合运输工程学[M]. 北京：清华大学出版社，2005.

[5] 杨兆升. 运输系统规划与模型[M]. 北京：人民交通出版社，1996.

[6] 徐天亮. 运输与配送[M]. 北京：中国物资出版社，2002.

[7] 姜宏. 物流运输技术与实物[M]. 北京：人民交通出版社，2002.

[8] 牛鱼龙. 世界物流经典案例[M]. 深圳：海天出版社，2003.

[9] 高自友，孙会君. 现代物流与交通运输系统[M]. 北京：人民交通出版社，2003.

[10] 杨家其. 现代物流与运输[M]. 北京：人民交通出版社，2003.

参考网站：

[1] 中华人民共和国铁道部网站：www. china-mor. gov. cn

[2] 中华人民共和国交通部网站：www. moc. gov. cn

[3] 中国民航总局网站：www. caac. gov. cn

[4] 中国物流与采购网站：www. chinawuliu. com. cn

[5] 上海交通网站：http://hygps. shjt. net